知识产权经典译丛

国家知识产权局专利局复审和无效审理部◎组织编译

知识盗窃：

美国工业强国崛起背后的秘密

[美] 多伦·S. 本-阿塔尔◎著

肖尤丹　孙　晋◎译

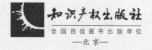

知识产权出版社
全国百佳图书出版单位
—北京—

图书在版编目（CIP）数据

知识盗窃：美国工业强国崛起背后的秘密 /（美）多伦 · S. 本 – 阿塔尔（Doron S. Ben–Atar）著；肖尤丹，孙晋译 .— 北京：知识产权出版社，2025.1
书名原文：Trade Secrets:Intellectual Piracy and the Origins of American Industrial Power
ISBN 978–7–5130–9336–1

Ⅰ. ①知… Ⅱ. ①多… ②肖… ③孙… Ⅲ. ①知识产权—研究—美国 Ⅳ. ① D971.23

中国国家版本馆 CIP 数据核字（2024）第 079311 号

内容提要

本书揭示了美国工业崛起背后鲜为人知的历史。作者多伦 · S. 本 – 阿塔尔教授探讨了早期美国窃取欧洲机械和科学创新及推动本土工业化的过程，揭示了美国建国初期在知识产权问题上的矛盾：一方面大肆盗取他国技术，另一方面却在国内建立了严格的专利保护制度。作者通过翔实的历史叙述，反思了现代知识产权保护与创新激励的关系。

责任编辑： 龚 卫 **责任印制：** 刘译文
执行编辑： 王禹萱 **封面设计：** 杨杨工作室 · 张冀

知识产权经典译丛
国家知识产权局专利局复审和无效审理部组织编译

知识盗窃：美国工业强国崛起背后的秘密

ZHISHI DAOQIE：MEIGUO GONGYE QIANGGUO JUEQI BEIHOU DE MIMI

［美］ 多伦 · S. 本 – 阿塔尔◎著
肖尤丹 孙 晋◎译

出版发行： 知识产权出版社有限责任公司
网 址： http：//www.ipph.cn
http：//www.laichushu.com
电 话： 010–82004826
社 址： 北京市海淀区气象路50号院
邮 编： 100081
责编电话： 010–82000860转8120
责编邮箱： gongway@sina.com
发行电话： 010–82000860转8101
发行传真： 010–82000893
印 刷： 三河市国英印务有限公司
经 销： 新华书店、各大网上书店及相关专业书店
开 本： 720mm × 1000mm 1/16
印 张： 12.75
版 次： 2025年1月第1版
印 次： 2025年1月第1次印刷
字 数： 220千字
定 价： 98.00元

ISBN 978-7-5130-9336-1
京权图字：01–2024–4463

《知识产权经典译丛》编审委员会

总　　序

当今世界，经济全球化不断深入，知识经济方兴未艾，创新已然成为引领经济发展和推动社会进步的重要力量，发挥着越来越关键的作用。知识产权作为激励创新的基本保障，发展的重要资源和竞争力的核心要素，受到各方越来越多的重视。

现代知识产权制度发端于西方，迄今已有几百年的历史。在这几百年的发展历程中，西方不仅构筑了坚实的理论基础，也积累了丰富的实践经验。与国外相比，知识产权制度在我国则起步较晚，直到改革开放以后才得以正式建立。尽管过去三十多年，我国知识产权事业取得了举世公认的巨大成就，已成为一个名副其实的知识产权大国。但必须清醒地看到，无论是在知识产权理论构建上，还是在实践探索上，我们与发达国家相比都存在不小的差距，需要我们为之继续付出不懈的努力和探索。

长期以来，党中央、国务院高度重视知识产权工作，特别是党的十八大以来，更是将知识产权工作提到了前所未有的高度，作出了一系列重大部署，确立了全新的发展目标。强调要让知识产权制度成为激励创新的基本保障，要深入实施知识产权战略，加强知识产权运用和保护，加快建设知识产权强国。结合近年来的实践和探索，我们也凝练提出了“中国特色、世界水平”的知识产权强国建设目标定位，明确了“点线面结合、局省市联动、国内外统筹”的知识产权强国建设总体思路，奋力开启了知识产权强国建设的新征程。当然，我们也深刻地认识到，建设知识产权强国对我们而言不是一件简单的事情，它既是一个理论创新，也是一个实践创新，需要秉持开放态度，积极借鉴国外成功经验和做法，实现自身更好更快的发展。

自2011年起，国家知识产权局专利复审委员会[1]携手知识产权出版社，每年有计划地从国外遴选一批知识产权经典著作，组织翻译出版了《知识产权经典译丛》。这些译著中既有涉及知识产权工作者所关注和研究的法律和理论问题，也有各个国家知识产权方面的实践经验总结，包括知识产权案件的经典判例等，具有很高的参考价值。这项工作的开展，为我们学习借鉴各国知识产权的经验做法，了解知识产权的发展历程，提供了有力支撑，受到了业界的广泛好评。如今，我们进入了建设知识产权强国新的发展阶段，这一工作的现实意义更加凸显。衷心希望专利复审委员会和知识产权出版社强强合作，各展所长，继续把这项工作做下去，并争取做得越来越好，使知识产权经典著作的翻译更加全面、更加深入、更加系统，也更有针对性、时效性和可借鉴性，促进我国的知识产权理论研究与实践探索，为知识产权强国建设作出新的更大的贡献。

当然，在翻译介绍国外知识产权经典著作的同时，也希望能够将我们国家在知识产权领域的理论研究成果和实践探索经验及时翻译推介出去，促进双向交流，努力为世界知识产权制度的发展与进步作出我们的贡献，让世界知识产权领域有越来越多的中国声音，这也是我们建设知识产权强国一个题中应有之义。

申长雨

2015年11月

[1] 编者说明：根据2018年11月国家知识产权局机构改革方案，专利复审委员会更名为专利局复审和无效审理部。

译者序

五年前，初次遇到这本书时就被其中的故事所深深吸引，这些故事非常直白地勾勒出美国超越老牌工业帝国的政策路线图。美国建国仅有 200 多年，却演绎了经济和科技发展的奇迹。一个建国不久，高校、学会体制和专利制度建立等都仿照英国的国家，是如何超越英国的？美国做对了什么？关于美国建国初期的这部分的政策史资料不多，而本书正填补了这一缺失。

在肖尤丹研究员的引荐下，我们与作者取得联系，想获得中文版权。几经交流，我们很顺利地拿下了版权，就此拉开了本次漫长且艰辛的翻译之路。

首先，本书翻译的过程漫长，从起手翻译到出版历时将近 5 年，其中挫折可见一斑。在构思翻译之处，我们也颇费工夫：为了能把原作中的带有历史感的术语翻译出来，我们反复联系原作者，讨论原文的意思，也多次和专业的翻译专家琢磨用词，力求不丢失原意原味，也能结合我们当下对知识产权的理解，翻译出我们能懂、想表达的中文。再比如，我们翻译的一段“宣传口号”，这个口号，我们从第一天翻译开始，直到印刷出版时都还在修改，力求大家能读得比较舒服，也不失当时美国人表达的情感。

其次，作者行云流水的写作方法，也给翻译工作带来巨大的考验，为此，我们尊重原作思想，抑制自我表达，朴实地表达出原作意思，尽可能地用我们的语言呈现原作的严谨、完整的情感，希望我们做到了。

以下简单罗列各章节大意，希望帮助您快速了解本书内容。

第一章探讨了知识产权的起源和演变。作者认为，从古代社会开始，发明的控制权就脱离了发明者的掌控。到中世纪晚期和文艺复兴早期，工匠行会通过为技能赋值，尽管，在当时，鼓励使用新机器并不符合行会的利益，但事实上，这一时期，行会仍然主导了知识产权的抽象化过程。现代知识产权的概念和保护措施逐渐成形，尽管各国之间的政策差异依然存在。

第二章重点讲述了 17 世纪和 18 世纪早期，英国选择性地与美洲殖民地分享技术创新，后来随着美国工业竞争力的增强，英国逐渐不愿继续分享技术。另外，美国独立革命后，通过颁布政策支持技术盗版，以促进新国家的经济和政治独立。

第三章描述了本杰明·富兰克林如何通过盗版和传播欧洲的技术，填补美国在工业技术方面的空缺。富兰克林的实践为新国家的技术发展提供了重要经验，他对技术传播和应用的态度也深深影响了美国知识产权领域的早期政策。

第四章探讨了美国独立革命后的机械热潮和工匠热潮。在这一时期，美国通过盗版欧洲技术，大力发展本国的制造业。通过“借用”欧洲技术，美国迅速推进了工业化进程，为后来的经济崛起打下了坚实基础。

第五章详细描述了新时期美国政府如何系统性地策划和支持技术盗版，以增强国家的工业能力。联邦和州政府采取了各种措施，鼓励技术的非法转移和应用，这种官方的态度为美国早期工业化的成功奠定了基础。

第六章分析了美国如何逐步建立起对知识产权的认识和法律框架。通过反复试验和政策调整，美国在 19 世纪中叶成为知识产权保护的全球领导者，该过程显示了国家在知识产权立法和执行中的主导作用 。

第七章讲述了 19 世纪中叶美国如何从技术盗版者转变为知识产权保护的拥护者。通过在国际展览和博览会上展示技术成就，美国不仅巩固了自身的工业地位，也推动了全球知识产权保护体系的建立 。

本书主旨非常明确，书中罗列了许多历史细节，诸如以富兰克林对待技术的态度，英美两国对待出口的态度，也包括专家学者间矛盾的理论碰撞，常常让人醍醐灌顶。在本书中描述的博弈过程非常精彩，与当下的全球科技流动竟有如出一辙之感。

每个时代都有自己的课题，人工智能时代的科技与我们的生活如此之近，我们不需要等上几百年才能普及纺织机，现在，只要科技公司的产品一升级，我们所有人的生活就会受到重大影响。一方面，我们如何面对科技，将是人类重大课题；另一方面，在前沿科技领域，可能，失败会变得尤为重要，而知识产权，作为和前沿科技关系最近的领域法律应该如何发展，也将是我们需要思考的事情。

本书在翻译过程中，得到了许多专家学者的支持和帮助。感谢肖尤丹老师的专业指导，使得这本书得以顺利出版；感谢知识产权出版社的龚卫、王禹萱编辑以及所有帮助过我们的出版社同仁；感谢为本书付出的各位师长和同学，特别感谢曼斌和阮怡群，感谢你们在翻译过程中提供了宝贵的建议和帮助，本书翻译原本艰辛，因为有你们，倍感荣幸。

希望各位读者朋友能通过阅读本书更深入地了解美国工业化崛起背后的知识产权故事，也期待对本书持不同观点或意见的朋友与我们交流。最重要的，希望您收获一段愉悦的阅读体验。

原作者也很开心他的书能被翻译成中文，他也非常热情地表示：如果需要，他愿意来中国做巡回演讲，与中国读者交流。嘿，他真是个国际通。

目　　录

引　言

还有人没听说过伊莱·惠特尼（Eli Whitney）和他发明的轧棉机（cotton gin）吗？从新英格兰（New England）[1]到中东，伊莱·惠特尼可谓是家喻户晓的机械天才。18 世纪 90 年代初，伊莱·惠特尼在美国南部改进了一款轧棉机器，这种机器可以用来分离棉籽与周遭纤维；改良后的机器解决了生产棉花时最棘手的问题：手工剥离棉籽需要消耗大量人力。有了它，种植短纤维棉花在经济上变得有利可图。这台机器的应用振兴了美国南方的农业经济，加速了美国向其国土西部开拓、扩张的速度，为美国北方的工业化积累了资本，但也在无形中深化了美国社会对奴隶制的依赖。伊莱·惠特尼因此成为美国历史中的不朽人物，19 世纪的美国随处都有他的影子，城镇、社区、街道、博物馆和车站都以他的名字命名。他的墓碑依照击败迦太基（Carthage）的罗马将军西皮奥（General Scipio）的墓碑打造，来纽黑文（New Haven）游玩的人都会到格罗夫街公墓（Grove Street cemetery），在豪华浮夸的惠特尼墓碑前驻足拍照。

改良后的轧棉机奠定了惠特尼在美国人民心中的神圣地位，却也耗尽惠特尼毕生财力。起初，他并不急于为轧棉机申请发明专利，然而，佐治亚州的几个庄园主听说了这台机器的厉害之处，便想尽办法闯进惠特尼的车间，偷走一台机器模型。不久后，轧棉机的复制品遍布美国南部。惠特尼急忙赶到康涅狄格州，希望通过完善他的发明以获得专利，再带着独家销售权回到南方。为此，他与菲尼亚斯·米勒（Phineas Miller）律师合作，以筹集资金。1793 年 6 月 20 日，惠特尼向美国国务卿托马斯·杰斐逊（Thomas Jefferson）提交了专利申请。同年 10 月份，惠特尼在纽黑文的公证人面前宣誓，称自己就是这款轧棉机的原

[1] 新英格兰地区位于美国本土东北部，包括美国的六个州，由北至南分别为：缅因州、新罕布什尔州、佛蒙特州、麻萨诸塞州、罗得岛州、康乃狄克州，曾为英国殖民地。——译者注

始发明者。

然而，惠特尼和米勒既不能垄断，也无法控制轧棉机的生产。他们提起专利侵权诉讼，向州议会寻求法律救济和经济补偿，但事实证明，诉诸法律、努力游说，都是徒劳。惠特尼主张自己的发明具备原创性（originality），但南方工厂主对此提出异议；佐治亚州的立法委员会也驳回了惠特尼要求侵权人支付许可使用费（licensing fee）的主张，他们引用了一名来自哥伦比亚郡（Columbia county）的医生所提供的证词：该医生声称40年前就已经在瑞士见过人们使用类似的机器。在数场由惠特尼和米勒提起的诉讼中，被告方提供多名证人，这些证人声称几十年前就在英格兰和爱尔兰见过轧棉机。这显然是一个非常有力的论点，以至于惠特尼曾打算在1799年前往欧洲，到所有产棉的国家为他的轧棉机申请专利。

最终，惠特尼决定留在美国继续打官司，希望通过维权为他带来收益。他在南方的法院打赢了几场官司，并说服了北卡罗来纳州和南卡罗莱纳州的立法机关向他支付部分许可使用费。但是惠特尼收取的费用和获得的损害赔偿金，加起来还不够支付他的诉讼费用——仅在佐治亚州，他就以专利侵权（patent infringements）为由，发起60余场诉讼。甚至直到1807年，在缠讼大约15年后，地方法院才承认了他对这款轧棉机具有排他性权利（exclusive claim）。法律纠纷令惠特尼苦不堪言，在他去世前不久，他向一位关系亲密的朋友坦言，“他因发明轧棉机而获得的全部收入，远不足以弥补他为诉讼所支出的高昂费用，也无法换回耗费在无休止诉讼中的一生最美好的岁月年华”。[1]

对惠特尼原创性主张的质疑，源于一个假设，即“在美国境外早已具有使用类似设备的先例”。南方各州议会及陪审团倾向认为轧棉机是从欧洲泊来的，而非惠特尼发明的，原因是当时美国随处可见进口的技术产品。惠特尼未能从自己的发明成果中获利一事，凸显出彼时美国人对知识产权（Intellectual Property）产生的新理解中的核心矛盾。美国于1790年颁布专利法❶，规定专利保护的作用范围仅限于原始发明者，并规定，无论何地若在专利申请前已使用专利内容，都会使该专利无效。可惜，这种原则性的承诺只在知识产权被视为一种绝对权时才生效，而现实情况是与此脱节的。从欧洲走私技术并宣布发明特权属于自己，这种做法在美国相当普遍，早期具有改革思想的政治精英和知

---

❶ 美国第一部专利法，即《1790年专利法》（*Patent Act of 1790*），于1790年5月通过，这是首届美国国会通过的法案，足见问题之重要性。——译者注

识分子大多也直接或间接地参与过技术盗版（technology piracy）活动。实际上，他们是在追随着祖先盗版的脚步——自欧洲殖民初期以来，美国人就一直欢迎这种做法；对美国人俗称的“美国佬（Yankee）”，更是源自荷兰语的“走私者”一词，这表明从殖民地开拓者定居初期起，违反欧洲经济限制已然成为他们的第二天性。

如今，法律与实践之间仍然存在鸿沟。知识产权之争业已跃上当代国际竞争的风口浪尖，在这场无声的战争中，发达国家和发展中国家往往站在对立面。20 世纪后期，发达国家的发展重点转向高科技产业和服务业，知识（knowledge）成为经济结构的核心；制造业则转移到原材料丰富、劳动力成本低廉的发展中国家，而这使得智力资本（intellectual capital）成为发达国家最重要的资产。国际上采用西方国家的知识产权标准设立了一个国际组织：世界知识产权组织（World Intellectual Property Organization,WIPO）。该组织“致力于让知识产权创造者（creator）及所有者（owner）的种种权利（right）在全世界范围内均受保护，并使发明者（inventor）和作者（author）因其智力成果获得认可与奖励”。然而，尽管发达国家拥有强大的经济和外交实力，迄今为止却仍未能在全球范围内执行它们的知识产权制度。1999 年，欧盟发布了一份报告，内容是关于西方国家因假冒和盗版而蒙受的巨大损失，报告中表明的侵权领域涉及计算机软件、汽车零部件、唱片以及医疗器械等行业。盗版造成每年高达数千亿美元的损失：仅是软件行业，一年就损失近 120 亿美元，发展中国家使用的软件有 80%来自盗版；药品贸易和相关收入损失使美国约 20 万个工作岗位消失。

另外，发展中国家也抵制西方国家的知识产权标准，指责西方国家在经济上自私自利，并斥责以美国为首的发达国家选择性适用标准。对致力于使本国人民摆脱赤贫（abject poverty）并提供最低限度医疗保健的国家而言，它们无力负担保护富人和有权有势者知识产权所需付出的奢侈代价；在发展中国家，仍有许多人每天的生活费只有 1 美元，这些人不可能购买哪怕是一张官方认可的流行音乐 CD，或是正版的计算机软件程序。而西方国家企业却以保护知识产权为名，召集国际机构及组织，以令人难以置信的严厉手段主张它们的权利；其中最甚者为药品专利（drug patents），它成为亚洲和非洲地区获取抗艾滋病毒 / 抗艾滋病药物的阻碍。20 世纪 90 年代，西方国家对创意所有权（ownership of ideas）的狂热攀上新的高峰——私营企业和学术机构为其所“发现”的人类基因组（human genome）申请专利，主张人类基因构成的所有权[2]。

时至今日，惠特尼时代的悖论依旧存在。美国主张以原创性和创新性作为全世界范围内知识产权的客观标准。如今的美国成为了吸引万千科创人才发挥所长、干实事的向往之地，与两个世纪前的做法如出一辙，美国积极利用外国人才所带来的教育和首创精神进行发展。移民构建出美国大学教育中自然科学教学与研究的基础；来自世界各地的工程师聚集在硅谷，使之成为汇聚创新力和创造力、当代领先的科技中心。随着美国开创出一片繁荣盛景，那些落后于美国的国家也在想办法阻止本国人才外流，说服本国精英不要选择到北美从事科研或者贸易工作。困扰惠特尼那代人的问题同样困扰着现代人。知识产权是否超越了政治边界？国家（州）能否对公民的发明或创新主张部分所有权（part ownership）？各国是否应以牺牲本国公民福祉为代价，相互尊重彼此的专利和知识产权法？

当个体和国家都在努力界定现代知识产权的界限和属性时，我们也不应忘记，知识产权是新生且独特的抽象概念，与实物产权（physical property）不同，它从来不是显而易见的。一项技术能被定义为知识产权，意味着人们认为该项技术、工艺或机器制造的知识本身具有内在的商业价值，而且这份商业价值是可以与用这种知识生产的商品分离的。与实物产权不一样的是，知识产权没有客观的“自然”的形态，它是一种虚构的概念，完全仰赖国家权威实现其意义。也因此，知识产权使有能力负担相应代价以诉讼搞垮竞争对手者，得享特权。例如，当代“最强大脑”微软公司（Microsoft），就和18世纪最成功的专利权持有人（patentee）理查德·阿克赖特（Richard Arkwright）一样：他所成就的地位不应归功于公司的创造能力，而应归功于雄厚财力。庞大的资金支持使微软能够在法庭上立于不败之地，以法律之名制裁、控制竞争对手。最后要强调，如果国际协定没有扩大法律适用范围，使境外也适用当地法律，那么知识产权规则就无法在本国强制性管辖范围之外生效。

我采用多角度的方式研究技术走私问题。在阅读一本关于杰斐逊式（Jeffersonian）商业政策和外交策略的书时，从中收集到许多证据，证明了技术盗版不仅是在完全知情的状态下进行的，而且往往是在联邦和州政府官员的积极鼓励下进行的。而让我印象最深的是，他们并没有为此感到矛盾或挣扎。我认为，美国早期（约1770—1820年）的政治领导人对技术走私的看法与他们对新兴市场资本主义所带来的影响的看法一样复杂。毕竟，他们之所以反抗祖国，是为了在新世界维持一个简单而有益的社会秩序，摆脱大英帝国体制下的社会分层及工业革命后的经济分化。然而，他们对技术走私的接受程度却超越了他们在政治和外交上展现出来的态度；来自不同阶级也好，政治信仰对立也罢，所有的美国人都在积极接受工业革命新技术，仿佛技术革命与社会经济分化互不相干。

欧洲和北美的工业化发展得益于技术扩散，工业革命演进史的专家对此现象做了详尽的论述，而我从中获得许多启示。这些专家研究技术传播历程，思考特定的文化和社会形态为何对创新更感兴趣或不感兴趣，以及它们如何接纳创新。而专家研究认为，技术很难独立于人类思想和制度之外自主发展，但也并不会服从于政治的统治之下[3]。我的思考路径则不同，我从在革命年代（the Age of Revolutions）兴起的国家意识出现后所诞生的崭新国际关系的角度来研究这个问题。政治实体从一开始就纷纷卷入技术传播的斗争中，国家以赞助、批准进口走私技术的方式，获得其他国家的工业创新成果，同时防范其他国家学习本国的工业秘密，各国也由此定义知识产权和政治的关系。

本书所讨论的“盗版”（piracy）属于一种当代的理解。❶用此术语解释18世纪和19世纪初所谓的“非法获取受保护的技术”是有问题的：彼时该词意味着某一种具体的犯罪行为❷。此外，本书所研究的年代还不存在国际知识产权法律制度；在那个年代，非法越境出口技术并没有违反国际法，因为直到19世纪80年代都没有任何相关的国际知识产权法诞生。然而盗版活动在国家管辖范围内却是非法的，他们的罪行不属于走私，原因在于他们的行为仅涉及非法输出知识，而不是逃避关税或进口违禁品。因此，本书选择使用“技术盗版”这一术语，原因在于这一术语是当代语境下描述在司法管辖区域内非法盗用受保护技术的最准确的表达。但是，请读者记住，在本书所研究的时代，从事技术盗版的人均未将他们的行为称作盗版；而即便这个词（即“piracy”）让人联想到犯罪行为，我也并不打算对当时和现在的盗版行为附加任何规范性的价值判断。

当代区分文学和机器所体现的知识产权（诸如版权和专利）所使用的方式，并无法有效帮助人们理解知识产权概念发展的来龙去脉。实际上，不论是将思想归属为作者还是发明者的财产，两种分类方式均起源于相同的哲学取向与历史时代。尽管我所要关注的重点在于知识产权实际的外在形式，但也无法从我讨论的内容里将作者身份（authorship）完全抽离。在依据私有财产原则规范社

❶ 在本书中，我将“盗版”一词严格地称为“未经授权却盗用和复制他人的产品、发明或概念，特别是侵犯版权的行为”（《韦氏新国际词典（第三版）》）。——译者注

❷ 此处所指的具体犯罪行为应为海盗行为（piracy）。——译者注

会秩序的 17 世纪到 19 世纪，创意所有权的概念出现了[4]。最初，将创意所有权归属原始创作人的意识形态仅在新兴国家内部受到认同；后来，资产阶级认识到思想并不受限于物理空间，如果没有国际知识产权制度，各国遵守这些观念的意愿将各不相同。美国对国际知识产权原则的支持仅停留在口头上，毕竟，美国的工业强国地位很大程度上是基于欧洲人的智力劳动成果。

在正文中，我将从美国早期外交史的角度，解释分析美国如何盗用欧洲限制的专有技术（know-how）。美国人获取技术的方式主要有三种，这些方法时常交织在一起使用。第一种方式是获取知识本身，主要指获取实现创新的机械或科学发现。第二种方式是改善现有创新产品的生产工艺，指将改善后的工艺流程走私到大西洋彼岸。第三种方式，也是最重要的：鼓励欧洲的熟练技工移民北美。从国际关系的角度来看，这三种不同的方式构成了同一个问题：在国际舞台上，国家之间知识产权的规则和界限。本研究并不讨论“全面论述美国成立初期欧美间技术的转移”这一课题；本书所要关注的，是美国在其国家形成的关键时期，对国际知识产权的理解从何而起。

知识产权政策起着重要作用，这些政策促使美国崛起成为世界头号工业强国，而这些政策也正是本书的重点探讨对象。我研究了从殖民时期到杰克逊（Jackson）❶时代，着眼于美国在解决国际政治与知识产权冲突时手段演变的关系所衍生的问题，采取的处理方式如何演变。我考察了联邦政府和州政府在这个转变过程中所发挥的作用，并研究了矛盾的（有些人甚至会称之为虚伪的）美国政策。美国官方有这样一种说法，认为年轻的美国开创了新的知识产权准则，为授予权利设定了尽可能高的标准：以全世界为范围的原创性和新颖性（novelty）原则。然而，美国政府实施各种措施，对侵犯欧洲国家和个人知识产权的行为予以赞同并支持；此外，更通过非法盗用欧洲的机械和科学创新成果，一跃成为全球工业产业的领头羊。

---

❶ 安德鲁·杰克逊（Andrew Jackson），美国第七任总统。——译者注

注释

1.James E. Hillhouse, "Reminiscence of the Late Mr. Whitney, Inventor of the Cotton Gin," American Journal of Science and Arts 21, no. 2 (1832), 59n.

2.http://www.wipo.org/about-wipo/en/gib.html; European Commission Green Paper on Counterfeiting and Piracy, June 1999; American Information Resource Center Newsletter, March 2002; "WIPEOUT, the International Intellectual Property Counter-Essay Contest," at http://www.theregister.co.uk/content/ 6/25047.html.

3. 技术史中最有趣的争论之一是关于技术与社会及其制度间关系的探讨。辩论一方面强调技术发展在很大程度上是其自身内在发展的结果，并塑造了社会结构；另一方面则强调技术的社会建构（social construction of technology，SCOT）。欲了解这场争论在智力上的精彩之处，请参见兰登·温纳（Langdon Winner）的《艺术品有政治吗？》Daedalus 109（1980 年冬天），121–136；约翰·M. 斯塔德迈尔（John M.Staudenmair），《技术史新趋势》（*Recent Trends in the History of Technology*），载于《美国历史评论》85（1990 年 6 月），715–725 页；梅里特·罗·史密斯（Merritt Roe Smith）、里奥·马克思（Leo Marx）等人编辑的《技术推动历史：技术决定论的困境》一书中《美国文化中的技术决定论》章节（马萨诸塞州剑桥，1994 年），1–35 页；菲利普·斯克兰顿（Philip Scranton）《技术史中的决定论和不确定论》，同上，143–168 页；利奥·马克思（Leo Marx），《"技术"的观念与后现代悲观主义的思想》，同上，237–257 页。

4. 米歇尔·福柯（Michel Foucault, ），《作者是什么？》（*What Is an Author?*）载于保罗·拉比诺（Paul Rabinow）等主编的《米歇尔·福柯经典著作》3 卷（*Essential Works of Michel Foucault, 3 vols*）（纽约，1997）II，205，214 页。

第一章　国际体系中作为财产的知识

知识产权是近 500 年来发展的产物。古代社会中，当某种器物被发现或改造并被社群接受后，其命运就不是发明者所能控制的了。发明是独特形式的非物质成果，不能被市场明确定价。所以，尽管希腊和罗马对窃取知识和抄袭行为的指控屡见不鲜，但他们并没有保护知识产权的法律；技术知识的价值体现在产品中，古代工匠并未将制造产品所使用的工艺和技术与产品分离。

以知识代表经济价值这个独特的概念出现在中世纪晚期和文艺复兴早期。工匠行会（Artisans' guilds）在概念发展过程中起到了关键作用。为了保护行会成员在新兴市场中的权益，行会为获取工艺知识及操作机器的行为制定规章，通过赋予技能本身一个不同于产品的价值，促进知识产权的抽象化过程。然而，鼓励使用新机器并不符合行会的利益。毕竟，技术发展的主要特征在于生产功能从人转移到机器上，而行会肯定会反对这种破坏职业稳定性的技术，他们会坚持使用某些已过时的陈旧技术。因此，当政者想要采用新技术时，常常需要克服当地行会的阻力。

原始资本主义（protocapitalist）商业模式的出现，加之欧洲国家地缘及政治的重新布局，近代欧洲部分国家率先重新界定了个人及国家的边界。这段持续的经济扩张时期，见证了政治权力向王朝中心巩固的历史。基督教希望能一统所有欧洲教会，建立一个统一的基督教世界，如今这个理想幻灭，由宗教特殊主义（天主教、新教、圣公会等）所领路的王朝崛起并取而代之，宗教在各个领域中相互竞争，渴望获胜。同时，文艺复兴时期对天才的赞美，将个人置于创作活动的中心，并赋予他们对自己思想成果的所有权。市场将创新与创造发明的人联系在一起，这样的观念赋予了创造发明的人们享受回报的权利。各国开始保护作者和发明者的权利，并保障其版税（royalties）收入，以鼓励国人创新并吸引国外的创新人才。各国实现此目标的策略不尽相同。例如，大革命前的法国规定，发明者或引进人（introducer）如果成功地说服法官认可他们的创新成果（发明或是引进的新发明），国家就会给予他们现金奖励[1]。其他国家，如英格兰，有时会效仿欧洲大陆的做法，给予发明者现金奖励，有时则会采取不那么直接的方式鼓励产业的机械化：国家会授予掌握机械知识的人使用或销售该设备的临时垄断权，以向他们换取机械的详细说明，如18世纪的大英帝国通过授予一定年限的专利垄断权（patent monopoly），作为促进创新和工业化的战略[2]。

现代对知识产权的讨论往往预设“发明”具有某类创新的特质，但只要仔细观察一下大多数所谓的“发明”，这种预设就会消失，因为仔细观察后会发现，“发明”的创新力很差，对旧知识的依赖性也很大。原创成果与衍生产物之间的差异其实相当渺小。一项创新成果完全可能仅因为政治和法律的操作与编造，就能被视为值得保护的发明；而一项发明若是无法付诸实际应用，也无资金持续支持研发，则基本可谓其没有价值。以詹姆士·瓦特（James Watt）为例，1769年他所开发的蒸汽机冷凝器，在技术领域取得了首次突破；然而，这款冷凝器除了能从矿井抽水之外，并没有开发出其他可能的应用场景，这一点削弱了这项发明的市场潜力。1781年，马修·鲍尔顿（Matthew Boulton）投入精力和资金，在瓦特的研发基础（即在两侧活塞处应用蒸汽的“双重作用”[double action]，从而使机器可以旋转运动）上改进冷凝器，这款蒸汽机冷凝器于是成为磨（粉）机的动力源。此后，鲍尔顿和瓦特建立了强有力的合作伙伴关系，依靠他俩的聪明才智和商业头脑，两人的合作相得益彰，享负盛名。然而，他们的共赢只是个例，大多数投资者和发明家之间往往关系紧张，且这个关系问题多半难以解决，而其中症结就在于创意所有权归属问题。另外，科学管理改革也是一大要点，要知道，我们不可能从组织和程序变革中提高保护知识产权的能力，但这些变革往往比改进机器更能促成生产的飞跃[3]。

17世纪和18世纪，自然权利（Natural Rights）和功利主义（Utilitarian）学说结合成新的学说，证明了专利垄断制度对善于创新且能创造社会价值的发明者而言，是一份公正的奖励。主张自然权利的哲学家认为，人对财产的权利是不可剥夺的，人有权获得通过自己的劳动所创造的财富。自由主义和个人主义的伟大先驱约翰·洛克（John Locke）曾说：“每个人都有属于自己的财产。除了自己，任何人对其财产都没有权利。我们可以说，通过劳动与创造获得的成果，都是自己的财产。无论从自然界中提取出何物，只要有人将该物与自己的劳动相结合，融入了自己的元素，那么该成果便是他自己的财产。”[4]从自然权利的观点来看，“发明”是一种财产，所有人都有权享有这种劳动收益。发明家对其发明享有的权利，与工匠对其制造的工具所享有的权利是一样的。社会必须认识到它有义务以保护实物产权的方式保护知识产权；换言之，社会应该将无授权的仿冒行为视同于盗窃有形的资产。授予作者和发明家对其作品（creation）的知识产权是自然权利的正当延伸，因为正是他们的劳动赋予了作品价值。

自然权利的论述抚平了专利制度中固有的紧张关系——资本主义所信奉的市场自由和垄断行为所代表的反竞争性。本来，市场应按其发明价值的比例奖励发明者。然而，考虑到发明本身的社会效用，最适当的奖励当属让发明者可以进行有限的垄断。1790 年，法国革命国民大会（The National Assembly of Revolutionary France）宣布，从智力发现（intellectual discoveries）和创新中获益是作者和发明家的自然权利。1791 年，《法国专利法》的序言内容采纳了类似的逻辑。19 世纪关于专利和版权的国际协议也有类似的论述；而 1878 年在巴黎举行的国际知识产权会议（International Conference on Intellectual Property Rights）和 1887 年美国参议院批准的《保护工业产权国际公约》（*the International Convention for the Protection of Industrial Property*）更是使用了自然权利的论述来阐述他们对知识产权的保护[5]。

但是，自然权利这种将知识产权类比实物产权的思路是有瑕疵的。首先，实物产权（代表对有形资产的权利）本质上是零和博弈，但知识却非如此。如果一把斧头被盗走，斧子的主人就不能再使用它了；如果是发明被盗用，发明者仍然可以使用。从受益方面来讲，技术盗版使发明者丧失了对发明的专有权，减少了发明者潜在的市场收益；但在生产商之间进行技术扩散将会使产品价格变得更低，而这又能使民众受益。其次，实物产权不会随着时间的推移而消失，而知识产权——无论是专利还是版权——都有特定的法定期限。最后，由于自然权利的论述强调，一项创新的价值在于具有创造力的个体，并得出知识产权不受国界限制的结论，因此自然权利的某些观点与国家利益背道而驰。一方面，每个国家都应尊重本国境内所有其他国家的知识产权，必须将模仿行为视为一种盗窃；另一方面，由于财产属于个人，当它在不同地点之间进行移动时，专利垄断权也会随之移动。因此，在文艺复兴时期及近代欧洲，统治者之间创新竞争激烈，他们优先考虑的是自己的经济利益而不是履行对自然权利的承诺，这些并不足为奇。

事实证明，后来之所以能将“创意”（ideas）法定为财产，功利主义理论功不可没。给予作者和发明者特殊的奖励，理论上可以鼓励创新活动，最终使整个社会受益；通过保证发明者和/或其受让人及被许可人在各自领域内持有期限固定的垄断权，从而给予他们获得高额经济回报的可能性，而国家希望能够借此促进经济增长，让所有经济部门都从中受益。于是，政府授予专利权，以此换取专利技术的公开；申请专利的行为相当于将社会所需的知识存入公共金库，待到专利期满后便与所有社会成员共享。多数时候，专利权持有人和官方机构会为专利申请文件所需公开的程度产生争议，因为专利权持有人往往倾向于尽量少公开信息。17 世纪、18 世纪时，文件上对专利的描述往往模糊笼统，但古腾堡使用活字印刷术后，人们的识字率急剧上升，使专利申请书的内容更容易普及；另外，非语言交流（主要是绘图）也成为技术传播的重要推动力。而为了限制专利在其特定领域的垄断，法院要求申请人对其发明的所有应用做出准确说明，但发明者担心在专利申请中披露细节会遭到竞争对手的模仿，导致发明者专有的竞争优势受到破坏。而在历史上，正是马修·鲍尔顿和詹姆士·瓦特利用自己的声誉和资源，对抗 18 世纪晚期的法官在面对专利申请时的苛刻态度，并以确立进行专利说明时应达到的具体标准，作为垄断特权的交换条件[6]。

欧洲国家必须面对这样一个问题：谁有权享有这利益丰厚的垄断权？

在 16 世纪和 17 世纪的语言习惯中，并没有严格区分现代语言中“发明”“发现”和“通过智力以外的方式获得知识”这几组概念。当时的专利登记册和法律文献混用“发明”（invention）“发现”（discovery）和“首次发现”（first finding out）等术语；而从垄断中获益的，往往不是发明者本人。因为保护专利需要技术和经济的支持，能否成功保护则取决于诉讼能力，并非发明本身的价值。这导致绝大多数没有足够财力支持的发明者不会替自己的发明申请专利，他们选择不公开发明，而不是披露发明（申请专利）。保密的目的与其说是隐藏机械创新，不如说是为了隐藏采用新机械设备所需的成本和利润，避免泄露商业机密。但是，没有公开的生产能力数据，投资者也很难判断改变生产工艺是否能为他们产生收益[7]。

能否获得国家授权的垄断，取决于专利权持有人能否说服政府相信他所申请的发明为其所独有，并且这项发明对普通大众及统治阶级来说都具有重大价值。然而并非所有的发明者都有办法供给申请时必须承担的成本（如申请、展示、维护专利权等相关费用），因此许多发明者转而将自己的发明出售或出租给其他人。若发明者能用自己的发明（垄断的知识）提高工业产能或降低生产成本，那么对发明者来说，不申请专利以便对发明保密，是一种避免向竞争对手泄漏发明方法的可行选择。然而，通常情况下，发明者会为了营利不得不将自己发明的机器售出，买家则会拆解这些机器以便自己制作复制品。

即使有办法尽可能限制传播范围的大小，限制技术知识传播能否奏效，仍旧取决于技术知识的首位使用者能否说服社会同仁尊重他对技术的垄断权。近代初期的状态，与批评资本主义的学者一针见血的观点不谋而合：在进行政治和经济的权力分配时，最为重要的是掌控生产方式。在前资本主义生产体系中，工厂主不需要依靠对生产资料（means of production）的所有权，仅凭借着自己掌握了某些工艺的秘密，也能主导生产过程；但进入现代工业时代，卡尔·马克思（Karl Marx）写道："制造业的每位劳动者一生都被束缚在工厂单一环节的操作上，而技术重洗了这种劳动分工。但同时，劳动分工重新以更加畸形的形式出现；在工厂里，工人变成了机器的活的附属物。"所以专利权持有人试图通过将知识定义为财产，限制知识的传播，从而控制工业化的进程，并尽可能地将创新所带来的所有经济利益留给自己[8]。

现代专利法形成初期，并未将发明者和境外技术、设备或工艺的引进者明确区分开来。事实上，在前资本主义世界，引进者甚至比发明者享有更大的特权，至于是否奖励本地发明者，则完全由统治阶层决定。一方面，统治阶层控制人口流动，这意味着发明家别无选择，只能在本国使用自己的发明，而且还要忍受技术盗版的侵害；另一方面，统治阶层也在想方设法引进外国的专有技术。各国制定诱导性政策，给予那些敢于违反知识传播限制，而且愿意连人带技术转移到国外的移民优惠。统治者认为，引进的技术可以更有效地将本国的自然资源转化为国际硬通货，使国家的进出口比率朝着有利于本国的方向发展。于是，技术争夺战成为欧洲各国经济和政治的"红海"。

英国率先尝试授予外国人专利垄断权的模式，诱使外国人将新技术或工艺带到英国。在这个过程中，英国并不会核实"引进人"是否就是来自其原籍国家的技术发明者；换句话说，英国专利最初授权的对象，实际上是引进人而非发明者。14 世纪，爱德华三世（Edward Ⅲ）统治时期，为了吸引外国工匠定居英国，向英国学徒传授技艺，英国向外国工匠颁发了免于竞争的保护函。两百年后，伊丽莎白一世（Elizabeth Ⅰ）统治时期，在专利授予中增加了针对特定进口创新产品的专有使用权期限，此举表明，进口专利（Patents of importation）优先于发明专利，这是因为英国人普遍相信国外的技术更具优越性，并希望有朝一日，英国货可以取代进口商品以平衡进出口贸易——这是重商主义国家实力的晴雨表。

直到1623年，英国政府才首次向发明者授予专利权：詹姆斯一世（James Ⅰ）颁发了第一件发明专利，专利权持有人获得了14年的生产垄断权。翌年，英国国会通过了一项奖励发明的法规，规范了奖励发明的做法，其中依然保留了皇室向新技术引进者提供奖励金和专利权的规定[9]。尽管18世纪下半叶，工业间谍活动的侧重点发生逆转，但英国仍然存在鼓励走私技术的政策；及至1778年，英国法院依然支持着进口专利的合法性。手握粉饰灰泥（stucco）专利的瑞士发明家约翰·利亚德特（John Liardet）和他的英国专利受让人联手起诉约翰·约翰逊（John Johnson），告发他诱使工人更换雇主以窃取知识，并表示此举侵犯了自己的专利权。利亚德特诉约翰逊案历经两次审理，每一次英国法官和陪审团都支持外国人的进口专利权，而不是本国人的诉求。相关政策直到1852年基本上维持不变，而且执行得非常顺畅，没有遭遇任何挑战，英国就这样吸引来大量技术纯熟的欧洲工匠，并从一个技术落后的国家转变成世界级的工业和创新据点[10]。

并不是只有英国支持技术盗版，欧洲大陆各国政府都认识到了技术的价值，也致力于吸引新工业技能和现代化机械来促进本国的技术进步。持有这种目的的国家，多数由其国务院肩负工业发展职能。官方使节会在外交驻地的国家/地区秘密招募劳工，诱惑工匠移民到他们（使节）的国家；而在同样的目的下，为保持自己国家的技术优势，他们也会阻止竞争对手获取在本国受保护的专有技术，并向上级汇报竞争对手可能用来蛊惑工匠的伎俩。当时的欧洲，几乎每一个政府都竭尽全力采用各种（有时堪称严厉的）措施防止技术和工艺外流。例如，威尼斯就将玻璃工人统一安置在穆拉诺岛（Murano）上，并威胁工人不能离开小岛，否则将被处死；英国某硫酸生产商则为了不让竞争对手得逞，想出了一个新的策略：只招聘仅会讲威尔士语的威尔士人[11]。

工业革命提高了国际科技战的赌注，将理论知识应用在工农业中使得技术突破不断涌现，生产方式的组织变革，以及社会从文化和法律上接纳绝对财产权（absolute right of property）的理念，改变了欧洲及其附属国的经济和社会状态。地区经济结构和各区域间的贸易格局发生了巨大的变化。18世纪商业和工业资本主义崛起，从新法兰西（New France）到印度，从织布工、纺纱厂到商人，无一不受其影响。在生产过程中，大规模应用于生产材料的革命性技术开创了现代技术工业体系，由此西欧一跃成为世界主导；技术发明建立了以原料、粮食，以及来自亚洲、非洲和美洲的奴隶换取欧洲产品的模式[12]。

工业化使英国崛起成为全世界最强大的国家。18 世纪，英国在一系列殖民战争中无往不胜，七年战争（Seven Years War）——美国称之为法国—印第安人战争（French and Indian War）——更是其场场胜仗之高潮；英国取得了决定性的胜利，并在这一系列战争中获得了从印度到北美各领土的控制权。英伦三岛为制造业出口积累了大量技术纯熟的工人，使英国得以从与欧洲其他国家的竞争中脱颖而出。当然，17 世纪、18 世纪英美制造业并不能与 19 世纪以机器为中心的工业相提并论。最初，制造业生产样态是手工生产作坊式的家庭包工制（putting-out systems），后来这些作坊聚集成为制造厂，由机器生产占据了核心地位。但即便机器后来居上，家庭手工制造的产品却早在 17 世纪末就已占据英国出口市场的主要份额，其中羊毛织物占了大头；到了 18 世纪，英国产品在市场中的表现更为优秀，英国制造的皮革制品、五金和机械工具加速进入全球市场。尔后，煤燃料技术的更新又让制造商得以用煤动力代替人类和动物的劳动力，大力促进了生产。18 世纪 70 年代，英国纺织业开始现代化，深矿开发和大规模金属制造水平也大幅提升，英国工程师和工匠不仅在商品质量方面享有盛誉，他们在机器制造的关键领域亦成为欧洲的技术领头羊。商品出口占 18 世纪英国国内生产总值的 10% ~ 15%，创新的浪潮使英国能够满足全世界对英国制造日益增长的需求；即使 18 世纪 70 年代北美英属殖民地宣告独立，也未能撼动英国的工业主导地位[13]。

竞争者目睹了英国崛起，目光中充满嫉妒与恐惧。18 世纪的重商主义政治家们通过国家实现贸易平衡的程度和能力来衡量其实力，他们意识到，“犁铧（plough-share）对一个国家的实力来说，重要如趁手的利剑”。他们认为，英国工业出口的繁荣造就了英国军事和政治实力的增长与强盛；英国国内通过加大生产量来减少对进口外国物品的依赖，这意味着减少国家黄金外流，从而提高英国在国际竞争中的地位。英国国内各州郡转而建立和经营国有工厂，补贴特定部门，采购本国制造商的产品，以发展本国的制造业。然而，工业界和重商主义者很快便意识到，除非本国工业能够弥合与国外的技术差距，否则上述努力终究还是一场空。

世上并非只有他们相信获得新技术乃国家繁荣发展之关键，自由主义的伟大预言家亚当·斯密（Adam Smith）就曾说过，每个社会都知道从国外获得改良机械的好处。而无论这些新技术源自何处，欧洲国家间激烈的竞争，都在促使人们积极接受和吸收新技术。从英国境内间谍活跃的程度来看，当时大多数国家坚信技术是决定英国工业和政治力量的关键，只有获得这种受保护的专有技术，他们才有办法迎头赶上。但是，尽管已经竭尽全力，欧洲国家仍是直到19世纪后半叶才摆脱了对英国技术的依赖[14]。

英国明白技术对政治和经济的重要性，因此十分重视对工业技术的保护。为此采取必要行动的不只是英国政府，英国的工业家也早已开始警惕，他们禁止任何陌生人进入工厂内，然而，由工厂来阻止私人进入的效果，远没有政府直接干预得好。因此，有时这类禁止政策会采取半私人半政府的形式执行。以法国和英国政府为例，当法国终于成功地吸引到英国造纸商迁入法国时，英国政府随即将白纸制造商纳入皇家保护范围，并且禁止外国人招募英国工匠，同时禁止出口造纸的原材料。撇开干预手段不谈，立法才是防范竞争对手窃取技术最有效的方式。事实上，英国在18世纪就将技术扩散定为刑事犯罪。1695—1799年，英国总共通过了10部重要的法律，禁止工匠移民和机器出口。这些法律涉及的领域涵盖了金属、钟表、玻璃、陶器、马具、采矿及某些机器制造行业、纺织业等。从1749年起，英国政府宣布，怂恿英国和爱尔兰匠人移民到殖民地也是“犯罪行为”[15]。

矛盾的是，英国针对禁止机械出口和技术移民所采取的一系列举措，与其说起到抑制作用，不如说是更加刺激了境外的工匠招募活动，以及偷窃受保护机械的行为。因为每一个有工业化野心的欧洲国家都惯于采取派遣工业间谍进行技术盗版的做法。沙皇大力支持引进冶金技术，向愿意定居在俄国且技艺精湛的工人提供丰厚的优待。这个做法成效极佳，到了18世纪60年代中期，在圣彼得堡的钢铁工人工匠行会中，德国工匠数量就已远超俄国工匠数量。瑞典曾派遣科学家和有经验的工人潜入英国的钢铁业和铜工业，斥重金购买生产所需的秘密资料。法国王室最高层不顾英法两国关系，在英国策划了工业间谍活动；1777年，当时法国为了不被卷入美国的独立战争，小心谨慎地避开国际摩擦，然而外交大臣韦尔根斯（Vergennes）却派了一名工业间谍到英国，潜入鲍尔顿的工厂。这位工程师虽然设法进入了工厂，但是刚窃取了几张工业图纸，就被英国当局抓捕并遣返回国。事实上，18世纪及其后的大部分时间里，法国一直致力于获取英国的技术；在法国大革命时期和拿破仑时期，法国一直奉行盗版英国技术以及诱惑英国工人移居法国的王室政策[16]。

英国以技术优势成为工业革命领头羊，也必然使工业间谍趋之若鹜。工业技术的进步并不局限于英伦三岛，欧洲所有国家都以某种方式参与了技术和科学的生产和转移，英国政府也对盗版国外受保护技术的行为予以支持，同时为了防止本国技术泄密设置了法律障碍。当全世界对英国创新赞叹不已时，英国人也在寻找外国先进的工业技术，并吸引外国技术工人移民英国。而对于英国的匠人来说，出国学一门手艺（或工业技术），回国后在国内再申请专利垄断是相当常见的做法。例如，18世纪50年代，史密斯菲尔德（Smithfield）地区的化学家汉弗莱·杰克逊（Humphrey Jackson）远赴俄罗斯学习了一种新的酿酒法，并于1760年3月获得了该工艺的专利。可见，当英国觊觎其他国家的工业技术时，它会想尽办法获取技术，会毫不犹豫地采纳本国曾经禁止的、种种窃取技术的方法。比如，为了获得法国铸造平板玻璃的技术，英国高级官员会花费心力引诱法国高级管理人员和普通工人来英国建造一家仿制厂。尽管饱受经济动荡和失业问题的困扰，但英国这个世界上最先进的制造业中心，仍继续实施政策，吸引自由流动的技工人才。事实上，在工业革命时代，英国一直不遗余力地引进他国技术[17]。

国家未能将创新成果限制在国界之内，并不完全是由工业间谍活动所致。早在1699年，伟大的德国数学家和哲学家戈特弗里德·威廉·莱布尼兹（Gottfried Wilhelm Leibniz）就在《关于在德国建立学会的备忘录》（*Memorandum on the Founding of a Learned Society in Germany*）中指出，欧洲科学事业的发展仰赖全球科学家之间的自由交流。学术界、科学家及知识分子之间日益增长的交流，则进一步削弱了政府对知识传播的限制。18世纪对理论研究和实践应用的边界划分不如现代社会这样鲜明，科学家经常涉足发明与创造的活动，理论研究的进步也帮助欧洲学者习得某些创新的原理。当时，人们可以阅读期刊，广泛地接触技术突破和科学发现这些刊登在期刊上的信息，于是创新者得以站在前人的肩膀上再接再厉。测量和计算科学，作为17世纪科学革命的基础，在当时也被直接应用在实际的问题上。到了18世纪，在科学事业普及化的同时，生产过程更加专业化，两者一起，加速发展实践效用与科学理论之间的关联[18]。

在激烈的科技竞争中，各国政府不甘落后，积极投资开发科学和研究机构。18世纪时，英国、法国、德国和意大利等国家纷纷开办各类学院，英国政府热衷于资助艺术和科学领域，法国从1700年到1776年就建立了一百多所专业学院。而从这些学院中获取的知识并不独属于任何一方。情况正好相反，大多数欧洲学院都是为了汇编和普及前沿知识而出版文集。这场展现文化实力的竞争，充分发挥了极为优秀的宣传效果，显示出这类做法和那些将知识霸占为一国所有的行为有所不同。伦敦皇家艺术协会（Royal Society of Arts）就在公共美术馆展示了一些成果，这些成果是在定期举办的竞赛中获胜的作品，它们的用处在于针对特定技术问题提供解决方案。此外，在18世纪，知识国际化的重要指标是《百科全书》(*Encyclopedia*)的问世，这一项诞生于法国启蒙运动(the Enlightenment)的集体性成就，反映出18世纪中叶的知识水平，内容涉及工艺、美术、哲学、政治、神学和语言等诸多领域，当中所呈现的学科交叉成果说明了这样一种观点：所有的知识都是相互关联并互相依赖的。

18世纪的大部分时间里，英法之间虽然关系紧张，但是并没有因此影响两国科学信息的交流。因为多数战争发生在殖民地，所以与血雨腥风的17世纪相比，18世纪的欧洲除了普鲁士以外，多数国家从1713年西班牙王位继承战争(the War of the Spanish Succession)结束，到1792法国大革命(the French Revolution)战争开始之间的这段时间里，都没有受到战争的笼罩和破坏。这样和平的环境，使得他们难以对技术传播进行限制[19]。

18世纪，欧洲地理流动性❶急剧增强。人口数量快速增长，从1700年的8100万人，增加到1800年的1.23亿人，激增的人口对日益缩减的农业供应造成更大的负荷。在农业领域外，市场创造了大量的就业机会，在没有暴乱和冲突的状态下，人口自发性地涌入城市。然而，工业化并不只存在于日益发展的商业城市中心。为了降低生产成本，资本家在郊区投资设厂，创造了充满活力的农村工业经济。各个环节的生产流程将各种相距遥远的经济体连接起来；产品在郊区生产，到城市拼装，最终于洲际和国际销售。新兴市场资本主义和工业革命将生活在城市和农村的工人同欧洲不断增长的经济网捆绑在一起。于是，那些没有土地或者依靠新兴家庭手工业(cottage industries)谋生的人口，自然而然地成了流动性最大的一群人。这也是欧洲历史上第一次有成千上万的人举家搬迁，背井离乡去其他国家寻找生计的大规模行动。而由于人口流动性大量提升，工人大规模更替，将人口限制在特定地区变得越来越困难[20]。

工匠对新技术绝对性的掌控，是18世纪时对技术传播最大的阻碍。许多重要的创新由工匠掌握，并在加快生产速度和降低生产成本两方面均起到关键作用。技术知识就像陡峭的金字塔，塔尖聚集极少的行业精英，而多数人的技术水平明显低下。新技术需要的经验和基本功很少被记录成文字，更不可能印刷成册；即使出版了，读者也难以掌握。获得新技术最有效也最直接的做法，就是吸引具备技能的工匠移民[21]。

专利垄断和现金奖励的政策，加上日益增强的地理流动性，削弱了国家对

---

❶ 地理流动性(geographic mobility)与经济资源的重新分配息息相关，人口、商品或者生产活动跨地域转移就是一种地理流动。——译者注

技术扩散的限制。在一个无法化解经济发展与国际知识产权间紧张关系的世界里，美利坚合众国如斯诞生。以下章节顺时记述了美国人对待和解决上述紧张关系的特殊方式，其中分析了当时北美大西洋沿岸贫穷落后的前英国殖民地如何一跃成为国家的知识产权主要代理中心——这些殖民地早期可不在乎外国发明者的权利。

注释

1. 在法国，知识创造由特权掌控；而在英国，知识本身的应用才是成功的关键。正如1732年伏尔泰在他的《哲学通信》中所写的那样，学院中的一个席位对于一个法国知识分子来说是一笔不小的财富；而在伦敦，要成为皇家学会的一员则要花费很多钱。Francois Marie Arouet de Voltaire, Philosophical Letters, trans. Ernest Dilworth (New York, 1961 [1732]), 114.

2. Pamela O. Long, "Invention, Authorship, 'Intellectual Property,' and the Origins of Patents: Notes toward a Conceptual History," Technology and Culture, 32 (October 1991), 846–48; Mark Rose, Authors and Owners: The Invention of Copyright (Cambridge, Mass., 1993), 3; Frank D. Prager, "A History of Intellectual Property from 1454 to 1787," Journal of the Patent Office Society 26 (November 1944), 721; Akos Paulinyi, "Revolution and Technology," in Roy Porter and Mikulas Teich, eds., Revolution in History (Cambridge, Mass., 1986), 266; Carolyn C. Cooper, Shaping Invention: Thomas Blanchard's Machinery and Patent Management in Nineteenth-Century America (New York, 1991), 30; Euan Cameron, The European Reformation (Oxford, 1991); Derek McKay and H. M. Scott, The Rise of the Great Powers, 1648–1815 (London, 1983).

3. F. M. Scherer, "Invention and Innovation in the Watt-Boulton SteamEngine Venture," Technology and Culture 6 (Spring 1965), 165–87; Thomas P. Hughes, "Transfer and Style: A Historical Account," in Tagi Sagafi-nejad, Richard W. Moxon, and Howard Perlmutter, eds., Controlling International Technology Transfer: Issues, Perspectives, and Policy Implications (New York, 1981), 43; E. Wyndham Hulme, "The History of the Patent System under the Prerogative and at Common Law: A Sequel," Law Quarterly Review 16 (1900), 62.

4. John Locke, Two Treatises of Government, ed. Peter Laslett (London, 1967 [1690]), 305–6.

5. Edward F. Noyes to William Evarts, April 26, 1878, in Papers Relating to the Foreign Relations of the United States (Washington, D.C., 1878), 173; "Convention for

the Protection of Industrial Property," signed March 20, 1883, ratified by the Senate on March 29, 1887, and signed by the president on June 11, 1887, in Charles I. Bevans, ed., Treaties and Other International Agreements of the United States of America 1776–1949, I (Washington, D.C., 1968), 80–88; Christine MacLeod, Inventing the Industrial Revolution (Cambridge, 1988), 199; Edith Tilton Penrose, The Economics of the International Patent System (Baltimore, 1951), 22.

6. Eric Robinson, "James Watt and the Law of Patents," Technology and Culture 13 (April 1972), 115–39.

7. H.I. Dutton, The Patent System and Inventive Activity during the Industrial Revolution, 1750–1852 (Manchester, 1984), 17–22; CHRISTINE MACLEOD, "The Paradoxes of Patenting: Invention and Its Diffusion in 18th- and 19th-Century Britain, France, and North America," Technology and Culture 32 (October 1991), 898–90; PETER MATHIAS, "Skills and the Diffusion of Innovation from Britain in the Eighteenth Century," Transactions of the Royal Historical Society (1975), 111–13.

8. Karl Marx, Capital: A Critique of Political Economy, trans. Samuel Moore and Edward Aveling, 3 vols. (New York, 1906 [1887]) I, 530. In another piece Marx wrote that. 生产方式决定社会、政治和知识分子的过程，不是人的意识决定了他们的存在；相反，是社会存在决定了他们的意识。"Preface to the Critique of Political Economy," [1859] in in Robert C. Tucker, ed., The Marx Engels Reader (New York, 1972), 4. Friedrich Engels was even blunter, declaring: 大工厂的自动机械比长期雇佣工人的小资本家更专制、权威 ibid., 731. 他看到机器侵入英国工业的各个分支，消灭手工业。恩格斯将工厂劳动等同于机器劳动，并认为妇女和儿童的劳动是后者的基础。

9. MacLeod, Inventing the Industrial Revolution, 15, 31; Dutton, The Patent System, 1. 批评者经常指责王室以一种腐败的方式——作为一种政治赞助形式——使用专利制度，1624 年议会颁布的《垄断法令》是为了减少国王对专利的滥用。MACLEOD, Inventing the Industrial Revolution, 1. 具有讽刺意味的是，当罗伯特·曼塞尔爵士在 1623 年申请更新他的玻璃制造专利时，他声称自己是从国外带来了制造穆拉诺水晶玻璃、近视眼镜和太阳镜的专家 L. M. Agnus Butterworth, "Glass," in Charles Singer, E. J. Holmyard, A. R. Hall, and Trevor I. Williams, eds., A History of Technology, 5 vols. (Oxford 1954–58), IV, 362.

10. John N. Adams and Gwen Averley, "The Patent Specification: The Role of Liardet v. Johnson," Journal of Legal History 7 (September 1986), 156–77; Karl B. Lutz, "Are the

Courts Carrying Out Constitutional Public Policy on Patents?" Journal of the Patent Office Society 34, (October 1952), 768–69; Harold G. Fox, Monopolies and Patents: A Study of the History and Future of Patent Monopoly (Toronto, 1947), 229; MacLeod, Inventing the Industrial Revolution, 54.

11. John R. Harris, "The Transfer of Technology between Britain and France and the French Revolution," in The French Revolution and British Culture (Oxford, 1988), 177; Mathias, "Skills and the Diffusion of Innovation," 9899; Herbert Heaton, "The Industrial Immigrant in the United States, 17831812," Proceedings of the American Philosophical Society 95 (October 1951), 524.

12. Ian Inkster, Science and Technology in History: An Approach to Industrial Development (New Brunswick, N.J., 1991), 36–50, 66–67; Louise A. Tilly, "Connections," American Historical Review 99 (February 1994), 19. As Nathan Rosenberg & L. E. Birdzell declared, the "wealth of the West springs from its technology." How the West Grew Rich: The Economic Transformation of the Industrial World (New York, 1986), 144.

13. Paul Kennedy, The Rise and the Fall of the Great Powers (New York, 1987), 120. See also Patrick K. O'Brien, "Inseparable Connections: Trade, Economy, Fiscal State, and the Expansion of Empire, 1688–1815," in William Roger Louis, ed., The Oxford History of the British Empire, 5 vols. (New York, 19971999), II, The Eighteenth Century, ed. P. J. Marshall, 53–59; Patrick K. O'Brien, "Path Dependence or Why Britain Became an Industrialized, Urbanized Economy Long before France," Economic History Review, 2d ser., 49 (1996), 213–49; Mathias, "Skills and the Diffusion of Innovation," 95. Popular perception aside, historians have long recognized that the textile industry was the exception and that much of the British industry in the second half of the eighteenth century and the first half of the nineteenth was handicraft workshop production. "Such industries did not have cotton's powerful competitive advantage over continental rivals... . Historians have tended to emphasize too generally Britain's competitive advantage, ignoring the fact that British manufactures had developed behind a protective wall and that many of them still felt the need for its maintenance." A. E. Musson, "The 'Manchester School' and Exportation of Machinery," Business History 16 (January 1972), 18.

14. "'Extracts from a Letter from London," Pennsylvania Gazette, May 3, 1786; Adam Smith, An Inquiry into the Nature and Causes of The Wealth of Nations, ed. Edwin Cannan, 2 vols. (Chicago, 1976 [1776]), I, 304; A. G. Kenwood and A. L. Lougheed,

Technology Diffusion and Industrialization before 1914 (New York, 1982), 188; David S. Landes, The Unbound Prometheus: Technological Change and Industrial Development in Western Europe from 1750 to the Present (Cambridge, Mass., 1969), 61. John R. Harris writes that 无论英国工业领先地位如何，以及英国工业进步在国家财富方面的影响如何，当代欧洲人认为，英国的某些技术为英国产生了自发优势。他们经常准备去获得这些技术的非凡努力。"Movements of Technology between Britain and Europe," in David J. Jeremy, ed., International Technology Transfer: Europe, Japan and the USA, 1700–1914 (Brookfield, Vt., 1991), 12–13.

15. David J. Jeremy, "Damming the Flood: British Government E ff orts to Check the Outflow of Technicians and Machinery, 1780–1843," Business History Review 51 (Spring 1977), 1–34; David J. Jeremy, "British Textile Technology Transmission to the United States: The Philadelphia Region Experience, 17701820," ibid., 47 (Spring 1973), 25; Joseph Dorfman, The Economic Mind in American Civilization, 3 vols. (New York, 1946), I, 264; Dutton, The Patent System, 3; MacLeod, Inventing the Industrial Revolution, 33, 94.

16. A lengthy report on such efforts was published in the Pennsylvania Gazette as "Extracts from a Letter from London" on May 3, 1786. It read:

英国人在羊毛生产方面所取得的卓越成就，以及他们在羊毛生产中所发现的巨大资源，使法国政府比以往任何时候都更加重视这个重要的商业分支。以前，他们依靠"走私"贸易从爱尔兰不稳定地供应未加工的羊毛，没有这种贸易，他们就无法进行生产；但是，他们最近鼓励、诱使一批英国羊倌偷渡到本国，指导他们的农民以英国的方式养羊，并将本地羊倌培育起来。因此，在布洛努瓦县有非常多的羊存栏，这是从英国走私而造成的。迄今为止，已经成功地按照英国的方法来治疗和喂养它们，以便从它们身上得到像英格兰任何地方一样好的绒毛；这使他们确信，他们可以把自己的羊毛改良到极佳水平，不用从英国采购。See also Harris, "Movements of Technology between Britain and Europe," 14, 18, 26–27; A. E. Musson, "Continental Influences on the Industrial Revolution," in Barrie M. Ratcliffe, ed., Great Britain and Her World, 1750–1914 (Manchester, 1975), 72; Inkster, Science and Technology, 53–55; John R. Harris, "Industrial Espionage in the Eighteenth Century," Industrial Archeology Review 7 (Spring 1985), 127–32; Harris, "The Transfer of Technology between Britain and France," 177–80; Mathias, "Skills and the Diffusion of Innovation," 104.

17. Catherine Jones, Immigration and Social Policy in Britain (London, 1977), 45;

Musson, “Continental Influences on the Industrial Revolution,” 82; Harris, “The Transfer of Technology between Britain and France,” 160–61.

18. 莱布尼茨按照他的布道去做了，与他人分享他的发现，甚至幻想着为科学讨论发明一种通用的语言。 See also Joel Mokyr, Gifts of Athena: Historical Origins of the Knowledge Economy (Princeton, N.J., 2002).

19. Inkster, Science and Technology in History, 39, 49; A. E. Musson and Eric Robinson, Science and Technology in the Industrial Revolution (Manchester, 1969), 85; Eugene S. Ferguson, “The Mind’s Eye: Nonverbal Thought in Technology,” Science, no. 197 (August 26, 1977), 831; Peter Gay, The Enlightenment: An Interpretation, 2 vols. (New York, 1966–69), II, The Science of Freedom, 26; Richard Drayton, “Knowledge and Empire,” Oxford History of the British Empire, II, 231–52.

20. Leslie Page Moch, Moving Europeans: Migration in Western Europe since 1600 (Bloomington, Ind., 1992), 60–101.

21. Mathias, “Skills and the Diffusion of Innovation,” 107–8. See also Harris, “Movements of Technology between Britain and Europe” ; Harris, “Industrial Espionage in the Eighteenth Century,” 130.

第二章　帝国内部的科技竞赛

17 世纪初，当英国在北美大陆开辟殖民地时，政治家们不会想到，这片满目疮痍的土地日后将成为大英帝国的劲敌。由于当时的北美大陆饱受王朝和内战的摧残蹂躏，客观上很难成为工业和创新的据点，早期帝国的政策也就没有针对英国与殖民地之间的技术转移行为加以约束，因为英国认为殖民地充其量只能成为原材料产地或是产品的潜在市场。然而，历经 170 年的殖民统治，英国与北美大陆殖民地之间的经济和技术关系被彻底颠覆。在殖民时代初期，英国不仅允许，甚至多次鼓励工艺技术纯熟的匠人移居北美新世界。直到 18 世纪后半叶，殖民地发展的经贸行业壮大起来，并开始与英国同行竞争，英国贸易委员会（Board of Trade）这才开始对通往大西洋对岸的技术转移活动采取限制措施，以挫伤北美工业发展势头。事实上，英美两国对待技术转移的态度变化，预示着两国关系恶化将导致帝国解体。而美国悄然占有英国工业技术的行为，则是此巨变的核心。

附属殖民地

早期协助英国开辟殖民地的股份公司非常清楚，想通过殖民地开拓活动获利，就得诱导英国工人背井离乡到海外闯荡。为了使北美生活对移民产生吸引力，殖民地开拓队里必须有能够照搬英国舒适生活到美洲新大陆的能工巧匠。早在 1629 年在约翰·温斯罗普（John Winthrop）和他的随从踏进北美之前——马萨诸塞州海湾公司（the Massachusetts Bay Company）就派遣贸易商托马斯·格罗夫（Thomas Grove）这位“万事通”，提前搬到北美协助开辟殖民地，为此，“公司不惜花费一大笔酬劳”[1]。

新英格兰地区和中大西洋（Mid-Atlantic）地区的殖民地成功吸引了大批移

民。17 世纪后半叶，这批移民成长为本土工匠，缓解了当地劳动力短缺的问题。然而，南方殖民地却无法吸引到足够的技术移民，而且南方的奴隶经济也不适合本土独立自由成长的工匠阶层长居。18 世纪初，就有 3 个弗吉尼亚人对此忧心忡忡地在报告中叙述道，殖民地没有城镇、市场和资本等条件，导致“缺乏对商人和工人的吸引力”，因而饱受“劳动力匮乏、商人稀缺等问题的困扰”。美国独立革命前夕，由于人力不足，几乎所有南方殖民地的专业建筑工人都被雇佣来完成建设任务。迟至 1746 年，南卡罗莱纳州才组织人员前往伦敦招收印刷工、钟表匠、木匠、帆布和绳具制造商以及铁匠等人才[2]。

殖民初期，代表英国的北美殖民政府效仿欧洲，以立法的方式鼓励当地制造业的发展。对于马萨诸塞湾殖民地（Massachusetts Bay Colony）的统治层来说，当时的当务之急是在殖民地成立后的前 20 年内，提高自给自足的能力。17 世纪 40 年代，英国爆发内战，由于战争严重消耗帝国资源，人们减少了对殖民地的关注；有一部分在 17 世纪 30 年代出于意识形态原因来到北美英属殖民地的工匠，也开始陆续回到英国参加斗争。因为担忧新英格兰地区黯淡的经济前景，地方议会便着手开发自然资源，并陆续颁布促进当地工业发展的措施。于是，1640 年地方议会通过了一项鼓励生产亚麻布的计划，原因是亚麻布为造福殖民地的“绝对必需品”；该计划呼吁那些“精通纺纱工艺的人查明采取何种方法可以提高产能和工艺技能，以及教会城镇里的男孩和女孩如何纺纱”。最后要求各地在下一年的会议上报告该计划所带来的影响。1641 年，马萨诸塞《自由宪章》（*Bodies of Liberties*）宣布禁止所有垄断，但那些“为鼓励对国家有利的发明而存在”的垄断，以及“只会短暂存在”的垄断则不受影响。其他殖民地区也颁布了类似的法律规定，以威廉·佩恩（William Penn）为宾夕法尼亚殖民地政府制定的原始计划为例，他在其中呼吁该殖民地总督“鼓励和奖励实用科学知识的研发者和伟大发明的创造者”[3]。

在效仿英国做法的过程中，殖民地也开始核发专利。1641 年，马萨诸塞州议会（General Court of Massachusetts）❶向塞缪尔·温斯洛（Samuel Winslow）颁发了英属美洲的首件发明专利。温斯洛研制出制造食盐的新工艺，能够提高殖民地食盐产量，降低盐价，因此获得了 10 年的垄断权，这项垄断权的有效范

❶ 各州立法机构的正式名称因州而异，“General Court”和 Legislature、State Legislature、General Assembly、General Court 及 Legislative Assembly 都指同一个实体，即州的立法机构，也就是州议会。“General Court”是马萨诸塞湾殖民地早期使用的词汇，具备议会的功能与作用，也多被称为“总法院”。该机构有立法、上诉等功能，采用两院制。——译者注

围仅限于生产环节，而且不会对继续采用老工艺制盐的其他制盐厂产生任何影响。1645 年，州议会授予一家由小约翰·温斯罗普（John Winthrop Jr.）资助的公司一项垄断权，表彰温斯罗普将英国工人和苏格兰战俘带到马萨诸塞州的索格斯（Saugus）地区（即今日的林恩地区 [Lynn]）兴办炼铁厂的行为。此举符合“国家利益”[4]，这家公司也因此被授予长达 21 年的独家生产垄断权（production monopoly）。两年后，州议会又授予了在索格斯工作的约瑟夫·詹克斯（Joseph Jenks）一项覆盖生产环节的专利垄断权，并解释，考虑到“发展这种制造业的必要性”，议会决定授予约瑟夫 14 年垄断权，而此举必将使公众受益；约瑟夫的专利申请书与《英国专利法》的措辞吻合，马萨诸塞州授予他 14 年的垄断权也符合英国惯例。

彼时，殖民地当局并未将“因原创性而授予的专利”和“因引进而授予的专利”区分开来。所以，虽然约瑟夫称自己是技术的发明者，但实际上他只是技术的引进者。这门技术是约瑟夫在英国时从一个专门铸剑的德国移民那里学到的，而这位德国移民也在马萨诸塞州发展工业。同样的事情发生在 1652 年，弗吉尼亚州市民议会决定授予乔治·弗莱彻（George Fletcher）及其继承人 14 年的木器蒸馏和酿造垄断权，并设立 100 英镑的罚款威胁、吓阻潜在的侵权人——尽管弗莱彻很有可能只是这项技术的引进者，而且从头到尾都没有证明他就是原始发明人。

当然，就算人们真的希望能够将仿造和发明二者明显区分开来，但 17 世纪殖民地政府官僚机构的规模尚不足以开展有效的监管。由于迫切需要引进技术，殖民当局并无深入探讨“原创性”的意愿。

情况虽如此，但专利垄断在 17 世纪北美也并不多见。殖民地各州议会一方面希望通过授予专利权促进经济繁荣，另一方面又在原则上反对垄断，因此陷入进退两难的境地。此外，具有垄断性质的专利权所能带来的经济效益，在当时微乎其微。因为殖民当局对自家殖民地的控制权非常有限，对邻近国家的司法管辖权更是无能为力；专利权持有人本就无法想象，也不曾期待对垄断权的维护能被贯彻执行。也因此，殖民地的发明家们更喜欢为自己的产品申请奖励，而不是取得垄断地位，英国的专利权持有人也不期待他们在英国的专利特权能在大西洋彼岸自动适用。例如，1717 年，托马斯·马斯特斯（Thomas Masters）从宾夕法尼亚州出发至英国，为妻子的发明申请所有权：他的妻子发明了玉米压粉机（maize-stamping mill）和女式帽（以稻草和棕榈叶为材料）编织机。最终，马斯特斯成功获得了在“北美的几个种植园”具有效力的专利权，保护了自己与妻子的权益。从马斯特斯的案例可以看出，英国政府在殖民地保护知识产权的能力是有限的。对殖民地的经济状态来说，英国政府需要的是在不同情况下及时采用合适的现有技术进行发展，而不是进行工业创新。最终，随着英国在 18 世纪初开始制定一系列殖民政策，政府对北美技术创新的支持问题成为帝国政治复杂体系的一部分[5]。

由于工业技术向北美英属殖民地扩散，大英帝国颁布了相关的帝国政策，其对自己与海外殖民地之间关系的本质所产生的困惑，明显反映在这一举措上。1696 年，英国成立贸易委员会，旨在制定和执行连贯的殖民政策，但政策在"殖民地是英国经济的组成部分"与"殖民是英国经济的竞争对手"两种定位之间摇摆不定。如果将殖民地视为英国的一部分，这就意味着，发生在约克郡和伦敦之间的技术流动，与从利物浦到费城的知识扩散❶，均适用相同的规则与规定。但是，若将殖民地视为母国（英国）的竞争对手，那么英国就要针对技术流向殖民地的情况予以限制。17 世纪和 18 世纪早期，英国认为，殖民地尚处于经济婴儿期，倘若继续依赖母国提供物资，那必然会损害殖民地成为钱袋子的能力，所以英国倾向于支持殖民地的发展，并在政策方面允许，甚至是鼓励北美工厂赴英招工或进行技术转移。招工代理商和英国公司公开招募技术工人远赴北美，开拓新天地，建设殖民地经济基础。1697 年，托马斯·布雷（Thomas Bray）撰写了一篇热评文章，主张在整个大英帝国建立图书馆，鼓励传播宗教和技术知识，从而提升"陛下臣民"的生产力和道德修养[6]。

英国贸易委员会也会协助殖民地，掠取英国竞争对手的技术。在发展过程中，"磨坊"（Mills）可说是殖民地经济繁荣的核心；磨坊具有多种功能，从碾磨谷物到将原木锯成板材一应俱全。现实中，几乎每个殖民地村庄都建造了至少一座水力磨坊。而在丹麦和荷兰，制造磨坊水轮的技术非常发达，因此许多地区愿意提供丹麦、荷兰的工匠丰厚的物质条件，吸引他们移民。然而，在欧洲建造磨坊厂的造价非常昂贵，磨坊就是财富的标志。于是，马萨诸塞州的某些城镇发布启事，免费出让磨坊用地，免费向所有愿意在马萨诸塞州建造或经营磨坊的人提供土地和木料。投资殖民地发展的人也因此招募工人定居殖民地，并借机引进磨坊建造技术。由此看来，伦敦当局亦是促进了殖民地的技术发展。

❶ 前者指母国境内，后者指母国和殖民地之间。——译者注

帝国内部的竞争

当殖民地生产的产品足以与英格兰和苏格兰工业相媲美时，帝国开始有所警惕，转而反对机器和技术工人自由跨越大西洋。早在1666年，英国政府就已经开始遏制技术西移，并禁止向殖民地出口针织机组件。伦敦当局对技术扩散的警觉，在奠定大英帝国实力基础的《航海法》（*The Navigation Act*）中就体现得非常明确。1699年英国颁布的《羊毛法》（*The Wool Act*）也公开表达了其“禁止在殖民地建羊毛厂”的目标，并禁止羊毛工匠移居殖民地[7]。随着1732年《帽子法》（*The Hat Act*）和1750年《钢铁法》（*The Iron Act*）的颁布实施，英国更加强调了这种限制政策。贸易委员会公开宣布：“在美洲大陆上，尤其是在弗吉尼亚以北的省份，开展贸易和建立工厂的规模越来越庞大，这对不列颠的贸易和制造业，尤其是对新英格兰地区的贸易和制造业发展十分不利。”[8]

到了18世纪中叶，英国贸易委员会决意改变，要使英国制造商享有优于殖民地制造商的特权，帝国的矛盾心理这才得以纾解。重商主义的逻辑是：要吸引熟练的工匠流入，因为这有利于英国在经贸活动中超越来自欧洲的竞争对手们——这是重商主义的政治经济思想中重要的权力和财富准则——而流入的人口又能在英国国内创造就业机会。那么，顺着同样的思考逻辑，在重商主义者看来，技术移民将对本国出口造成损害，必须严防有价值的职业工匠移民北美。不过，英国限制移民的政策相当难以实施，原因在于英国只在出口港设置检查站，这是他们唯一的拦截机会，一旦有移民登上从英格兰出发到北美的船只，并成功离港，就无法将人追回了。而英国从未派遣执法人员主动前去寻找非法移民并将其遣返回国，更从未有移民因转移受法律限制的技术而被遣返回国。事实上，《羊毛法》通过后不到两年，在专为审查该法有效性的委员会所提交的一份报告显示，殖民地无视帝国对当地羊毛制造业发展的限制；该委员会积极敦促国家要更严格地在殖民地贯彻落实这些措施[9]。

伦敦当局对北美英属殖民地可以兴建的产业和生产阶段有着明确规定。英国鼓励殖民地发展造船业，因为这不会威胁到英国的产业。同时，英国看好北美制造半成品及加工原材料的前景，因为这些产品可以弥补英国经济的短板。但是，英国坚持绝大多数产品要在不列颠群岛内完成生产。《钢铁法》就是上述意识的典型体现：议会一方面取消了在美生产的生铁（pig iron）和条型铁（bar iron）的关税，另一方面却禁止在北美建立制造精铁成品的工厂。此外，英国也极力鼓励北美地区生产钾碱（即碳酸钾，是以森林资源为材料的工业化学物质，由木灰制成，用于制造玻璃和肥皂，以及漂白和染色）。18 世纪上半叶，英国还需要从欧洲林区进口钾碱。自 1751 年起，议会便停止对美洲钾碱征收关税，并传授当地居民技术，提供技术材料，竭力教导北美民众生产钾碱[10]。

英国贸易委员会有意让殖民地成为原材料生产地，并且只能在殖民地进行小规模制造；这样的规划取得了一定成效。殖民地的发展仍以基础农业为主，政府当局和老百姓也将大部分精力用来关注农民 / 农场主（farmers）、小地主（husbandmen）和种植园主（planters）。而英国对特定工业产业的信息传播限制，阻碍了专利垄断制度的发展，于是在整个殖民时期，专利垄断现象可谓相当罕见[11]。限制技术传播也阻碍了北美英属殖民地工业的发展，特别是纺织业。18 世纪末的英国创新产业如火如荼，然而在北美英属殖民地，纺车（spinning wheels）和织布机（looms）自 17 世纪以来几乎没有什么改进。不过，即使英国没有对行业进行限制，北美在吸收新技术方面也十分缓慢。以印刷业为例，殖民地长期使用又笨重又复杂的印刷机，就是因为当地没有现成的工人能制造印刷机。一直到 18 世纪中叶，所有殖民地的印刷厂仍仰赖英国进口。1768 年，亚伯·布埃尔（Abel Buell）于康涅狄格州的基林沃斯（Killingworth）建立铸字工厂，在此之前就连印刷字体都还需要从英国进口。

总的来说，北美工业水平落后，与其特殊条件和商业习惯有关，而与英国对北美的限制政策关系不大。依据重商主义的逻辑和政策，北美大陆殖民地只是羊毛、棉花和亚麻等原材料产地，要生产布匹则必须在英国加工，以此保持英国在贸易中的主导地位。英国也允许北美英属殖民地小规模纺织，但是只供家庭消费，并且明令禁止出口纺织品。然而，这些限制并没有阻碍殖民地纺织行业的发展，因为在殖民地的家庭经济模式中，共享技术的观念比保密更主流。来自各个阶层和不同地区的妇女在殖民地从事成衣制造的工作，女人和小女孩儿们互相传授操作新织布机和纺车的技术，以及通过纺织创收的方法。妇女对北美经济产生非常大的影响，以至于殖民时期的官员曾发牢骚认为英国进口的产品被北美的家庭手工制品打败。而殖民地的纺织工业水平终究落后于英国，就是因为这种家庭手工制造的布料在殖民地的市场地位难以撼动，缺乏技术改进的动力[12]。

欧洲缺乏自然资源，这样的短板是推进技术进步的内驱力，而北美拥有丰富资源，降低了更新技术的必要性。殖民地东北部和中部的森林资源为建造房屋、船舶和家具提供了充足的木材，这也是殖民地经济的主要来源。于是欧洲摒弃传统的节约做法，采用粗放的方式过度开采殖民地资源，使得当地的森林被严重砍伐，欧洲评论家甚至对殖民地未被开采而“浪费”的“难以置信的木材数量”感到震惊[13]。而英国与殖民地对能源开发所抱持的态度有所不同，因此减缓了转移某些技术的迫切性。煤炭能源始终是英国工业的主要动力能源，这样的情况一直持续到19世纪。而在北美，常用的动力能源是木材和木炭，这两种材料在当地极易获得。此外，北美拥有丰富的水力资源，除了地势平坦的区域外，都没有使用蒸汽机的必要。所以，殖民地时期，北美的经济几乎不需要英国在燃料工业的创新成果。当然，尽管殖民地在技术上存在缺陷、在工业上过于依赖英国，但殖民地经济仍然实现了快速增长和繁荣[14]。

18世纪，北美英属殖民地的经济增长速度惊人，人人都有巨大的消费欲和购买力，北美英属殖民地赢得了“穷人最向往的国家”的美誉❶；到了18世纪70年代左右，生活在北美的白人就得以享受世上最佳的生活水平。繁荣带动了消费习惯的革新，平民老百姓开始争相购买那些人们认为只属于富人的奢侈品，生活水平与他们先祖挣扎生存的境况大相径庭。新英格兰和中大西洋殖民地绝大多数的白人都有能力随时随处购买家具、工具和衣服，这极大地改善了他们的日常生活，提高了他们的经济预期（economic expectations）。最初，当地工匠和手工业者的产能还能满足本地的需求，但后来还是没能跟上膨胀的消费需求，于是消费者的眼光迅速转向进口商品。18世纪70年代以后，殖民地进口的消费品便占了进口总额80%以上[15]。

殖民地毫无休止地痴迷于欧洲的文化和商品。北美建筑师从英文书里复制模型，杂志还有专门的版面向北美读者介绍欧洲最新的机械发展。事实上，到欧洲接受教育是18世纪后期北美英属殖民地发展的重要特征。费城医学院的创始人有一半以上都曾远赴欧洲接受教育，而爱丁堡和伦敦是他们的留学圣地，留学生中包括后来成为大陆军（Continental Army）医生的约翰·摩根（John Morgan）和本杰明·拉什（Benjamin Rush），他们学成归国并成为美国医学界的奠基人，将费城变成了北美的医学之都[16]。

殖民地逐渐意识到自己在知识和技术上的不足，开始效仿欧洲。在这个时期，舶来品成为卓越品质的代名词；报纸上的广告对英国产品赞不绝口。从欧洲移民来的人，利用了“优质产品，欧洲人造”的声誉，要求获得比本地人更

❶ 在许多方面，早期宾夕法尼亚州都是北美发展的雏形，是许多中西部农村地区的榜样。对于18世纪的许多西欧人来说，宾夕法尼亚州的生活简直是天堂和避难所。因此有人称其为“穷人最向往的国家”（best poor men’s country）。——译者注

高的工资。欧洲工匠抵达北美之后，也会在简历中特别强调他们的出生地，以此来证明他们不同于当地的工匠。以费城的英国移民为例，他们会寻求与当地投资者合作，投资建设纺织工厂，向投资者承诺他们掌握了欧洲最新的技术[17]。德国铁匠彼得·哈森克莱弗（Peter Hasenclever）就在新泽西州北部建造了规模最大、最成功的工业企业，雇用了数百名从德国移民来的老铁匠。虽然他对欧洲工人颇有微词，但也对自己不得不依赖这些工人的状态感到沮丧。“厂子里的德国工人工作能力很差，我非常不满意，也常常训斥他们。但他们却怼我说薪酬给得太少，不值得他们付出太多。如果他们与我对着干，我可以解雇他们。但是我不能这么做，我不得不屈服于他们，因为我付出了巨大成本才将他们从德国招来北美。如果我解雇他们，我花的钱就打水漂了，而且我也很难找到更好的工人来替代他们。”[18]

有的投资商决定利用北美人民不断增长的购买力，在当地建造工厂。因为受到劳动力短缺的困扰，在竞争激烈的市场环境中，企业家争相寻找掌握最先进技术和生产方法的工匠。现实是，招募熟练的工业移民并不容易。起初，抵达北美的欧洲人多为农民，他们之所以来到新大陆，是希望拥有独立的农田，成为地主从而改变命运；而工业化的欧洲非常需要技术工人，欧洲的技术工人也更愿意留在欧洲工作。一位技术纯熟的欧洲工匠若想移居新大陆，就要考虑到移民这件事在某种程度上将切断他与职业网络的联系，但正是这个职业网络教会了他一门手艺，才维持住他在欧洲的地位。而且欧洲的大师级工匠报酬丰厚，因此很少有人冒着风险穿越大西洋，在殖民地重新开始。就算工匠移民到了北美，也会发现他们基本上无法复制欧洲的生产过程，而囿于走私机械的成本和法律风险，欧洲工匠也无法将自己惯用的欧制设备运到美国。另外，北美与欧洲两地原材料差异太大，以至于难以将北美的原料完全应用在 17 世纪、18 世纪的欧洲生产技术上，技术与原料之间存在不匹配的情况。当时，由于化学和植物学尚处于起步阶段，大多数时候只会以材料的来源地作为辨别材料的依据。例如，英国的炼铁厂几乎不用木炭（charcoal），一般都使用亚伯拉罕·达比（Abraham Darby）发现的焦煤（coking coal）炼铁。相比之下，殖民地有大量的木头，所以工厂一般使用木炭材料。由于木炭比焦煤脆弱得多，移民若是在北美使用英国的炼铁技术，几乎不可能完成炼铸。加上专业工匠也仰赖其他工匠替他们打造自己熟悉使用的机器，可是殖民地缺乏这些打造机器的工匠，所以想在殖民地继续做工匠的移民，不得不放弃他们在欧洲所习惯的专业化工法，转而成为万金油一般的匠人。总的来看，新大陆与欧洲不同之处在于土地资源非常丰富，这一点诱使许多移民从事农业生产工作[19]。

掌握创新技术的欧洲工匠本身就是创新技术最有效的载体。自第一批移民定居殖民地始，劳动力短缺问题就严重制约着北美的经济发展。那些急于在殖民地发展制造业的人，需要招收可以将欧洲最新的工业创新成果带到北美的工匠。于是，有些人想出一些创造性的方法来激起工匠移民的兴趣，有些人则行令人不齿的欺骗之事。威廉·坎宁安（William Cunningham）即将在伦敦被处决之前，承认了自己曾在18世纪70年代，“以巨大的利益诱使大量的英国机械师奔赴北美，先是巧妙地与他们签订双联佣工契约（indenture）。当这些机械师到达北美后，他们的下场却是要么被卖掉，要么被迫受制于契约而被迫服务数年”[20]。不过，大多数工匠也不是那么容易被愚弄的，毕竟要他们放弃欧洲的中产生活和地位，去新大陆面临未知世界是相当困难的。因此，殖民地必须提供足够的诱惑条件，以让工匠们甘愿舍弃在欧洲生活的舒适感和安全感。北美的企业家和团体向移民开出丰厚的酬劳，在英国各大报纸上刊登广告，吸引愿意移民到殖民地的工匠。例如，《纽约日报》（*New York Journal*）在1767年就曾刊登一篇报道，记录从谢菲尔德（Sheffield）成功招募了13名“最优秀”的铁匠，这些匠人将获得两年有保障的薪水、移民的现金奖励，以及对家属的日常补贴。而英国对殖民地玻璃制造业发展的限制，同样无法阻止殖民地商人在英国报纸上投放招聘广告，诱惑潜在的技术移民。通过移民广告，成千上万来自不列颠群岛和北欧的工匠，都因为意识到他们可以获得比起在祖国工作更高的工资，而移民到了殖民地。在这些工匠中，英国工人最具有冒险精神，他们愿意放弃自己的家园，去新大陆赢得更好的发展机会[21]。

17世纪，英国与殖民地之间还保持技术共享共生的关系，然而到了18世纪，英国贸易委员会与殖民地政府则转为对立关系。殖民地各州议会拒绝对伦敦当局的命令言听计从，并公开挑战英国的工业政策。他们明白自己的工业水平尚处于起步阶段，所以他们所采取的方式是通过侵犯（而非保护）其他国家发明者的权利（主要是英国发明者），积极进口欧洲的机器和工艺，以此发展自己的制造业。1758年，塞勒姆（Salem）第一教堂的牧师托马斯·伯纳德（Thomas Bernard），向波士顿促进工业和平民就业协会（Boston Society for Encouraging Industry and Employing the Poor）提出建言，说明建立制造业是为殖民地不断壮大的无地穷人阶层提供另一种就业机会的最佳途径，无奈大西洋这一侧缺乏发展这种就业机会所必要的专业知识。由于殖民地技术工人极度稀缺，伯纳德指出，“邀请勤劳的陌生人来这里是有利于发展的”，并且呼吁殖民地的领导层积极吸纳掌握工作技能的“外国新教徒”（Foreign Protestants）[22]。

对殖民地来说，要解决这个问题，最有效的策略是授予新技术引进者进口专利。在过去，殖民地并没有向发明者或创新者颁发专利的先例。宾夕法尼亚州是18世纪殖民地制造业的中心，在美国独立革命之前从未采取向发明家授予专利的做法。然而，该州的确颁发了150英镑的奖金给两名英国人，表彰他们将一种制造铅玻璃的新型秘方引入殖民地。此外，目前尚无证据可以证明殖民地曾赋予任何一种知识以财产的属性；而马萨诸塞州是美国唯一一个在某种程度上承认版权原则的州。事实上，殖民地所颁发的垄断权，也是为了保护新兴产业和技术而设计的，他们几乎不会考虑发明者的知识产权；殖民地各州议会只是向技术引进人授予专利，而不是向有助于当地工业发展的技术发明者授予专利。例如，康涅狄格州在1715年曾规定，凡引入未知技术的人都应视为发明者。1728年，殖民地向塞缪尔·希格利（Samuel Higley）和约瑟夫·杜威（Joseph Dewey）授予为期10年的专利权，原因是他们引进了一种“将普通的铁转换或转化为优质钢材”的工艺，而希格利是“这项技术在美国的首位引进者”，也是“掌握了该技术全部知识”并将其带到美国的人。1753年，该州授予贾贝兹·哈梅林（Jabez Hamelin）和伊莱胡·昌西（Elihu Chauncey）长达15年的专利垄断权，原因是他们引进了苏格兰和爱尔兰的水力打麻机（flax-dressing machine）。马萨诸塞州议会没有审查专利权持有人的原创性主张，而是成立委员会以审核机器和工艺对殖民地的实用价值。举例而言，1750年，本杰明·克拉布（Benjamin Crabb）以“用粗制鲸油制作蜡烛”这项技术获得了10年的专利垄断权。他引进了这项技术，而为了获得专利，他承诺教会5名当地工匠这项技术，但在获得专利后，却对邻近的南塔基特（Nantucket）——北美的捕鲸中心，成功隐瞒该工艺20多年的时间。再比如，殖民地时期的罗德岛唯一一次专利授权，不是给发明家，而是颁给葡萄牙人詹姆士·卢塞纳（James Lucena），因为他引进了卡斯蒂利亚肥皂（Castile soap）的制造技术[23]。

北美的英属殖民地在18世纪发生了翻天覆地的变化。1700年，到北美定居的人口总共才25万；半个世纪后，在这片即将独立为美国的土地上，拥有117万人口。尽管经济和人口的繁荣景象，令殖民地的发展充满乐观和自信，但劳动力短缺仍然制约着英属北美的经济发展。私人企业家和公共机构共同努力发展美国工业，但殖民地对从英国进口产品的依赖度仍在增长。而英国当局担心殖民地的经济繁荣会破坏英国工业对殖民地市场的绝对控制，于是在1756年，为了遏制殖民地制造业兴起，英国贸易委员会禁止向殖民地出口机器。18世纪后半叶，英国官方对“英国制造商远赴美洲地区的数量”感到震惊。仅 1767 年 2 月，就有 100 多名熟练的纺织工人移民到波士顿和纽约。从 1760 年到 1775 年，约有 12.5 万人从英伦三岛迁移到北美英属殖民地。在 1774 年，也就是美国独立战争爆发的前一年，英国开始禁止机械师向殖民地移民[24]。

而英国与邻国日益紧张的关系，加剧了英国与北美英属殖民地的竞争。1767 年，殖民地时期的纽约州总督安抚那些担心当地工业崛起的英国贸易委员会成员。总督说：“劳动力价格昂贵，将永远是殖民地建厂的最大障碍，这里土地自由，耕者有其田，人们自发从事农业生产，农业劳动者的数量远远超过其他职业。”然而，英国人非但没有接受这样的说辞，而是愈发警惕北美英属殖民地工业的崛起。1763—1775 年，英国驻北美部队总司令托马斯·盖奇（Thomas Gage）将军担心殖民地制造业发展过于强势，他敦促英国政府在可能的范围内“留住海岸线的所有居民，严格限制这些居民的贸易活动”。殖民地的城市“因广泛的贸易而繁荣兴旺，各行各业的工匠和机械师被吸引到那里，他们私底下传授手艺。也许，他们很快就能生产出曾经需要仰赖进口才能获得的产品了”。盖奇警告道，殖民地企业未来“必定会使英国人妒火中烧”[25]。

技术之战与美国革命

随着英国施加的压力越来越大，殖民地加大解密英国工业技术和工艺的力度，以便与英国分庭抗礼。在美国独立革命发生前几年，英国议会对其实施的惩罚性措施适得其反，转而成为激励殖民地居民努力建设本地工业的动力。在这场英美殖民危机的背景之下，针对技术的引进所进行的种种争论诞生了。虽然共和式简朴（republican simplicity）❶这样的主张主导着独立革命的宣传话语，强调与欧洲分离，拒绝进口英国的奢侈品，但这并不影响他们从英国进口盗版机器并引诱工匠赴美移民。从殖民地的角度来看，为了实现经济独立、削弱英国人对北美经济的控制，以及保证新国家维持高水平生活，这种能提高北美技术水平的运动是正确的。政治自决、经济独立和技术盗版彼此之间相辅相成。

英国《航海法》体现了英国对北美制造业的限制，该法规定殖民地要在英国的管理之下，承担原材料生产者的角色。亚当·斯密在《国富论》（*Wealth of*

---

❶ 共和式简朴是美国革命战争时期出现的一种理念，这种理念受托马斯·杰斐逊等美国早期领导人的追捧，特点是摒弃旧世界（即英国）的习俗，注重谦虚、节俭，不讲排场或摆阔气。——译者注

Nations）中警告，这是“英国商人和制造商毫无道理的嫉妒，无端地强加给北美英属殖民地人民的奴隶标志”。站在北美英属殖民地人民的角度来看，斯密显然是正确的。从早期反对《印花税法》（*The Stamp Act*）开始，殖民地就对这些法律的合法性提出了挑战和质疑。举例来说，丹尼尔·杜兰尼（Daniel Dulany）就抨击《印花税法》，指责那些限制商业活动的政策会使英国的工业进口产品“价格更贵，质量更差”，他宣称正在崛起的美国制造业是自给自足的殖民地“尊严的象征，美德的徽章”。而杜兰尼的这种言论，正是未来十年里英美两国矛盾关系下殖民地怨声载道的主旋律[26]。

在殖民时代，北美制造业的倡导者们会尽量避免公开挑战英国对殖民地实施的限制性工业政策。1764 年，纽约成立艺术、农业和经济发展促进协会（Society for the Promotion of Arts, Agriculture, and Economy），该协会的目标是“鼓励发展不会与英国产生利益冲突的本地工业，尽可能地提升其产能，促进其发展与成熟，并为英国做出积极的贡献”。为此，该协会提供了额外的奖励，鼓励本地农业和纺织技术。协会经营了一家家庭包工制亚麻厂，该厂一共运营了约 18 个月，雇用了 300 名左右的工人（生产亚麻被认为是无害的活动，因为它的竞争产品是由欧洲其他国家所生产的亚麻，而不是英国产的亚麻）。然而即便如此，殖民地总督还是必须向英国贸易委员会解释，美国生产的亚麻不会威胁到英国的商业统治地位。他说：“亚麻厂的织布机不到 14 台，建立的目的也是为了提供给贫穷的家庭生活上的最低保障，以解决城市的负担。”这个协会最终在《印花税法》危机后解散。与此同时，在英美殖民危机初期，殖民地会避免公开与英国制造业竞争。1765 年，一本由匿名作者撰写的宣传小册里就写道：“抨击殖民地的主要论据之一，认为殖民地的居民已经建立了许多制造厂，而这些制造厂不仅不断减弱与宗主国联盟的重要性，实际上还刺激了（殖民地）本地工业的发展。”但是，殖民地“从未试图建立任何可能妨碍英国利益的工厂”[27]。

随着英国与殖民地之间关系的紧张程度日益加剧，英国外交部重新评估了工业政策。殖民地借鉴和模仿英国技术的做法，挑战了宗主国商业政策的基本原则。1766 年和 1768 年，英国贸易委员会要求殖民地总督编写 1734 年以来在北美英属殖民地设立的所有制造业的报告。1774 年，英国国会意识到殖民地已经发展成为英国经济的竞争对手，于是禁止英国向北美出口所有纺织机械和工具。北美英属殖民地方面也出现了剑拔弩张的气氛。同年，殖民地议会（House of Burgesses）指示在弗吉尼亚建立毛纺厂的伊利沙和罗伯特·怀特（Elisha and Robert White），从英国引入技术工人。在革命的第一枪打响之前，就技术而言，英国和殖民地居民就已将彼此视为竞争对手[28]。

随着工业化和技术进步的步伐加快，殖民地开始出现反抗行为，革命言论的主要论调是对英国两极化社会的批评。政治宣传家们经常提到新兴工业的政治经济情况与随之而来的社会、经济不平等二者之间的联系，指出英国的城市中心就是社会不平等和人类苦难的最好例证。然而，在提出批评的同时，这些人士却也关注英国制造业生产率的提升。殖民地人民极度热衷于与英国机械发明相关的报道，私人媒体和公共报刊充斥着各种新企业的新闻，从伦敦黑弗里亚尔桥（Blackfriars Bridge）著名的蒸汽动力磨坊到纺织工业的创新，都是炙手可热的消息。殖民地的报纸和杂志也经常从英国和法国报刊中抄录技术创新的最新消息。如此，许多保护北美英属殖民地免遭英国侵害的人也成了殖民地工业机械化的狂热支持者。矛盾之处就在于，正是这些抨击英国社会和政治的革命者，从始至终专注于将英国的技术和工业引进美国[29]。

从英国《糖业法》（*The Sugar Act*）到《强制法》（*The Coercive Acts*），英美殖民危机时期英国议会各种立法，都刺激了北美英属殖民地本土制造业的发展。革命者反对移民限制，他们相信，如同杰斐逊于1774年所宣布的“大自然赋予了所有人离开国家的权利”，因为出生在哪里，是机遇而不是个人选择。列克星敦事件（Lexington）发生之前，殖民地惯用的反英措施是拒绝进口英国货，这样的举措，加上英国限制殖民地经济活动，刺激了殖民地以本地商品取代英国商品。殖民地成立各类协会鼓励消费本地商品，或者殖民地政府会优先发展本地工业。1774年，马萨诸塞州议会宣布，必须大力发展该州制造业，以“令马萨诸塞州同其他州一道，在我国所推崇的自然权利之中独立成国”。当时困难的经济状况，反而更加刺激了殖民地制造业的发展，购买和穿戴殖民地制造的衣服，是当时促进经济增长最有效的举措。在美国科学界的地位仅次于富兰克林（Franklin）❶的大卫·里顿豪斯（David Rittenhouse）于1775年称，进口英国货阻碍了殖民地科学的发展。“奢侈和暴政”，他说，“起初伪装成科学和哲学的赞助人，但最终却摧毁了它们”。里顿豪斯陶醉于将这场冲突描绘成腐败旧世界和道德高尚殖民地之间的冲突的革命，并呼吁切断与欧洲的一切联系[30]。

有了多年斗争的经验，抵制、拒绝进口英国货使人们意识到，合众国（the United States）应该自立。早在1768年，美国知名医生、费城的本杰明·拉什就将“鼓励本地制造业”与“报复英国”联系起来。一年后，《费城日报》

❶ 本杰明·富兰克林（Benjamin Franklin），美国国父、开国元勋之一。——译者注

（*Philadelphia Journal*）于1769年4月6日发表了一封本杰明·拉什从伦敦邮寄来的书信，信中指出："现在只剩下一个权宜之计，可以拯救我们正在沉沦的国家，那就是鼓励北美大力发展制造业，这是我们唯一的选择，不然我们将永远处于失败的局面。何况，鲜有生活必需品，甚至是奢侈品，是我们产不出来或完善不了的"。拉什建议"邀请数百名工匠从英国过来，移民北美"。1775年，拉什在费城联合公司（United Company of Philadelphia）成立仪式上担任荣誉演讲人，该公司旨在促进美国制造业发展，这是美国在棉花制造业领域进行的第一次大规模尝试。公司成立不到一年，就已经招募了数百名工人。这家公司以非法盗用英国技术起家，克里斯托弗·塔利（Christopher Tully）和约瑟夫·黑格（Joseph Hague）这两位工匠非法移民到费城，为该公司制造机器，宾夕法尼亚州议会给予他们两人各15英镑的费用，作为引进仍受限制的英国技术的奖励。拉什告诉他的演讲听众，企业必须独立自主，因为"一个完全依赖进口衣食住行的民族，永远受制于外国人"[31]。

英国统治的终结宣告支配北美英属殖民地一个多世纪的经济秩序被打破。独立产生了文化民族主义，这种思想要求在科学技术领域也要推翻大英帝国的枷锁。1778年，革命运动的活动家、历史学家大卫·拉姆齐（David Ramsay）认为，独立的好处之一，是在没有英国限制的情况下，技术和艺术会"阔步前行"，把新世界变成一个技术的天堂。也有作家抱怨："在殖民地时期，我们过于依赖英国，而英国的政策和法律尽其所能限制殖民地制造业——就连伟大的皮特（Pitt）先生❶，也在他著名的演讲中提到，他反对在殖民地设置这么多的障碍"。费城爱国人士蒂莫西·马塔克（Timothy Matlack）于1780年在美国哲学学会（the American Philosophical Society）发表演讲时说："英国的暴政阻止了我们制造钢铁，是为了让英国的商人和制造商大发横财。"马塔克继续说，"独立的意义是：我们现在可以发展得和英国一样强大"。北卡罗来纳州的休·威廉姆森（Hugh Williamson）恳求同胞："将注意力转移到制造业上，我们不能只干农活，那样我们的生活只有穷困潦倒，我们要靠自己双手富裕起来，令国家繁荣昌盛。"[32]

殖民地革命初期，拥护美国制造的支持者，希望美国以不言自明的生活优势吸引许多技术移民。罗伯特·斯特雷特尔·琼斯（Robert Styrettel Jones）相信移民会纷纷涌向美国，因为"技术和工艺长期以来都在向西移动，目前为

---

❶ 指英国首相老威廉·皮特（William Pitt the elder）。——译者注

止，没有任何一块土地能像美国这样适合生活"。托马斯·潘恩（Thomas Paine）在《常识》（*Common Sense*）一书中称"知识每时每刻都在增加"。旅行者对美国的美好描述也吸引了欧洲人。在相关书籍中，流传最广的是赫克托·圣约翰·德·克雷夫库尔（Hector St. John de Cr è vecoeur）的《一位美洲农场主的来信》（*Letters from an American Farmer*）。克雷夫库尔在1765年来到北美，并在美国独立革命后成为法国驻纽约领事。他在1782年曾说过，"北美新世界的魅力让欧洲人流连忘返"。移民从来不会觉得自己身处异国他乡，因为他可以在美国任何地方感受到欧洲的文化和气氛。熟练的工匠"可能立即被雇用，过上丰衣足食的生活，能拿到的薪水是在欧洲的四到五倍"[33]。

战争期间，美国革命领袖也自然而然地意识到，应用先进的技术是实现经济独立的有效手段。许多州为钢铁厂提供补贴，敦促工厂加快亚麻和羊毛制品的生产速度。幸运的是，由于战争的原因，到了18世纪70年代，美国新英格兰和中大西洋地区各州的妇女掌握了手织技术，有效解决了物资严重短缺的问题。英国人似乎也意识到了这场战争的重要性。当美国第一家印花布商约翰·休森（John Hewson）在蒙茅斯战役（the battle of Monmouth）中被英国俘虏后逃脱时，英国人悬赏五十基尼（guineas）❶以获取任何可以逮捕到他的信息，他们很清楚此人对美国制造业的价值[34]。

战争让领导者认识到优先发展工业的重要性。当时就有免除钢铁制造业工人服兵役的政策。约翰·杰伊（John Jay）认为应该以"硝石（salt petre）、羊毛或纱线（yarn）"的形式征税，以便大力"发展制造业"。1774年由于英国枢密院（Privy Council）禁止出口火药，造成美国弹药严重短缺。于是，殖民地议会发起了一场激进的运动，大量生产火药的主要成分：硝石。美国人民诸如杰伊，对"鼓励……制造武器、火药、硝石和海盐的做法"感到振奋不已。爱国主义的呼声得到各州响应，他们纷纷发放各种补贴促进美国军火工业的建立。遗憾的是，革命战争期间，建立美国钢铁和武器制造业的热情，因劳动力持续性短缺而受阻。1777年11月，大陆议会（The Continental Congress）决定在欧洲设立美国代理组织，吸收"两到三名熟悉枪械制造的人"移民到美国，"指导在美国从事机械制造行业的人，并引进具有高度实用性的制造方法"。爱国知识分子亦纷纷提供智力上的帮助。本杰明·拉什发表了一篇关于制造硝石的文章，文章中介绍了欧洲的制造工艺，并呼吁美国效仿；报纸和杂志上也发表了由美国主

❶ 英国旧货币名。——译者注

要科学和技术权威撰写的文章，详细说明如何制造硝石和火药。在所有的官方举措和私人倡议中，唯一不变的主题，便是美国当时的技术困境，以及对效仿欧洲技术的强烈需要[35]。

战争的爆发标志着英国与北美英属殖民地之间工业共生关系的转变，早期的共生关系转变成对成熟的技术工人和工业技术本身充满敌意的竞争关系。1775年4月，当康科德（Concord）和列克星敦的枪声响彻世界时，“非法”侵占英国受保护的工业技术以提高自身技术水平，成为美国争取政治和经济独立的一个突出特征。

注释

1. “First General Letter of the Governor and Deputy of the New England Company for a Plantation in Massachusetts to the Governor and Council for London’s Plantation in the Massachusetts Bay in New England,” April 17, 1629, in Nathaniel B. Shurtleff, ed., Records of the Governor and Company of Massachusetts Bay in New England, 5 vols. (Boston, 1853–54), I, 390–91.

2. Henry Harwell, James Blair, and Edward Chilton, The Present State of Virginia and the College, ed. Hunter D. Farish (Williamsburg, 1940), 9, 10; as quoted by Carl Bridenbaugh, The Colonial Craftsman (New York, 1950), 136.

3. “Order to Encourage Manufacture of linen, May 13, 1640,” Records of the Governor and Company of Massachusetts, I, 294; “The Liberties of the Massachusetts Collonie in New England, 1641” in Edwin Powers, ed., Crime and Punishment in Early Massachusetts: A Documentary History (Boston, 1966), 534; William Penn, “The Frame of the Government of Pennsylvania in America,” May 1682, in Mary Maples Dunn, Richard Dunn et al., eds., The Papers of William Penn, 6 vols. (Philadelphia, 1981–87), II, 216. See also Bernard Bailyn, The New England Merchants in the Seventeenth Century (Cambridge, Mass, 1955), 62.

4. JAMES K. HOSMER, ed., Winthrop’s Journal, “History of New England”, 1630–1649, 2 vols. (New York, 1959 [1908]), II, 222. Subsequent sessions of the court continued to bestow special favors on the company. Historian EDWARD N. HARTLEY wrote: “在整个殖民时期的新英格兰，很难有哪一个单独的私人企业得到政府如此大的青睐。” Ironworks on the Saugus: The Lynn and Braintree Ventures of the Company of Undertakers of the Ironworks in New England (Norman, Okla., 1957), 96.

5. Christine MacLeod, “The Paradoxes of Patenting: Invention and Its Diffusion in 18th- and 19th-Century Britain, France, and North America,” Technology and Culture 32 (October 1991), 892; Autumn Stanley, Mothers and Daughters of Invention: Notes for a Revised History of Technology (Metuchen, N.J., 1993), 30; Bruce W. Bugbee, Genesis of

American Patent and Copyright La (Washington, D.C., 1967), 58–64, 72; P. J. Federico, "Outline of the History of the United States Patent Office," Journal of the Patent Office Society 18 (July 1936), 37–39.

6. THOMAS BRAY, An Essay Towards Promoting all Necessary and Useful Knowledge both Divine and Human, In all Parts of His Majesty's Dominions, Both at Home and Abroad (London, 1697).

7. Leo Francis Stock, ed., Proceedings and Debates of the British Parliament Respecting North America, 4 vols. (Washington, D.C., 1924–37), II, 278; E. Burke Inlow, The Patent Grant (Baltimore, 1950), 37–38.

8. As quoted by Jerome R. Reich, Colonial America (Englewood Cli ff s, N.J., 1989), 163.

9. Robin Blackburn, The Making of New World Slavery: From the Baroque to the Modern, 1492–1800 (London, 1997), 515; Commissioners of Trade at the Plantations report to Parliament, May 1701, Proceedings and Debates of the British Parliament, II, 386.

10. Brooke Hindle, The Pursuit of Science in Revolutionary America (Chapel Hill, N.C., 1965), 209; Bridenbaugh, The Colonial Craftsman, 105.

11. See Inlow, The Patent Grant, 37. I am not claiming that the restrictions were the most important factor in retarding the growth of American manufactures. Even though they eXIsted on the books, they were not enforced effectively. As John J. McCusker and Russell R. Menard write, the mercantilist regulations were less significant in inhibiting industrial development than "factor prices, market size, and alternative prospects." The Economy of British America (Chapel Hill, N.C., 1985), 309.

12. Laurel Thatcher Ulrich, "Wheels, Looms, and the Gender Division of Labor in Eighteenth-Century New England," William and Mary Quarterly, 3d ser., 55 (January 1998), 21; Ruth Schwartz Cowan, A Social History of American Technology (New York, 1997), 25. See also Thomas C. Cochran, Frontiers of Change: Early Industrialization in America (New York, 1981), 6; Bridenbaugh, The Colonial Craftsman, 35–37; Stuart Bruchey, The Roots of American Economic Growth, 1607–1861: An Essay in Social Causation (New York, 1965), 71.

13. Adolph B. Benson, ed., Peter Kalm's Travels in North America [1753–61]: The English Version of 1770, 2 vols. (New York, 1937), I, 307. See also William Cronon, Changes in the Land: Indians, Colonists and the Ecology of New England (New York,

1983).

14. 直到19世纪下半叶，蒸汽动力才开始超过水力。在此之前，瀑布是“一个不断扩张和进步的工业基础”。1870年的人口普查第一次询问工业中使用的电力类型的问题，发现“制造中的蒸汽马力领先的水马力为52比48，这一差距在随后的几十年里逐渐扩大”。Louis C. Hunter, “Waterpower in the Century of Steam Engines,” in Brooke Hindle, ed., America’s Wooden Age: Aspect of Its Early Technology (Tarrytown, N.Y., 1975), 170. See also Dolores Greenberg, “Reassessing the Power Patterns of the Industrial Revolution: An Anglo-American Comparison,” American Historical Review 87 (December 1982), 1237–61; McCusker and Menard, The Economy of British America, 354; Brooke Hindle, Emulation and Invention (New York, 1981), 9–10.

15. ALICE HANSON JONES, “Wealth Estimates for the American Middle Colonies, 1774,” Alice Hanson Jones, “Wealth Estimates for the American Middle Colonies, 1774,” Economic Development and Cultural Change 18 (1970), 130; McCusker and Menard,The Economy of British America, 283–85. 一些历史学家的研究甚至扭转了民众对工业革命秩序的观念。卡里·卡森写道：在任何重大的技术发展被引入之前，“社会秩序下的人们已经发现并沉迷于对消费品数量和种类，他们的父亲和祖父是未知的，甚至无法想象的”。这确实是一场革命，但一开始却是一场消费者革命。更著名的工业革命也随之而来。“The Consumer Revolution in Colonial America: Why Demand?” in Cary Carson, Ronald Ho ff man, and Peter J. Albert, eds., Of Consuming Interests: The Style of Life in the Eighteenth Century (Charlottesville, Va., 1994), 486.

16. Whitfield J. Bell Jr., “Philadelphia Medical Students in Europe, 17501800,” Pennsylvania Magazine of History and Biography 67 (January 1943), 1–29; Hindle, The Pursuit of Science, 36–38. 本杰明·富兰克林，信奉知识平等，非常欣赏这种价值观对美国医学发展的价值，他认为在伦敦和爱丁堡受过教育的人将对殖民地有莫大的影响。See Franklin to Alexander Dick, June 2, 1765, Franklin Papers, XII, 157–58.

17. See, for example, Virginia Gazette, June 6, 1751, and November 18, 1775, and Pennsylvania Gazette, October 6, 1768, November 15, 1770, and March 16, 1769.

18. Peter Hasenclever, The Remarkable Case of Peter Hasenclever, Merchant (London, 1773), 9.

19. 出口被禁止的机器比将货物走私到英国要困难得多，因为前往新大陆的船只必须在海关官员的监视下离开既定的港口。在18世纪，国王试图阻止走私的努力大多都没有效果。不列颠群岛有6000英里的海岸线，靠近欧洲和大西洋的边缘，尤其脆弱。货物并不是唯一被走私的物品，偷渡进入其他国家的殖民地，同样有利可图。海关委员会、英国消费税委员会和皇家海军的努力未能阻止这一潮流。整个世纪，走私稳步增加，甚至越来越猖獗。Geoffrey Morley, The Smuggling War: The Government's Fight Against Smuggling in the 18th and 19th Centuries (Stroud, 1994); Harvey Benham, The Smugglers' Century: The Story of Smuggling on the Essex Coast, 1730–1830 (Chelmsford, 1986); Kenneth M. Clark, Many a Bloody Affair: The Story of Smuggling in the Port of Rye and District (Rye, 1968); Duncan Fraser, The Smugglers (Montrose, 1971); Cyril Noall, Smuggling in Cornwall (Truro, 1971); David Phillipson, Smuggling: A History 1700–1970 (Newton Abbot, 1973).

20. American Apollo 1 (1792), 68–69.

21. New York Journal, October 8, 1767; Mildred Campbell, "English Emigration on the Eve of the American Revolution," American Historical Review 61 (October 1955), 16; Arlene Palmer Schwind, "The Glassmakers of Early America," in Ian M. G. Quimby, ed., The Craftsman in Early America (New York, 1984), 162; Bridenbaugh, The Colonial Craftsman, 6–7. 布里登堡强调了移民的自愿性——那些听说过在美国有机会的人，出于他们自己的原因决定跨越大西洋。Ibid., 67–69. 虽然大多数英国工人选择了北美，但也有许多人移居到法国。正如约翰·R. 哈里斯所写的那样，他们"非常聪明、冒险和松散"。"The Transfer of Technology between Britain and France and the French Revolution," in C. Crossley and I. Small, eds., The French Revolution and British Culture (Oxford, 1998), 176.

22. Thomas Barnard, "A Sermon Preached in Boston New England before the Society for Encouraging Industry and Employing the Poor" (Boston, 1758), 13, 19. 当时，许多关于制造业的争论都是为了帮助城市穷人找到养活自己的方法。

23. James H. Trumbull and Charles J. Hoadley, eds., Public Records of the Colony of Connecticut, 14 vols. (Hartford 1850–90), VII, 174–75, X, 231; Schwind, "The Glassmakers of Early America," 162; Richard B. Morris, Government and Labor in Early America (New York, 1946), 33; Federico, "Outline of the History of the United States Patent O≈ce," 36, 42; Edith Tilton Penrose, The Economics of the International Patent System (Baltimore, 1951), 11; Victor S. Clark, History of Manufactures in the United States, 2 vols. (New York, 1929), I, 50; Bridenbaugh, The Colonial Craftsman, 112–13; Bugbee, Genesis of America Patent and Copyright Law, 68–69.

24. As quoted by Bridenbaugh, The Colonial Craftsman, 136; Moch, Moving

Europeans, 64; Richard Hofstadter, America at 1750: A Social Portrait (New York, 1971), 3–4; Cowan, A Social History of American Technology, 47–49. 正如伯纳德·贝林所指出的，18 世纪的英国人大多从农村搬到城市，北美移民正体现了这些既定流动模式的一种溢出效应。 The Peopling of British North America: An Introduction (New York, 1986), 25.

25. Governor Moore to the Board of Trade, January 12, 1767, in H. B. O'Callaghan, ed., Documents Relative to the Colonial History of the State of New Yor k , 15 vols. (Albany, N.Y., 1856–87), VII, 888–89; Thomas Gage to Lord Barrington, August 5, 1772, in Clarence E. Carter, ed., The Correspondence of General Thomas Gage with the Secretaries of State, 2 vols. (New Haven, Conn., 1931–33), II, 616.

26. ADAM SMITH, An Inquiry into the Nature and Causes of the Wealth of Nations, ed. Edwin Cannan, 2 vols. (Chicago, 1976 [1776]), II, 95; DANIEL DULANY, Considerations on the Propriety of Imposing Taxes in the British Colonies (Annapolis, Md., 1765), 43, 45.

27. As cited by Brooke Hindle, "The Underside of the Learned Society in New York, 1754–1854," in Alexandra Olson and Sanborn C. Brown, eds., The Pursuit of Knowledge in the Early American Republic (Baltimore, 1976), 89; Governor Moore to the Board of Trade, January 12, 1767, in O'Callaghan, Documents Relative to the Colonial History of the State of New York, VII, 888; "A North American," Pennsylvania Gazette, June 27, 1765.

28. Pennsylvania Gazette, January 30, 1772; Hindle, The Pursuit of Science, 205; Clark, History of Manufactures in the United States, I, 215; William R. Bagnall, The Textile Industry of the United States (Cambridge, Mass., 1893), 6372; Jeremy, "British Textile Technology Transmission," 28.

29. Carrol W. Pursell Jr., "Thomas Digges and William Pearce: An Example of the Transit of Technology," William and Mary Quarterly, 3d ser., 21 (October 1964), 551; Hindle, Emulation and Invention, 1; Samuel Rezneck, "The Rise of Industrial Consciousness in the United States," Journal of Economic and Business History 4 (August 1932), 785. As John Kasson writes, American independence "began not one revolution, but two." Civilizing the Machine (New York, 1976), 3.

30. Thomas Jefferson, "A Summary View of the Rights of British America" (1774), in Merrill D. Peterson, ed., The Portable Thomas Jefferson (New York, 1975), 4; "Declaration

of the Massachusetts Provincial Congress, December 8, 1774" in Merrill Jensen, ed., English Historical Documents: American Colonial Documents to 1776 (New York 1955), 823–25; David Rittenhouse, An Oration (Philadelphia, 1775), 20. The Massachusetts Gazette, for example, reported on October 29, 1767, that a gathering chaired by James Otis the previous day in Boston's Faneuil Hall voted to "take all prudent and legal measures to encourage the produce of manufactures of this Province and to lessen the use of superfluities ... from abroad." See also Hindle, The Pursuit of Science, 367.

31. Rush to Thomas Bradford, April 15, 1768; Rush to ——, January 26, 1769, Letters of Benjamin Rush, I, 54, 74–75; "Plan of an American Manufactory," Pennsylvania Magazine 1 (March 1775), 140–41; Jeremy, "British Textile Technology Transmission," 24–52; Benjamin Rush. 3 月 16 日，为建立羊毛、棉花和亚麻制品制造商基金，在费城发表的演讲，Pennsylvania Evening Post, April 11 and 13, 1775, 1775.

32. David Ramsay, "An Oration on the Advantages of American Independence," United States Magazine 1 (January 1779), 25; A Plain but Real Friend to America, "Three Letters on Manufactures," American Museum 1 (JanuaryMarch, 1787), 119; Timothy Matlack, An Oration (Philadelphia, 1780), 17; Sylvius [Hugh Williamson], "Letter III," American Museum 2 (August 1787), 117.

33. Robert Styrettel Jones (March 1777), American Museum 5 (March 1789), 266; Thomas Paine, Rights of Man, Common Sense, and Other Political Writing, ed. Mark Philip (New York, 1994 [1776]), 41; Hector St. John de Crèvecoeur, Letters from an American Farmer, ed. Susan Manning (New York, 1997 [1782]), 55, 56.

34. James H. Henretta, "独立战争与美国经济发展", in Ronald Hoffman, John T. McCusker, Russell R. Menard, and Peter J. Albert, eds., The Economy of Early America (Charlottesville, Va., 1988); Bagnall, The Textile Industries of the United States, 111; Ulrich, "Wheels, Looms, and the Gender Division of Labor," 3–38. English artisan Henry Wansey, 在 1790 年访问新英格兰时，评论说羊毛梳理是"一个受到鼓励的行业，因为每位家庭主妇都会保留一些这样的工具，在晚上无所事事时让家人找点事情做"。David John Jeremy, ed., Henry Wansey and His American Journal, 1794 (Philadelphia, 1970), 61.

35. John Jay to Colonel McDougall, December 23, 1775, April 27, 1776, Henry P. Johnston, ed., The Correspondence and Public Papers of John Jay, 4 vols. (New York, 1890–93), I, 40, 57; Continental Congress resolution, November 10, 1777, in W. C. Ford,

ed., Journals of the Continental Congress, 34 vols. (Washington, D.C., 1904–37), IX, 884; Benjamin Rush, Essays upon the Making of SaltPetre and Gun Powder (New York, 1776); Neil Longley York, Mechanical Metamorphosis: Technological Change in Revolutionary America (New York, 1985), 63–86. 约翰·亚当斯建议进攻英国殖民地安提瓜岛，以寻找必要的补给。Adams to James Warren, October 12, 1775, in Robert J. Taylor, ed., The Papers of John Adams, 11 vols. to date (Cambridge, Mass., 1977–), III, 197–98. 正如伊丽莎白·迈尔斯·纳克索尔所展示的那样，国会和各州都认识到当地的武器制造质量低劣。它以两种方式解决了这个问题：鼓励国内制造业的发展，以及从外国来源购买武器。Congress and the Munitions Merchants: The Secret Committee of Trade during the American Revolution, 1775–1777 (New York, 1985). 然而，这些短缺促进了某些行业发展，"尤其是钢铁……更先进、更高效的技术和组织形式。McCusker and Menard, The Economy of British America, 363. 正如约翰·R. 哈里斯所指出的，美国独立战争一结束，法国政府就派出了一支间谍队去监视英国军火的生产。他们报告发现："调查英语制造商并没有什么困难，只需要熟练掌握语言，不要表现出任何好奇心。" "Industrial Espionage in the Eighteenth Century," Industrial Archeology Review 7 (Spring 1985), 133.

第三章　本杰明·富兰克林与美国的技术缺陷

1784 年，在与英国缔结和平条约后不久，本杰明·富兰克林在法国出版了一本题为《美国移民须知》（*Information to Those Who Would Remove to America*）的宣传册，告诫那些计划移民美国的人，新世界的机会是有限的。为什么一生都致力于增加美国人口，且高度赞美美国经济机遇的富兰克林，却要撰写这样一本劝退移民的宣传小册（pamphlet）？富兰克林解释道，许多潜在的移民曾向他提出无数要求和疑问，这些要求和疑问反映出他们对美国生活的想法和期待是错误的。这些人认为美国人“有钱，能够奖励也愿意奖励各种各样的聪明才智；他们（美国人）……对所有的科学都一无所知，因此他们高度尊重拥有文学、艺术等方面才能的外国人，慷慨地给予他们丰厚的报酬；而美国人自己从中也有所收获”。这本宣传小册旨在彻底纠正这些“疯狂的想法”。

实际上，富兰克林的言论指向了一个特殊群体：欧洲制造商。他解释道，美国没有效仿欧洲王室为制造商提供高薪和特权，诱惑他们移民并引进先进工业技术的做法。许多工匠通过富兰克林了解到美国的工业并不发达，他们因此认为自己可以从国会和各州获得各种好处。他们要求以交通补贴、土地赠予和享受薪资的政府公职来换取他们掌握的工业技术作为移民的条件，但“国会无权对他们做出承诺，也没有为此投入资金”。总而言之，这本宣传小册旨在鼓励那些努力工作、愿意从事农业和家庭制造业的欧洲人移居美国，同时劝阻那些希望在美国享受英式工业化生活方式的人[1]。

对于那些希望通过移民到以农业为主的美国，从而摆脱英国，赚得盆满钵满的工匠们来说，这位美国重要发言人的话听起来一定非常令人失望。富兰克林宣布，美国不打算效仿欧洲的做法，以诱人的资源吸引成熟的工匠。

本杰明·富兰克林是美国启蒙运动杰出的知识分子。自 18 世纪中叶始，他就积极拥护美国科技。早在 1751 年，在《关于人类增长的观察》（*Observations*

Concerning the Increase of Mankind）一书中，他便写道："发明新的行业，艺术或商品的人……可谓一国之父。"[2]他认识到美国制造业的新兴状态及其技术缺陷，还有美国人既不反对技术盗版，也没有要求同胞尊重欧洲对技术传播的禁令。然而，尽管富兰克林知道美国在技术上依赖英国，但作为忠于美国的臣民和爱国人士，他并没有屈从于民族主义，也从未成为技术保护主义者（technology protectionist）。他带领年轻的美国走上过去从未走过的第三条道路，在这条路引向的未来中，科学和技术乃是人类共同的财产。

支持发展的殖民地人士

18 世纪，英国经济的组织原则是培养本土技工，生产在全球市场均可获利的产品。为了维持现状，殖民地不得不继续负责开采原材料，而不是生产成品。在殖民时代的大部分时间里，这一结构行之有效。然而，富兰克林成年后很快就体会到，北美殖民地极其依赖英国的技术。富兰克林在他的兄弟詹姆士（James Franklin）的小店里学会了印刷技术，由于殖民地没有印刷机，也没有字模，詹姆士不得不去英国购买这些工具。几年后，当富兰克林以公职身份游历欧洲时，他写信给北美殖民地的记者，详细介绍了他所见闻的新技术，劝说殖民地也要尽快使用这些技术[3]。

如第二章所述，18 世纪 60 年代殖民地与英国之间关系紧张，富兰克林知道，殖民地工业化的消息肯定会刺激到那些要求严厉镇压殖民地的英国人。因此，他非常不满意 1764 年 8 月刊登在伦敦《全景》（*Complete Magazine*）杂志上那种自鸣得意的文章："来自费城棉商的美丽样品炙手可热，近来成为受追捧的进口商品。"富兰克林积极表态，向英国制造商保证，殖民地家庭手工业的生产规模不会影响殖民地对英国服装的依赖度。他投书《伦敦纪事报》（*London Chronicle*），写道：殖民地人士"身着英国时尚工艺成品，紧紧跟随英国潮流，殖民地的每一波时尚浪潮都源于走在尖端的英国风尚"。他提醒他的儿子新泽西州州长威廉·富兰克林（William Franklin），要降低殖民地生产的服装质量，以免激怒英国国会中那些一心想限制殖民地制造业的人。"你只需要向他们汇报，说咱们这里的玻璃厂日常生产粗糙的玻璃窗和瓶子，以及一些家用亚麻和羊毛制品，产量还无法满足居民一半的需求。"他还建议威廉向议会承诺"所有上等货"仍需从英国进口[4]。

1751 年，本杰明·富兰克林进入宾夕法尼亚州议会，正当他要在政治界开启辉煌事业之际，他出版了一本宣传小册，题为《关于人类增长的观察》，引起了学术界的广泛关注。有些分析师惊叹于富兰克林对人口精巧的分析——他观察到，北美英属殖民地人口每 20 年就会翻一番，英国人口则保持稳定；他预测了英属北美未来的人口增长情况，其结果也相当准确。有些人还注意到，在宣传小册的最后一段，富兰克林抱怨庞杂的移民污染了殖民地天然的英伦气质，并语出惊人地宣告他个人对白人的强烈偏爱。不过，富兰克林写这本有争议的宣传小册，既不是为了完成一本关于殖民地人口统计的理论专著，也不是为了宣扬排外性的民族宣言，而是为了反对 1750 年颁布的《钢铁法》（内容是限制殖民地新建轧钢厂和切割加工厂）所作出的政治抗议。该法的目的不在于摧毁殖民地的钢铁制造业，而在于把殖民地的生铁钢材引入英国的钢铁厂，但这将会损害殖民地的利益。所以，富兰克林这篇文章的关键绝非排外，而是要倡导跨越大西洋的技术传播不应受限制。他想设法缓解英国人对殖民地的顾虑，因为英国人担心殖民地工业再继续发展下去就会实现自给自足，那么英国制造商将丧失市场占有率。他力求让英国人相信殖民地不可能成为其工业竞争对手，因为制造业依赖于廉价劳动力，而殖民地居民只有在无地可耕或是颗粒无收时，才会从事这种艰苦而低薪的工作。没有必要限制北美工业发展，因为“这里的劳动力永远不会便宜”，也因为在可预见的未来里，殖民地不会出现土地短缺的情况，毕竟这里严重欠缺工人。1764 年，在法国—印第安人战争结束后不久，富兰克林开始用嘲讽的语气抗议英国对殖民地工业发展的限制。他写信给一位亲密的合作伙伴——英国科学家彼得·科林森（Peter Collinson），并在信中描述了他在海滩的“新发现”：那里所有的鹅卵石都是“纽扣状”的，因此称为纽扣湾（Button Mould Bay）。可惜的是，富兰克林不会对外透露这片神奇海滩的具体位置，“以免某些英国人故技重施，像在路易斯堡（Louisburgh）掠夺煤矿权利那样抢走这片‘纽扣矿’的专利，不请他人开采，也不自己动手开采，用这种方式剥夺上帝和大自然本想给予我们的好东西。而且，既然我们现在已经有了纽扣湾，这和我们穿衣有关，那么——谁知道呢？未来我们也可能及时发现哪里可以取得布料也说不定”。言及此处，富兰克林转而严肃地表示：指望“你的小岛”继续担任北美英属殖民地的唯一供应商，供给这飞速增长的消费市场，这种想法简直“愚蠢”。“大自然限制了你的能力，却没有限制你的欲望。如果可以的话，英国想掌握全世界的制造和贸易；英格兰想成为全大英帝国唯一的生产者和贸易商；伦敦想成为整片英格兰唯一的生产者和贸易商；而每个伦敦人都想成为伦敦城唯一的生产者和贸易商。人心是如此自私！”[5]几年后，富兰克林在伦敦代表殖民地警告大英帝国：限制殖民地经济增长这种企图，可能导致他们事与愿违。相关规定将破坏殖民地人口激增的势头，而抑制了殖民地对英国产品的需求。允许殖民地进口宗主国的工业技术是符合帝国的利益的。富兰克林认为，不能因为欧洲政治经济体制产生了暴政和社会两极分化，就拒绝接受欧洲的先进科技，北美的未来发展应是取决于其获取和应用欧洲工业技术的能力。于是，他将全部精力投入到技术模仿（technological emulation）上[6]。

富兰克林将个人在同一个司法管辖区内对创新成果的盗版行为与跨司法管辖区技术传播行为进行了区分。1729 年，他接管《宾夕法尼亚公报》(*The Pennsylvania Gazette*)，利用该报宣传各种创新成果，这些成果“也许能改善现有制造业水平，或者有助于新的创新”。1743 年，他主张在费城成立技术交流协会，并在该报中写道：“许多有用的信息由于缺乏交流，连同其发明者一道被人类所遗忘。”而他主张成立的协会要致力于促进“节省劳动力的新型机械发明”这类信息的交流。富兰克林能够想到这样的宣传方式，是因为他曾是一名印刷工人，有过相关工作经验。但殖民地本土的报纸，包括他的《宾夕法尼亚公报》，经常直接复制粘贴欧洲报纸的新闻报道，而不确认信息来源。当时的殖民地，对传播技术的需求大过一切，这种需求取代了所有对知识产权的想法[7]。

富兰克林主张技术传播应不受限制，并付诸行动以实践主张。1740 年，富兰克林设计了一种可以放置在壁炉里的柴炉，这个柴炉设计新颖，这种柴炉比市面上的其他炉子更节省木材，但却能产生更多热量，让室内更暖和。宾夕法尼亚州州长将销售该炉灶的独家销售权给了富兰克林，条件是他必须为柴炉申请专利。为了坚守理念，富兰克林拒绝借由这样的手段从这项发明中获利。他解释道：“我们有幸享受他人的发明所带来的好处，那么，我们也应为自己的发明能够服务他人而充满喜乐，并应该慷慨地为此奉献。”而后，在 1744 年，他公布了这项发明的详细图纸。退休后，富兰克林以慷慨大方的绅士形象示人，他可以为他的慷慨买单，但有人却滥用了他的慷慨，富兰克林随后才了解到，有位伦敦的工匠用他的炉子申请了专利，并“靠它发了一点财”。他在自传中提到此事，写道：“我的发明被别人抢先注册专利以用来赚钱，并非只有这一次……我从未提出异议，因为我不想靠专利赚钱，也讨厌争执。”[8]

与许多 18 世纪的知识分子一样，富兰克林并不严格区分科学和技术的界限。自己的发明能投入实际应用使他感到相当自豪，他也将技术视为科学的衍生。科学家之间的国际交流，能够促进世界各地的科学进步，而技术知识的传播也能助力提升每个国家的技术水平。1780 年他曾写过这样一句话：“现在，真正的科学迅猛发展，有时我会遗憾自己出生过早。”他幻想着未来技术进步帮助人类摆脱物理惯性，治愈所有疾病，农业所需的劳动力更少，生产力却照样可以翻倍；国家间的地理边界终将不复存在。借由技术来实践的科学研究，便是实现富兰克林梦想中美好世界和善良美德的媒介[9]。

以富兰克林的成就来说，他大可断言："我对全世界受惠于我发明的人，没有要求任何私人利益，也从来没有提出，抑或是提议，对任何一种发明进行哪怕是一点点利益分配。”毕竟，他在 42 岁的时候就已经足够富有，可以选择退休，并全身心投入政治和思想上的信仰追求。但是，在富兰克林看来，大多数发明家没有他这种想法，也没有资本像他一样放弃利益，而社会若想实现大众创新，就应该奖励个体发明家。因此，要广泛改良机械设备，绝对要给予发明者适当的奖励。他为那些在发表自己的产品时遭到蔑视和怀疑的天才发明家深感悲哀，并解释道，“自己没有创造力还不希望别人轻易拥有这种能力的人比比皆是”。大多数人认定发明家就是“抄袭党”，他们只是“盗版其他国家或某本书上的发明”，而发明家一旦遭遇失败，则“普遍会遭受嘲笑和蔑视”；即使他们成功了，也得不到任何奖励和认可，还必须容忍“嫉妒、盗版和滥用”。富兰克林同情发明家的困境，认为新发明和新发现应该被记载且传播。他说，由于没有印刷技术，古代的许多知识已经消失，那么在我们这个时代“知识的点点滴滴被记载下来，也许在数年之后，将开启伟大的新发现”[10]。

富兰克林对知识产权具体界限（the physical boundaries of intellectual property）问题的认识比较矛盾。一方面，他赞成发明者放弃回报，让所有人都可以获得机械知识；另一方面，他又认识到需要对发明者的成就给予奖励。理念上，一方面，他赞成共和党提出的观点，认同工业化会诱发社会和道德堕落的想法；另一方面，他却明确反对英国那种将美国制造业扼杀在摇篮中的企图。政治上，他担心美国技术落后的境况会破坏这个年轻国家的和平与繁荣，于是倡导发展当地工业；同时，他也批评英国工业化的社会后果，认为农业经济可以保护北美不至于步上汉诺威君主制（Hanoverian monarchy）腐败和不公正的后尘。而在移民问题的争论中，这种对立的矛盾攀上了高峰。

殖民时期多数时间里，英国的官方政策鼓励殖民地从欧陆“挖角”移民以充实北美人口，英国议会和王室也拨付大量资金援助新教难民移民北美。由于人口外流数量极大，敲响了 18 世纪欧洲各国的警钟，这些国家纷纷颁布反移民法（anti-emigration laws），并宣传移民者的不幸遭遇，以打消人们对移民北美的热情。官方也警告潜在移民：经济困境常常迫使德国移民“放弃他们的未成年子女”，而这些移民子女“就这样再也见不到他们的父母、兄弟或姐妹了”。那些“被人贩子说服和引诱走的人，将与其他德国移民一道过上悲惨的生活”。德国规定，移民在获得许可，并支付脱离封建领主（feudal lords）的费用后，才能离开国土。然而，这些举措都未能截断这股移民潮流，18 世纪时大约有 12.5 万名德国人移民到北美[11]。

纵观英国的做法，从 17 世纪末开始，限制技术成熟的工匠移民的政策，只适用于移居英国境外的情况，而殖民地被认为是大英帝国不可分割的一部分，所以阻止英国工匠在北美英属殖民地定居是没有宪法依据的。然而，英国议会和王室认为，允许殖民地发展工业技术可能会破坏帝国商业布局的根基，于是从 1718 年开始，英国议会通过立法，限制工匠移民到殖民地。工人在技术传播中占据核心地位，所以除非禁止熟练技工进行移民，否则英国遏制殖民地工业发展的计划注定失败[12]。

英国科技实现了突破的同时，英美之间局势日益紧张。18 世纪 60 年代末，詹姆斯·哈格里夫斯（James Hargreaves）发明了珍妮纺纱机（spinning jenny），理查德·阿克赖特发明了水纺机（water frame），他们都为自己的发明申请了专利，而这两项发明问世，代表着 1763 年《巴黎和约》后，工业创新新时代的到来；法国—印第安人战争以这一次《巴黎和约》收尾，巩固了英国作为欧洲主要强国的地位，也标志着英国国会与北美英属殖民地之间冲突的开始[13]。随着英国和北美英属殖民地从共生互补演变成政治对手的关系，英国作家和政治家开始质疑允许移民的观点是否正确。英国作家们认为，英国之所以能占据工业主导地位，主要是因为它成功吸引了外国工人移民。罗伯特·华莱士（Robert Wallace）于 1764 年发表文章，文中就认为英国强大的国际地位归因于它招募了大量自带技术的法国移民。被路易十四驱逐的新教工匠“为英国的贸易和制造业带来了巨大能量，对法国来说，这是一个可能永远也无法弥补的政治性错误”。他劝说英国王室，不要在与北美英属殖民地的关系中重犯法国的错误。为了打消移民热情，英国官方也公布了一些移民者不幸的遭遇。一位曾于 1759—1760 年间旅居中部殖民地的牧师在书中述说自身经验，表示虽然他在殖民地感受到某种程度上的幸福，但他认为，那些觉得帝国重要发展中心将会西渐的想法，实在“虚幻且荒谬”[14]。

政治方面，在 1763 年，希尔斯堡伯爵（the earl of Hillsborough）成为英国贸易委员会主席，并于 1768 年开始担任殖民地国务卿一职，自此他开始阻止国人移民北美。希尔斯堡尤其关心农村人口减少的问题，原因是他在爱尔兰拥有将近

10万英亩农业用地，他担心殖民地会令他失去大量廉价劳动力。而在伦敦，普通人则不太关心农场工人的去留，他们关心的是殖民地和英国的经济分工。举例来说，有位英国作家反对《印花税法》，因为它是对北美英属殖民地征收的一般性税收，而不是能够确保英国持续保持高就业率和繁荣的具体措施。他警告，“英国制造商和工匠移民到殖民地已是不争的事实”，因此他认为最谨慎的管控政策不是增加殖民地赋税，而是“全面支持殖民地的工业产业（制造业除外），同时向他们供应比他们自己生产还更便宜的产品，保证我们从中获利”。一直到18世纪70年代初，部分英国人才逐渐开始担心起人才的流失的问题，一位约克郡作家警告：除非英国有所行动，否则“英国将失去大量机械人才”[15]。

随着对英美殖民危机的争论加剧，在1773年11月召开的英国议会上，争论最多的就是移民问题。由于担心从欧洲大陆迁出的移民会助长殖民地分裂主义的倾向，英国议会颁布了一项命令，禁止此类移民入籍。至于从英伦三岛迁出的移民，议会没有以任何法条来限制他们，而是开始对移民的实际情况展开调查。最终研究表明，英国的技术人才正迅速流失到殖民地[16]。面对这种情况，限制主义的呼声越来越强烈，乔赛亚·柴尔德（Josiah Child）在1775年表示：“羊毛是英国财富的根基，应使用一切可能的办法将羊毛留在‘我们自己的王国’。”他希望议会颁布“严厉的法律”阻止熟练的羊毛工匠移民以及出口他们的工作机械。在殖民地与英国爆发战争以后，苏格兰总检察长亨利·邓达斯（Henry Dundas）也命令港务局不要放行有嫌疑的船只——它们有向叛乱殖民地运送移民的嫌疑[17]。

富兰克林在移民问题成为英国政坛难题之前早已就此展开过辩论。他在《关于人类增长的观察》一书中论及这个问题，认为帝国政府不应该干涉移民，因为自然会有人取代离开的人。“治下良好的国家就像一只多足兽（Polypus），断足之处很快就会重新长出来。”在伦敦，代表北美英属殖民地的富兰克林成功地压制希尔斯堡伯爵的反移民倡议，迫使后者辞去殖民地国务卿的职务。当英国议会准备颁布限制措施时，富兰克林在《公共广告人》（*Public Advertiser*）报的版面上嘲笑道，“制止移民潮”最可靠的方法是阉割所有在殖民地的男人，这样潜在的男性移民将害怕移居北美会让他们失去做男人的尊严[18]。

但富兰克林也没有草率地采取新的举措，他为呼吁调查北美移民者的群体准备了一份公开的答复，并将其提交给伦敦的《公共广告人》，该报曾经刊登1773年11月16日所拟议法案之相关报道。在这份公开答复中，富兰克林驳斥了当下的政策倾向，他解释道，限制民众自由横渡大西洋，就相当于“呼吁制止泰晤士河水每天从格雷夫森德（Gravesend）流出，以防止泰晤士河的水被耗尽”。移民的真正原因是英格兰和苏格兰生活困窘，而解决办法应是改善民生，不是把不列颠群岛变成监狱。“上帝赋予森林中的野兽和空中的飞禽一项权利：当它们在栖息地内无法生存下去时，可以迁移到另一个令它们更加舒适的栖息地；动物尚可如此，更何况是人类？难道仅仅为了满足少数贪婪的地主，就要剥夺人类享有的特权吗？”由此可知，富兰克林认为，自由选择在哪里生活和工作是一项自然权利[19]。

富兰克林偶尔会直接负责招工。在1765年，他抱怨说“在这里很难遇到愿意出国工作，又优秀而稳重的工匠”。他也经常为要去工作的移民写介绍信。他还曾拜托费城的名人理查德·巴赫（Richard Bache）帮助外迁至殖民地的皮革制造商人在北美殖民地立足[20]。18世纪70年代，他向美国汇报了英国和荷兰的运河技术，建议再招募一批经验丰富的工程师规划和监督费城运河的建设。而富兰克林做过最冒险的一件事，是设法帮助约翰·休森移民北美，将英国的棉布印花（calico printing）和漂白技术引入殖民地。当时，有关约翰即将移居北美殖民地的传闻令殖民地当地媒体兴奋不已，《宾夕法尼亚公报》在1772年1月30日报道说：“约翰·休森多年来在多家大型亚麻布、棉布和棉布印花制造厂工作。他计划在本月，带着6名熟练的工匠和所有材料离开英国前来北美。”报纸补充道，“英国制造商还不知道休森已将违禁机械运向殖民地”。报道最后总结道：“如此深明大义的商人必定大受北美殖民地欢迎。”两年半后，休森在《宾夕法尼亚公报》上宣布，他在费城开了一家店，在技术上与英国最新的棉布印花和漂白技术不相上下。富兰克林积极邀请休森举家移居殖民地，当休森下定决心后，富兰克林便向费城和纽约的领导者们推荐了他[21]。

民族主义的共和党人

要理解18世纪的美国国家知识产权（American national intellectual property），首先必须从美国人的集体身份认同这一角度来思考；而富兰克林比同时代的任何人都更能代表这个新兴的国家及其文化。富兰克林是1754年奥尔巴尼联合计划（Albany plan）❶的发起人，主张在法国—印第安人战争期间进行殖民地之间

---

❶ 1754年，北美殖民者为了制定一项一致的印第安人政策而在奥尔巴尼召开会议，要求各殖民地联合起来增进共同安全。该联合计划由本杰明·富兰克林起草。——译者注

的合作；同时，他也是发起“要么团结一致，要么分而灭亡”（“we all must hang together or we will hang separately”）这句革命宣言的号召者。在他的公共服务生涯中，富兰克林不断寻求北美大陆的统一。在美国独立战争爆发后，富兰克林成为美国在欧洲最重要且最杰出的政治家，代表了 1789 年以前美国在国际舞台上的唯一形象。简而言之，富兰克林象征着美国早期民族主义意识的旗手[22]。

富兰克林的民族主义以相当戏剧性的方式不断演变。1764 年他第二次去伦敦，在此之前，富兰克林一直是一名满腔热情的英式爱国主义者，信奉英格兰民族主义，这种民族主义极端看重自己的族群（ethnically exclusive）和语言[23]。虽然他的著作《关于人类增长的观察》是最早提出“统一北美英属殖民地”观点的作品之一，但是富兰克林在书中对殖民地社会和人口简短而精彩的分析，却是以种族排斥（ethnic exclusionary）为结论：“世界上纯白种人的数量少之又少，整个非洲人口多是黑色或黄褐色人种，亚洲多属黄色人种。美洲（不包括外来新移民）也是如此。在欧洲，西班牙人、意大利人、法国人、俄罗斯人和瑞典人，一般都是我们所说的黝黑肤色；德国人也是如此，只有撒克逊人例外，他们和英国人一起构成了地球上白人的主体……也许我偏爱自己国家的肤色。”他承认道，但也表示“这种偏爱是人类的天性”[24]。在之后的 15 年间，涌入宾夕法尼亚州的德国移民数量让富兰克林感到担忧。年轻时，他曾当过印刷工，印制德语报纸，后来甚至还把自己的《宾夕法尼亚公报》翻译成德语。然而，到了 18 世纪 60 年代，他加入了试图控制德国移民的反专有派（Anti-Propriety party）。在 1764 年宾夕法尼亚州的选举中，反专有派更与身为贵格会（Quaker）信徒的宾夕法尼亚州殖民地原始拥有者产生对立❶。富兰克林所在的反专有派与英国同质，而他的政敌则象征着新兴的北美所具有的公民包容性：在他们所提出的八位候选者名单上，就有两名德国人和一名苏格兰裔爱尔兰人[25]。

此后，富兰克林前往伦敦，在那里的经历使他对帝国制定的政策产生反感，

❶ 此处的 Anti-Propriety party 所指的是“反专有派”（美国官方用字为 Anti-Proprietary party）。英王查理二世为了代偿皇室积欠老威廉佩恩的薪金，而将宾州这块土地赐予他，宾州成为一块专属威廉佩恩（而后是他的家族）的专属殖民地（Proprietary colony），佩恩家即宾州的原始拥有者；老威廉佩恩之子威廉佩恩（贵格会信徒）为宾州的开拓者，宾州字汇中的 Penn 即来自其家族姓氏佩恩（Penn）。随着宾州发展以及移民涌入美洲，宾州政治界逐渐发展出支持佩恩家继续专有、管理宾州的专有派（Proprietary party）以及富兰克林所属的反专有派，反专有派因为不满这些原始拥有者的部分做法（如他们拒绝纳税）而反对由原始拥有者继续把持宾州，并主张向皇室申请，将宾州改为由皇室指派总督或管理者的直辖殖民地（Crown colony）。——译者注

而这种反感逐渐改变了他心中原本自信无比的英国爱国主义，以及他对自身族裔作为北美人的身份认同。当时，富兰克林向下议院阐述了殖民地反对《印花税法》的理由，这次报告确立了他作为北美殖民地代言人的地位。英国精英无法接受这位在殖民地白手起家的“无名小卒”与他们平等对话，于是富兰克林毫无意外地在伦敦遭遇冷落。虽然如此，他还是在苏格兰人及贵格会激进派与贵格会异议人士之间，找到了自己的社交圈。当伦敦的报纸把殖民地开拓者描述为“苏格兰人、爱尔兰人和外国流浪汉的混血儿，罪犯的后裔，忘恩负义的叛乱分子”[26]时，他愤怒不已。终于，到了1770年，富兰克林已然能够代表诸北美英属殖民地（从佐治亚州到马萨诸塞州）各个阶层的态度，而他开始认为殖民地与母国在身份和利益两方面拥有不同定位。在英国，从《印花税法》到关闭波士顿港，帝国打算要推行的种种政策，在议会中几乎不曾遭遇任何阻碍，这显示出新兴的英国民族主义共识，已经超越了国内的竞争问题。事实上，在乔治三世统治时期，英国的政治结构非同寻常：内阁主要由辉格党（Whigs）和托利党（Tories）把持，而君主则将自己塑造成一种全新的爱国主义化身。很明显，殖民地的定位是以新的英国民族主义共识为准被定义出来的；而在英国的爱国主义者眼中，正如富兰克林所言，殖民地不是“同胞手足”，而是“臣民的臣民”[27]。

回到费城，富兰克林着手构思何谓具有公民性和包容性的北美人身份认同。18世纪50年代至60年代，他曾一度非常担心宾夕法尼亚州的英国化程度出现衰减；而在1783年，他却冷静地预测“英格兰、爱尔兰和德国将流出大量移民”。于是，富兰克林再次搬出他在1751年出版的关于人口的宣传小册，以此欢迎移民，表示“每一个来到我们中间领走一块土地的人”都是增加国家实力的砝码。富兰克林出任欧洲公职的经历，使他从一个执着于本族利益的族群民族主义者（ethnic nationalist）转变为一个公民民族主义者（civic nationalist）[28]。

然而，富兰克林若想实现理想，道阻且长。仅有抽象的公民概念，尚不能构成国家；如果没有一个具有凝聚力，政治经济一体化，且能有效议事的组织，集体身份认同就只是虚拟概念。对外宣传时，北美革命人士宣称“我们的联邦是完美的”。然而，表面之下，开国领袖们却担心联邦会解体，因为联邦在政治、文化和经济方面皆缺乏共同纽带。富兰克林在1760年写道，殖民地“不仅分属不同的统治者，而且有不同的政府形式、法律、利益，其中一些还有不同的宗教信仰和价值观。他们彼此之间存在不可弥合的嫉妒与罅隙，以至于长期以来，无论殖民地联盟是多么必要……他们都没有能力靠自己建立这样的联盟，甚至连请求英国为他们建立联盟这样的想法，都无法在殖民地内部达成一致的意见”[29]。富兰克林担心派系林立、四分五裂的殖民地不利于社会与政治稳定以及国家利益，他认为经济增长和州际合作是实现统一最可靠的途径。但十三州邦联境内的农业生产活动加剧了各邦之间紧张的竞争关系，商业活动又高度依赖英国商行，如此的美国究竟如何取得经济增长和合作关系呢？富兰克林逐步放弃传统的重商主义，主张贸易自由化，鼓励国内发展制造业。管理得当的工业发展规划有望将北美不同的地区和利益联系起来，引导这个年轻的国家走向独立和自给自足[30]。

18 世纪后半叶，英国商品在殖民地的消费量激增，这重新定义了殖民地与英国的关系。消费使平民感觉自己与贵族平等，“标准化商品”成为风行殖民地各处的名词。然而，许多人也被这全新秩序所带来的贪婪、自私和残酷所震惊。英国议会针对殖民地消费实施的举措促使北美公众积极参与政治，而且令殖民地家庭作坊重新焕发生机。1767 年 6 月 29 日颁布的《汤森税收法》（*The Townshend Revenue Act*）复兴了步履蹒跚的北美殖民地社会，实用的知识得以交流和传播。而殖民地在与英国的斗争中选择的武器——抵制英国商品——则将独立和繁荣与工业自给自足联系在一起[31]。18 世纪 60 年代末，殖民地采取不进口和不消费英国产品的政策，发展本土制造业成为在爱国主义中争取自由的一环。马萨诸塞州的一位诗人将这种新的态度写成了诗歌：

> 瞧瞧波士顿漂亮的纺纱机，
> 看看它们擦出的绚烂火花。
> 富人和穷人都转动纺轮，
> 所有心系国家的人，
> 所有热爱工业的人，
> 都看到了勤劳的波士顿兴旺发达[32]。

在爱丁堡受过教育的医师兼科学家卡德瓦拉德·埃文斯（Cadwalader Evans）在费城写道：“没有制造业，任何国家都无法生存。至少我非常确信我们宾夕法尼亚州肯定不能。并且，当我们足够勤奋，我们才能担负我们的生活。”[33]

然而，富兰克林并不完全赞同上述观点。他认可英国工人的技艺高明，并极力主张北美人应该发展自己的工业。在法国—印第安人战争结束之际，他赞美英国人卓越的“理智、善良和优雅的智慧”带给英国的胜利是一种必然，而

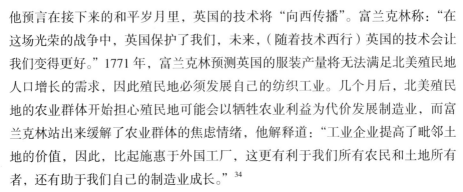

他预言在接下来的和平岁月里，英国的技术将“向西传播”。富兰克林称：“在这场光荣的战争中，英国保护了我们，未来，（随着技术西行）英国的技术会让我们变得更好。”1771 年，富兰克林预测英国的服装产量将无法满足北美殖民地人口增长的需求，因此殖民地必须发展自己的纺织工业。几个月后，北美殖民地的农业群体开始担心殖民地可能会以牺牲农业利益为代价发展制造业，而富兰克林站出来缓解了农业群体的焦虑情绪，他解释道：“工业企业提高了毗邻土地的价值，因此，比起施惠于外国工厂，这更有利于我们所有农民和土地所有者，还有助于我们自己的制造业成长。”[34]

正是因为富兰克林清晰地看出了联合和独立两者各自的脆弱性，他才意识到构建北美一体化经济的必要。我们可以肯定，富兰克林和他的诸多革命同胞一样热衷于发表言论，支持并认为农业相较其他产业在环境伦理上更具优势；此外，他也认为有必要维护一个有道德的殖民地农业政治经济体系（agricultural political economy），因为这是人民能不受压榨也劳有所得、各得其所的关键。他曾对一位费城的朋友解释道，英格兰“喜欢追求暴利的制造业”，而富兰克林坚持认为“农业才是产生财富的真正力量”，“制造业不会产生财富”。1771 年，富兰克林巡游英格兰和苏格兰的工业城，目睹了工业城苦难和贫困的生活状况，心有戚戚焉地说英国工业生产“勒紧的是穷苦百姓的裤腰带”。富兰克林出版于 1784 年的宣传小册反对移民入侵美国，并响应了共和主义者对伦理与农业关系的论调。他说：“打造庞大的制造业，需要大批廉价劳动力，这些廉价劳动力在欧洲随处可见，但在美国是找不到的，除非土地全部被占用或征用，那些无法获得土地的多余人口才会想靠为制造业卖苦力来维持生活。”[35]

当富兰克林认识到，构建一体化、自给自足的北美经济，取决于工业发展之后，他心中的共和主义思想发生变化。诚然，随着帝国冲突加剧，富兰克林亦猛烈抨击英国的政治经济体制，但是他之所以排斥城市和工业政治经济，仍是由于英国与殖民地之间的竞争背景。当殖民地与英国的冲突加剧时，他明确地告诉国会议员：“我不知道北部殖民地进口了哪些产品，但我知道，他们可以不需要进口，因为他们可以自己制造。”与英国签订和平协议后不久，富兰克林在巴黎问道：“希望有一天能够购买和拥有奢侈品，这难道不是对劳动力和工业的巨大刺激吗？……如果没有这样的鞭策，人们自然就会变得懒惰而散漫，这就是人性。”富兰克林有一篇文章被马修·凯里（Mathew Carey）的《美国博物馆》（*The American Museum*）创刊号选为该期重要文章，其中富兰克林抨击了美国必须保持完备的农业生产体系和完全依赖进口制造业的论点。换句话说，他也并非绝对的农业主义者[36]。

富兰克林对共和时期制造业前途的判断前后不一，这对引领美国独立革命的时代来说是非常典型的表现，这种前后不一暴露了一种状态：在面对是否鼓励被禁止的工业技术转移这一问题时，他的内心存在强烈的冲突。作为一位崇尚道德之人，他将英国贫民受到的压迫性剥削与工业发展联系在一起，他不可能倡议将类似的秩序引入新世界。而作为一位爱国人士，他认为美国的经济和政治能否独立，取决于是否摆脱对英国工业生产的依赖，于是他也反对移民限制，认为技术引进能使这个年轻的国家自给自足[37]。幸运的是，北美广袤的土地缓解了工业城市存有的冲突，美国人不会被迫生活在城市竞争下相互攀比，因为他们总是有机会可以选择独立自主、自给自足的自由生活。因此，制造技术的转移可以确保美国的经济独立，但是不会因效仿英国工业不人道的生产模式而带来风险。

如果没有社会繁荣做支撑，打败大英帝国的美国联邦可能会瓦解。撇开田园幻想不谈，富兰克林意识到共和政体的模式本质上是反发展的。他也明白，美国人的身份认同依赖于农业、商业和工业之间的政治经济平衡。由于这个新的独立国家没有能够与英国工业竞争的技术和机器，美国不得不从欧洲进口产品。而富兰克林作为成功独立的合众国在欧洲最重要而杰出的代表，他的下一个伟大的国家任务，却将他置于技术扩散的政治和外交问题轴心之上。

被围困的外交官

富兰克林出使伦敦和巴黎期间公务繁忙，很少能回到北美。1776 年 9 月 26 日，他被任命为代表团的三位成员之一，前往欧洲与欧洲大国就商业协议谈判。此后不久，随着独立战争形势发展对北美反叛军越来越不利，富兰克林被派去负责维护与法国的外交和军事同盟。这场战争使他关注的美国技术事业，从私人问题变成了殖民地为争取独立展开斗争的一个重要因素。事实上，富兰克林担任新职后做的第一件事，就是为美国独立战争争取工程技术的援助[38]。

“独立”更加彰显出缩小技术差距的重要性。一些爱国人士提出警告，认为“如果美国要完全依赖外国纺织机，我们可能将要告别我们的信仰！告别我们的自由！”[39]。1777 年，当时全美最富有的人之一，马里兰州的查尔斯·卡罗尔（Charles Carroll），向富兰克林提议将精力放在能够促进手工业的移民身上。军事和经济的发展困局需要技术熟练的移民，他们可以增强殖民地的经济实力，帮助美国摆脱对英国的依赖。富兰克林回答说：“卡罗尔没有给我具体的数字，也没有搞清楚问题的关键；如果我提供帮助，又会有多少技工移民美国呢？”富兰克林进一步解释说，“如果全国上下就这一措施的有效性达成共识，国会会同意这项提案，而且会相信我对技术人员和知识的判断，那么我相信我可以引进足够多对我们国家有价值的人”。不过，由于国会既没有赋予他资金，也没有赋予他权力，富兰克林想要招募掌握了受限技术的工人，成效显然有限[40]。

富兰克林在法国任职期间，私下里有很多工匠和发明家们纷纷登门拜访，主动要求移民，他们声称自己的技能和发明对美国有巨大的潜在价值。在富兰克林的日记中，他写道：“我收到疯狂的提案可太多了，迄今为止它们已经耗费了我大量精力，所以，尽管其中存在一些可能值得关注的计划，但我还是开始拒绝所有的人。”来自各行各业的人都和富兰克林谈到了他们移居北美的计划。他们离开欧洲的原因，从恋爱失败、婚姻疲劳、宗教迫害、意识形态转变，到共和国对移民的承诺，各种各样，五花八门。而大多数申请者都自认可以为殖民地提供自身的特殊才能——他们所会的专有工业技术[41]。

欧洲的工匠们与富兰克林接触，希望富兰克林能够看到他们有为新生共和国做出巨大贡献的潜力，并且希望富兰克林愿意利用自己的地位、资源和声誉为这些工匠提供帮助。他们描绘了模仿英国企业模式在北美创办企业的计划，声称自己拥有在新大陆迄今未知的知识和技术诀窍。例如，理查德·怀特（Richard White）声称他掌握一项独特的发现，“欧洲耗时一个多世纪的尝试，从未有人成功，只有他自己成功了”。几个月后，怀特继续吹嘘说：“我可以生产彩色棉纱，不论是粉色、猩红或深红色。”还有两个法国人声称他们拥有独特的现代丝绸技术，连荷兰东印度公司都希望资助他们，但尽管如此，他们还是偏爱并计划举家移居美国，甚至承诺了自己将带上一批技术工人一同赴美。另外有一个法国人声称发明了一种用来染色和漂白的机器，提议在美国建立一座流水线工厂[42]。

欧洲工匠们认为，美国工业刚起步，政客会通过各种诱惑政策引进新技术。有些匠人期望得到官职，有的印刷工人希望能在政府开办的报社工作，有的药剂师要求在军中任职，还有的医生要求富兰克林给他找一份工作。另一些人则希望获得某种形式的资助，比如怀特，他虽然更喜欢美国，但也有其他选择，“英国、法国和西班牙各答应给（他）一万英镑”。怀特威胁道，如果富兰克林不给他差旅补贴，他就把他的技术带回英国。一位挂毯制造商和染工要求“只要能在抵达时获得支持，我们必然愿意以染色技术的教师、指导者或专业染工的身份移民到殖民地”；一位玻璃大师说，如果美国政府或公民帮助他建造玻璃厂，他就移民过去；一位扑克牌制造商也以国会补贴其建厂作为移民条件；一位工程师/矿工要求获得差旅补贴，同时要求富兰克林将其推荐给国会；还有一位德国印刷工人要求差旅补贴，以便他能在美国开设一家通讯社，为大量的德国移民服务[43]。

在伦敦和巴黎任职期间，富兰克林始终拒绝上述这类直接进行财政补贴的请求。1772年，他写道：“从我们贫困的财政部拨付资金实现这种请求不太现实。”[44]但富兰克林并不反对以其他方式帮助工业移民。他从爱德华·纽纳姆（Edward Newenham）爵士——一位非常支持美国事业的爱尔兰著名政治家那里听说，有大量爱尔兰人想移民美国。富兰克林回复他：“只要这些同仁是真心实意为美国发展着想，而不是打着将英国制造业引进美国的幌子，纯粹想来美国定居，我随时准备向这些有移民意向的同仁提供我力所能及的一切援助和保障。”[45]当来自贝尔法斯特的杰西·泰勒（Jesse Taylor）请求富兰克林帮助一批爱尔兰工匠移民到美国时，美国公使则要求提供他们的姓名、性别、年龄以及计划乘坐的船名，以便“为他们提供所需的一切安全保障”。如果美国或法国船只在公海拦截他们，拥有护照便可以证明他们是友方，而非美国港口的间谍。泰勒通过信使秘密报送了这份名单，因为常规渠道会带来麻烦，“如果这份密报被截获，将会落入不义之手”。而富兰克林则指派他在伦敦的亲信爱德华·班克罗夫特（Edward Bancroft）协助本次行动[46]。

有一篇现存的完整报道，记录了富兰克林与一群潜在的工业移民打交道的内容，让现代历史学家对独立战争期间富兰克林对待技术盗版问题不断变化的态度有了全面的认识。1778年，英国人和殖民者在北美互相争斗时，一群来自斯托克波特（Stockport）地区（曼彻斯特附近）的纺织工人成立了一个叫“移民俱乐部”的协会。18世纪70—80年代，该地区工业间谍活动猖獗，甚至在独立战争期间，当地报纸还经常发出警示，警告众人有许多工业间谍在积极活动。1781年秋天，印花布印刷工亨利·罗伊尔（Henry Royle）作为该协会的代表，找上了富兰克林，提出交易条件。他解释道，潜在的移民愿意将自己的技术带到不发达的美国，以换取“以下条件”：①要求美国政府在他们到达美国之前一直给予支持，并为他们提供旅费补贴；②移民抵达后，立即入籍，并免服兵役；③他们承诺用从英国窃取的机器和技术生产棉花和丝绸制品，希望美国政府给予他们七年的棉花和丝绸制品制造垄断权[47]。

1782年1月2日，富兰克林在巴黎接见了该协会的另一位领导者亨利·怀尔德（Henry Wyld）[48]。富兰克林最初对此事很热情，他认为第②项和第③项要求没有问题，但拒绝了旅费补贴这一要求。“由于没有国会或宾夕法尼亚州的命令或授权，因此支付费用这一点，我无法承诺，其他条款没问题。”另外，他建议该协会成员等到和平条约（peace treaty）❶签订后，经由爱尔兰前往美国，以避开“限制技术移民的法律”。虽然富兰克林没有用现金支持移民的行动，但他公开抨击英国对技术移民的限制，呼吁斯托克波特地区的组织冲破限制。他称这些法律“软弱”“邪恶”且“专制”；他指控它们“把英国变成了监狱，囚禁了人民的创造力和勤奋”。在富兰克林看来，反移民法象征着英国政府的反复无常、虚伪和不公正。英国限制勤劳工匠的自由，但“闲散和奢侈的绅士们可以随意到国外旅行和居住，从他们辛勤、诚实的租户那里榨取庄园收入，在外国纸醉金迷，将钱挥霍在法国和意大利的妓女和小提琴手身上”。富兰克林在回复斯托克波特地区协会的信件中，力劝他们无视英国法律，因为它“极其不公正，不可容忍”[49]。

为表示支持，富兰克林借给怀尔德 10 个基尼，等他回到英国后偿还即可。1782 年 1 月 5 日，富兰克林给了怀尔德一份前往奥斯坦德（Ostend）的护照，也明确承诺向全体移民人员发放护照。怀尔德对富兰克林只拿出私人小额借款，拒绝任何其他现金补贴的行为感到失望，他要求富兰克林向宾夕法尼亚州议会汇报该群体即将抵达，要议会安排好补贴，以支付交通和初始运营成本，并再次明确表示，他们希望享有这些盗版技术的发明人垄断权：“我们引进的机器，我们要享有独有的权利！”[50]

富兰克林对斯托克波特技工的支持很短暂。由于协会的领导者迟迟没有偿还 10 基尼借款，使得他对这个组织的感情变得淡漠。他不理睬协会成员的来信，用技术性手段拒绝他们申请个人护照。尽管如此，斯托克波特的领导者们仍持续与富兰克林保持沟通，反馈移民计划的进展，描绘盗版技术能给北美带回巨大利益的蓝图。其中，埃德蒙·克莱格（Edmund Clegg）告诉富兰克林，他们“为实现目标做好了周密的准备”。作为一名丝绸专家，克莱格咨询并调研了在美国可以使用哪些种类的丝绸机器，他向富兰克林解释自己计划从英格兰引进相关设备，然而也必须顾虑到“法律对此有所限制”。而怀尔德则对富兰克林突然改变态度有些不满，他写道：“在任何需要产业的国度，我们都大受欢迎……（需要我们的）不止是您所代表的‘尊贵的’国家。”尽管斯托克波特众

❶ 指 1783 年为美国独立战争画下句点的《巴黎条约》（*Treaty of Paris*）。——译者注

人对美国外交官冷漠的态度感到“痛苦和困惑”，但怀尔德仍然表示他已经集结了“全国最有能力的匠人……真诚地希望成为第一批以我们组织的名义与身份到达美国的人”[51]。

富兰克林最终妥协了，他为整个协会颁发了护照，并向宾夕法尼亚州议会提出了协助他们的建议。在处理有关丝绸机器的具体问题时，富兰克林建议克莱格无视禁令，在移民时将机器带过来。1782 年夏天，这支队伍终于从利物浦出发，前往伦敦德里郡（Londonderry）。然而，英国当局早就截获了这则消息，并逮捕了这批移民。在爱尔兰监狱待了一段时间后，他们被释放并被招募去帮助爱尔兰实现工业化[52]。

路易十六（Louis XVI）时期的美国驻法代表既没有资金，也没有权力承诺给予技术转移一定数额的国家补贴，因此除了向怀尔德提供象征性的小额借款外，富兰克林没有给来自斯托克波特的这个协会任何实质性的支持。不过，富兰克林曾鼓励该协会反抗英国对工匠、机器出境的限制，他曾答应移民会帮助他们安全抵达美国，并牵线让他们与宾夕法尼亚州有实力的人合作，以开展工作；移民听取富兰克林的建议，从阿尔斯特（Ulster）启程前往美国。因此，一直以来，英国当局都认定富兰克林积极参与了斯托克波特的工业间谍活动。怀尔德与他的往来信件，以及富兰克林签署的护照，成为约翰·斯温德尔（John Swindell）掌握的证据。斯温德尔是一位工程师，他潜入该组织以了解其意图，并得出结论，认为富兰克林“承诺将在国会的支持下，集合该组织众人，建立联合公司”[53]。

在战争期间，与建立国际联盟以及与英国和平谈判这等紧迫问题相比，技术传播的问题退居次要位置。随着国家独立性逐渐稳固，年轻的共和国对进口商品的依赖性，以及美国人抢购英国产品的狂热之心，凸显了发展独立经济体系的重要性。18 世纪 80 年代的核心问题之一，是英国对美国贸易的垄断。美国缺乏工业技术，意味着工业发展依赖从欧洲引进技术。18 世纪末，全球普遍禁止技术传播，于是各国间掀起创新的风潮。富兰克林一方面是科学家和机械革新者，另一方面又是美国民族主义的表率，这使他成为促进美国科学和机械发展的代言人。他提倡科学和机械发展，将之作为一项革命性的措施，旨在使年轻的共和国摆脱对英国的依赖[54]。

在 1783 年 9 月 3 日正式签署和平协议之前，前往美国的英国技术移民已经越来越多，处理事务逐渐占据富兰克林繁忙的日程。欧美记者报道了人们向北美大规模移民的情况。理查德·巴赫在费城采访时曾写道：“移民人数以非常惊人的速度增加；来自欧洲各国的移民纷纷涌入，超出了每一个人的预料。”当时居住在英国的马萨诸塞州前皇家总督托马斯·波纳尔（Thomas Pownall）列出一整张清单的问题，要求富兰克林对此问题给予回应，以此提供一份关于移民到美国的须知，以便能够“向想移民的英国同胞们说清楚，他们所必须面对的种种好、坏之处，与真正的事实。他表示，有大批英国公民计划移民，英国政府的任何行动都无法阻止他们。1783 年 2 月，布坎伯爵（The Earl of Buchan）自爱丁堡来书表达了他对“移民精神”（a spirit of Emigration）的支持，并征求富兰克林的意见。众多的信件和请愿书表明工匠们正在自发、自费地跨越大西洋，而以上种种现象都证明了，美国无须投入任何资源就能吸引移民。因此，当富兰克林被要求提供物质援助时，他反复回应，美国欢迎移民，美国的成功取决于“个人的勤奋和美德……但除了安全和正义，诸公尚未对美国做出任何贡献”[55]。

1783 年签订英美协定（Anglo-American accord）❶的消息唤起了又一波移民热潮。战争期间，富兰克林向潜在的移民提供了有关美国的资讯、介绍信，最重要的是确保安全通行的护照。但是在和平之下，护照不再重要，富兰克林偶尔提供介绍信，从未提供实质帮助，但申请量却在增长。人们还是希望获得美国的帮助，宣称他们的技术知识可以富裕美国，并仍旧希望以此作为移民的交换条件[56]。信息灵通的移民知道富兰克林没有提供过任何补贴，有些人只是简单地索要专属介绍信，希望富兰克林的名声能打开迄今为止对外国人关闭的大门；另一些人则要求得到其他官方机构的支持，支付技术移民的交通费用[57]。

詹姆斯·米尔恩（James Milne）向美国提交了一份重要的提议，乔治·华盛顿（George Washington）称他为“多年来专注于将棉制品引入法国的英国绅士”。1780 年，米尔恩与富兰克林讨论“关于美国的重大事务”。3 年后，米尔恩出版了 3 本回忆录，并在回忆录中声称自己发明了生产棉花的机械。他提出要在北美建立纺织品制造业，并要求美国为其提供运输协助；他可以将创新技术引进美国，但美国要保证其专利垄断权。他同时在法国和美国两地为引入者垄断权（introducer monopoly）一事奔走；富兰克林并没有对此提供帮助，但法国政府采纳了这一项提议，于是米尔恩兄弟成为法国纺织工业的领军人物[58]。

有些要求前所未有的无耻。例如，有人提议在美国开设一家纺织厂，进口黑人奴隶，并要求富兰克林（当时富兰克林强烈反对奴隶制）将他介绍给美国金

---

❶《英美协定》（*Anglo-American accord*），是指美国独立后与英国签订的协议，协议名称叫作《巴黎条约》（*Treaty of Paris* [1783]）。——译者注

主和国会议员，由他们支付创办纺织厂的费用。最大言不惭的当属布伦瑞克省（Brunswick）的查尔斯·格罗塞特（Charles Grossett），此人在1784年1月喊出口号，称自己仅凭一己之力，就能解决美国工业和科学落后的局面。他计划在美国开一家纺织厂，并表示已招募“100名随时准备登船前来的新教徒移民”。然而，由于经济原因，这些移民“希望可以得到资助”。他们相信以自己的能力，未来可以在美国过上体面的优越生活，但希望在“能够应用自己的劳动力创造市场价值之前”，美国能支付给每位新教徒交通费用以及前6个月的生活费，帮助移民过渡。总而言之，建厂需要美国支付八千英镑，“与在英国投资建厂相比，这个费用非常实惠”。格罗塞特宣称他们用了25年的时间进行研究，“对制造业有了透彻的了解”，他表示如果富兰克林愿意提供交通费用，他愿意和他的“首席制造商”一起到巴黎来，与富兰克林更详细地讨论投资建厂的细节[59]。

移民申请和移民提出的苛刻要求如漫天雪花，让富兰克林恼火不已。他告诉大陆议会秘书查尔斯·汤姆森（Charles Thomson）：“欧洲各地的众多来信侵扰着我，他们想去美国定居，但怀有贪婪的期望，我无法对这类申请者抱持鼓励的态度或给予援助。他们显然在某些方面不合适我们。”为了省去向每位申请者解释美国政策的麻烦，1784年富兰克林写了一本劝阻移民的宣传小册，打算用以答复此类问询。汤姆森和富兰克林有一样的感受，他说，“美国的港口已对外开放，有好几个州愿意接纳科技人员或有能力者前去定居，但联邦政府似乎认为没有必要给予任何国家或个人任何特别的奖励”[60]。

在富兰克林不朽的政治、知识和学术生涯中，直到最后阶段，他仍继续为欧洲工匠提供建议、鼓励和支持。约瑟夫·吉洛汀（Joseph Guillotin）曾请求富兰克林为12个家庭的移民提供帮助，协助他们前往俄亥俄州，这些家庭拥有建筑、农业、机械、物理、化学和医学方面的先进知识。曼彻斯特的詹姆斯·休斯（James Hughes）则提议美国政府划出一片区域专用于制造业，提供给未来的每位移民一定的土地，不宜过大，只要足够“防止他们转向农业”即可，并且，要免除这片专区半个世纪的税收和兵役。富兰克林虽未提供任何物质援助给这些申请人，但是直到生命的最后一刻，他仍在反对英国移民限制，倡导将欧洲技术引进美国[61]。

富兰克林的回应无疑让那些向他求助的人失望了，笔者确实也没有找到富兰克林为了引进被限制出境的工业技术而向潜在移民提供巨额物质奖励的案例。他反对欧洲限制技术移民，支持欧洲技术在美国传播，他认为，美国是否兴盛，取决于能否摆脱对英国工业生产的依赖性。所以，即使他因工作谨慎而闻名[62]，甚至被称为“美国独立战争时期最传统的外交官”，但为了实现这个目标，他也颠覆性地支持着技术盗版。

然而，富兰克林从来不是知识产权民族主义者（intellectual property nationalist），也从未阻止美国的技术知识回流到欧洲。在巴黎任职期间，他发明了一种新的打字方法，而他并没有限制这项创新只能为自己或者美国人使用。相反，他向英国印刷行业展示了他的创新和新设计的字体。富兰克林将第一台复印机带到法国，并交给法国工匠，以便他们能够复制。他还因为提供罗雄修士（abbé Rochon）发明雕刻机的创意思路，而广受赞誉。

即使在革命战争最激烈的时候，富兰克林也在尽力保护民众对知识的追求免于被两国冲突所影响。1779 年 3 月 10 日，他命令“所有与英国交战，并且由美利坚合众国国会委任的武装船只船长和指挥官”为詹姆斯·库克（James Cook）船长的探险队放行，因为他的手下不是美国的敌人，而是“人类共同的朋友”。尽管他对英国充满了怨恨，但他从未考虑要防止美国的创新被英国仿效。和平协议签署后，他就向英国印刷厂介绍了他在战争期间于巴黎研发的铸字法。他偶尔也向伦敦的同事介绍美国工匠，邀请美国人指导英国同事使用美国发明。1788 年，富兰克林加入拉姆齐协会（Rumseyan Society）——该协会的成立目的是筹集资金将詹姆斯·拉姆齐（James Rumsey）送到伦敦，寻求改进巨型汽船的方法。他的脑海中压根就没有“拉姆齐的创新成果应该留在美国，让美国在经济上占据优势”这样的想法[63]。

大概在 18 世纪中叶，富兰克林加入了一个活跃的国际圈子，这个圈子致力于知识培养，坚持科学和技术无国界原则，但这并不表示他认为发明不值得奖励，也不表示他对所有种类的垄断都抱持反对意见。对各国而言，以给予地方排他性的垄断权（exclusionary monopolies）这样的承诺来鼓励创新和发展，是需要谨慎考虑的事情，而富兰克林愿意为斯托克波特的组织争取这样的安排，但是这种安排必须在时间和范围上加以限制，不能跨越国界。富兰克林从未认可欧洲对技术传播的限制，他坚持认为知识不同于实物产权，而人类享受创新成果的权力可以超越国界限制。他支持科学技术自由交流，就像他信奉民族包容的国家模式一样；但是他几乎没有支持者，因为他的同胞信奉保护主义，并认同由国家所建构的排他性知识产权。富兰克林走的是一条别人没有走过的路。

注释

1. Benjamin Franklin, "Information to Those Who Would Remove to America" (Passy, France, 1784), American Museum 2 (September 1787), 213–14.

2. Benjamin Franklin, "Observations Concerning the Increase of Mankind, Peopling of Countries, &c." (1751), Leonard W. Labaree et al., eds., The Papers of Benjamin Franklin, 36 vols. to date (New Haven, Conn., 1959–), IV, 233–34. For an excellent discussion of the problematic passage and its context see Edmund S. Morgan, Benjamin Franklin (New Haven, 2002), 73–80.

3. Benjamin Franklin, The Autobiography of Benjamin Franklin, ed. Leonard W. Labaree, Ralph L. Ketcham, Helen C. Boatfield, and Helene H. Fineman (New Haven, Conn., 1964), 58; W. J. Rorabaugh, The Craft Apprentice: From Franklin to the Machine Age in America (New York, 1986), 7.

4. Complete Magazine (London), August 1764, cited in William R. Bagnall, The Textile Industry of the United States (Cambridge, Mass., 1893), 51; Franklin to printer of the London Chronicle, May 9, 1759, to William Franklin, March 13, 1768, Franklin Papers, VIII, 342, XV, 77.

5. Franklin, "Observations Concerning the Increase of Mankind," Franklin Papers, IV, 228; Franklin to Peter Collinson, April 30, 1764, ibid., XI, 182–83. 我感谢加文·刘易斯和卡罗琳·库珀帮助他们破解了富兰克林这封信的幽默。布鲁克·辛德尔写道，科林森"给美国科学界提供了支撑和方向"。此外，柯林森是"富兰克林最重要的"支持者，而且是"柯林森把富兰克林介绍给了世界"。Brooke Hindle writes that Collinson "gave coherence and direction" to the American scientific e ff ort. Moreover, Collinson was "Franklin's most important" supporter and that it was "Collinson who introduced Franklin to the world." Brook Hindle, The Pursuit of Science in Revolutionary America (Chapel Hill, N.C., 1965), 18, 77.

6. Franklin, The Interest of Great Britain With Regard to Her Colonies (1760), Franklin Papers, IX, 79; Brook Hindle, Emulation and Invention (New York, 1981), 13.

7. “The Printer to the Reader” (October 2, 1729), Franklin Papers, I, 158; Franklin, “A Proposal for Promoting Useful Knowledge among the British Plantations in America” (May 14, 1743), ibid., II, 381. 我要感谢美国文化中心研讨会成员，特别是苏珊·克莱普，帮助我在 1999 年 2 月发展了现在的想法。

8. Franklin, Autobiography, 192; emphasis in the original. On Franklin the gentleman, see Gordon S. Wood, The Radicalism of the American Revolution (New York, 1992), 85–86.

9. Franklin to Joseph Priestley, February 8, 1780, Franklin Papers, XXXII, 455–56. See also I. Bernard Cohen, Benjamin Franklin’s Science (Cambridge,Mass., 1990), 31–39, 199. 亨利·巴特勒·艾伦写道：富兰克林致力于寻找“增加人类幸福的方法”，并“把他的发明奉献给世界”。Henry Butler Allen wrote that Franklin was committed to finding “ways to increase human happiness,” and “giving his inventions to the world.” Henry Butler Allen, Benjamin Franklin, Philosophical Engineer (Princeton, N.J., 1943), 11, 12. See also Douglas McKie, “Scientific Societies at the End of the Eighteenth Century,” Philosophical Magazine (July 1948), 136–137. 富兰克林的立场与 18 世纪的学者方式一致。许多学者自由地借用别人的书，而不承认原作者。See, for example, Elaine Forman Crane’s study of the rhetoric of Abigail Adams in “Political Discourses and the Spring of Abigail’s Discontent” (essay presented at Columbia University Early American Seminar, September 8, 1998).

10. Franklin to Lebegue de Presle, October 4, 1777; to John Lining, March 18, 1755; to William Shipley, November 27, 1755; Franklin Papers, XXV, 25; V, 526–27; VI, 276.

11. Gottlieb Mittelberg, Journey to Pennsylvania in the year 1750 and Return to Germany in the year 1754, trans. Carl Theo Been (Philadelphia 1898), 31; Stephen Hopkins, The Rights of the Colonies Examined (1765), in Bernard Bailyn, ed., Pamphlets of the American Revolution (Cambridge, Mass., 1965), 511; William Moraley, The Infortunate: or the Voyage of William Moraley, ed. Susan E. Klapp and Billy C. King (University Park, Pa., 1992 [1743]); Aaron Spencer Fogleman, Hopeful Journeys: German Immigration, Settlement, and Political Culture in Colonial America, (Philadelphia, 1996), 36–39; Leslie Page Moch, Moving Europeans: Migration in Western Europe since 1650 (Bloomington, Ind., 1992), 64; R. J. Dickson, Ulster Emigration to Colonial America, 1718–1775 (London, 1966), 181; Emberson E. Proper, “Colonial Immigration Laws: A Study of the Regulation of Immigration by the English Colonies in America,” Studies in

History, Economics and Public Law 12 (January, 1900), 200.

12. David J. Jeremy, "British Textile Technology Transmission to the United States: The Philadelphia Region Experience, 1770–1820," Business History Review 47 (Spring 1973), 24–52, 26; Darwin H. Stapleton, The Transfer of Early Industrial Technologies to America (Philadelphia, 1987), 6, 13; Floyd L. Vaughan, The United States Patent System: Legal and Economic Conflicts in American Patent History (Norman, Okla., 1956), 15–16.

13. David S. Landes, The Unbound Prometheus: Technological Change and Industrial Development in Western Europe from 1750 to the Present (New York, 1969), 85. 纺织品领先的原因，正如兰德斯解释的那样，"这是第一个转向现代生产技术的纺织品"。ibid., 40. See also James Kasson, Civilizing the Machine: Technology and Republican Values in America, 1776–1900 (New York, 1976), 21.

14. Robert Wallace, A View of the Internal Policy of Great Britain (London, 1764), 70; Andrew Burnaby, Travels through the Middle Settlements in NorthAmerica In the Years 1759 and 1760 (London, 1775), 89. 其他出版物继续鼓励潜在的移民。例如，在 1774 年，一本针对前往美国的苏格兰移民的说明书出版了。尽管政府下令阻止人们穿越大西洋，流向"受压迫者的唯一希望和庇护"，但这场移民活动将继续下去。Dominick Cornyn, A Present for an Emigrant (Edinburgh, 1774), 1. 从 1695 年到 1801 年，英格兰自然人口增长的 20% 都发生在北美。 The Population History of England (Cambridge, Mass., 1981), 175. 关于移民的辩论和是否需要考虑英国社会的真实人口趋势，导致了 1800 年的人口法案和英国的第一次定期人口普查。Eugene S. Ferguson, "Technology as Knowledge," in Edwin T. Layton Jr., ed., Technology and Social Change in America (New York, 1973), 11.

15. Ray Nicholas, The Importance of the Colonies of North America (London, 1766), 8, 13; Bernard Bailyn, Voyagers to the West: A Passage in the Peopling of America on the Eve of the Revolution (New York, 1986), 29–33, 42.

16. H. B. O'Callaghan, ed., Documents Relating to the Colonial History of New York, 15 vols. (Albany, N.Y., 1856–87), VII, 474; Bernard Bailyn, The Peopling of British North America: An Introduction (New York, 1986), 39; Bailyn, Voyagers to the West, 55; E. R. R. Green, "Queensborough Township: ScotchIrish Emigration and the Expansion of Georgia, 1763–1776," William and Mary Quarterly, 3d ser., 17 (April 1960), 185–86; Mildred Campbell, "English Emigration on the Eve of the American Revolution," American Historical Review 61 (October 1955), 1–20.

17. Josiah Child, A New Discourse of Trade (London 1775), 135. Official antiimmigration sentiment was not "sufficiently strong to incline the government to consider the imposition of restrictions" on Irish immigration to America. Dickson, Ulster Emigration, 198, 200.

18. Franklin, "Observations Concerning the Increase of Mankind," Franklin Papers, IV, 233; Franklin to Samuel Cooper, February 5, 1771; to William Franklin, January 30, 1772, August 19, 1772, July 14, 1773, Franklin Papers, XVIII, 24; XIX, 47–49, 258; XX, 310; Franklin, "A Method of Humbling Rebellious American Vassals," Public Advertiser (London), May 21, 1774, Franklin Papers, XXI, 221–22.

19. Franklin, "On a Proposed Act to Prevent Emigration," December 1773, Franklin Papers, XX, 522–28. 富兰克林从未发表过这篇文章，因为议会进一步采取措施之前，大都市和殖民地之间的危机恶化，这篇文章失去了重大意义。

20. Franklin to Thomas Gilpin, March 18 1770, to Samuel Rhodes, June 26, 1770; to Robert Towers and Joseph Leacock, August 22, 1772; to Richard Bache, January 17, 1774, Franklin Papers, XVII, 103–8, 181–83; XIX, 282, XXI, 102. See also Stapleton, Transfer of Early Industrial Technologies, 42–43.

21. Pennsylvania Gazette, January 30, 1772, July 20, 1774; Harold E. Gillingham, "Calico and Linen Printing in Philadelphia," Pennsylvania Magazine of History and Biography 52 (April 1928), 99; Bagnall, The Textile Industry of the United States, 111. In 1788 Hewson was granted a patent monopoly by Pennsylvania. P. J. Federico, "Outline of the History of the United States Patent Office," Journal of the Patent Office Society 18 (July 1936), 45.

22. Michael Warner, Letters of the Republic: Publication and the Public Sphere in Eighteenth-Century America (Cambridge, Mass., 1990), 1. 1768 年 11 月，富兰克林当选为美国哲学学会主席，尽管他当时还在伦敦，正如戈登 · S. 伍德所说，富兰克林"已经在全力为美国辩护"。New York Review of Books, 6 June, 1996, 47. See also Gerald Stourzh, Benjamin Franklin and American Foreign Policy (Chicago, 1954), 249.

23. 1747 年，富兰克林第一次成功地利用帝国主义，在迄今和平主义的宾夕法尼亚州组建了一支武装民兵，保卫费城免受法国和西班牙的攻击。Esmond Wright, Franklin of Philadelphia (Cambridge, Mass., 1986), 77–81. 18 世纪的英国民族主义传统是强烈的排他性的，强调宗教、种族和语言的纯洁性。Linda Colley, Britons: Forging the Nation, 1707–1837 (New Haven, Conn., 1992). Richard Helgerson's Forms of Nationhood: The Elizabethan Writing of England (Chicago, 1992) shows how English intellectuals invented a distinct and exclusionary definition of English identity in the late

sixteenth and early seventeenth centuries. For the transfer of this spirit to America see, for example, Avihu Zakai, EXIle and Kingdom: History and the Apocalypse in the Puritan Migration to America (Cambridge, 1992); Kathleen Wilson, “Empire, Trade, and Popular Politics in Mid-Hanoverian Britain: The Case of Admiral Vernon,” Past and Present, no. 121 (November 1988), 74–109: Margot Finn, “An Elect Nation? Nation, State, and Class in Modern British History,” Journal of British Studies 28 (April 1989), 181–91. 反对英国民族主义的观点认为 16 世纪和 17 世纪的宪法演变为“英格兰特性”的基础。see Liah Greenfeld, Nationalism: Five Roads to Modernity (Cambridge, Mass., 1992), 77. For a theoretical discussion of the importance of exclusion to the formation of national loyalties see Russel Hardin, One For All: The Logic of Group Conflict (Princeton, N.J., 1995). For brilliant critical analysis of the limits of speech-modeled imagined nationalism, see Jed Rubenfeld, Freedom and Time: A Theory of Constitutional Self-Government (New Haven, Conn., 2001), 145–59.

24. Benjamin Franklin, “Observations Concerning the Increase of Mankind,” Franklin Papers, IV, 234. 沃尔特·拉夫伯认为，这篇文章是富兰克林“帝国哲学”的“中心思想”“Foreign Policies of a New Nation: Franklin, Madison, and the ‘Dream of a New Land to Fulfill with People in Self-Control,’ ” in William Appleman Williams, ed., From Colony to Empire: Essays in the History of American Foreign Relations (New York, 1972), 12. 我对这种分类提出了质疑。这一章表明，富兰克林的观点发生了深刻的变化。直到 1754 年，富兰克林才允许出版这本小册子，并在出版前对其进行了再编，删除了很多陈述性内容，包括有争议的种族主义文章。另外，富兰克林继续使用种族刻板印象。例如，1763 年，他将“懒惰”和“奢侈”与西班牙性联系起来。Franklin to Richard Jackson, March 8, 1763, Franklin Papers, X, 208–9.

25. Fogleman, Hopeful Journeys, 127–30, 202; John P. Roche, “Immigration and Nationality: A Historical Overview of United States Policy,” in Uri Raanan, ed., Ethnic Resurgence in Modern Democratic States: A Multidisciplinary Approach to Human Resources (New York, 1980), 34–35; James H. Hutson, “The Campaign to Make Pennsylvania a Royal Province, 1764–1770,” Pennsylvania Magazine of History and Biography 44 (October 1970), 427–63, and Pennsylvania Politics, 1746—1770: The Movement for Royal Government and Its Consequences (Princeton, N.J., 1972); J. Philip Gleason, “A Scurrilous Colonial Election and Franklin’s Reputation,” William and Mary Quarterly 18 (January 1961), 68–84. 1764 年富兰克林对移民问题的立场与上一年 12 月

的“帕克斯顿男孩大屠杀”有关。在那次屠杀中，一群主要由苏格兰－爱尔兰定居者组成的暴徒残忍地杀害了居住在宾夕法尼亚州兰开斯特附近的22名摩拉维亚印第安人。随后，暴徒们向费城进军，意图杀死140名为了自保而逃往那里的印第安人。Brooke Hindle, “The March of the Paxton Boys,” ibid., 3 (October 1946), 461–86; James Kirby Martin, “The Return of the Paxton Boys and the Historical State of the Pennsylvania Frontier,” Pennsylvania History 38 (April 1971), 117–33; Alden T. Vaughan, “Frontier Banditti and the Indians: The Paxton Boys' Legacy,” ibid., 51 (January 1984), 1–29. 富兰克林愤怒于暴行威胁到公共秩序，发表了一篇对暴徒的严厉批评，描述了兰开斯特郡的大屠杀 (Philadelphia, 1764), Franklin Papers, XI, 42–69. 富兰克林在1764年的选举中表现出对移民的明显敌意，可以被视为对印第安人的包容。他对大屠杀的愤怒完全出于身份的考虑，对土著部落的保护是支持民族中心主义的组成部分。Wilson, “Empire, Trade and Popular Politics,” 149–50.

26. Franklin to Gazetteer and New Daily Advertiser, 28 December 1765, Franklin Papers, XII, 414; Esmond Wright, “Benjamin Franklin: 'The Old England Man,' ” in Randolph Shipley Klein, ed., Science and Society in Early America: Essays in Honor of Whitfield J. Bell, Jr. (Philadelphia, 1986), 49; Jack P. Greene, “The Alienation of Benjamin Franklin—British American,” Journal of the Royal Society of Arts 124 (January 1976), 52–73. On Franklin's emergence as America's spokesman in London, see Jonathan R. Dull, “Franklin the Diplomat:The French Mission,” Transactions of the American Philosophical Society 72 (1982), 3. 具有讽刺意味的是，英国作家，如亚瑟·杨认为英国在世界各地的领土不能被视作“联合体”。Political Essays Concerning the Present State of the British Empire (London, 1772), 1.

27. Franklin in The Gentleman's Magazine, January 1768, Franklin Papers, XV, 37; Richard R. Johnson, “ 'Parliamentary Egotism' : The Clash of Legislatures in the Making of the American Revolution,” Journal of American History 74 (September 1987), 347; Christine Gerrard, The Patriot Opposition to Walpole: Politics, Poetry, and National Myth, 1725–1742 (Oxford, 1994), 185–227; John Sainsbury, “John Wilkes, Debt, and Patriotism,” Journal of British Studies 34 (April 1995), 165–95. 在文化进化中，“乔治三世成为了英国本身的灵魂，重新被塑造成了敌人”。David Waldstreicher, “Rites of Rebellion, Rites of Assent: Celebrations, Print Culture, and Origins of American Nationalism,” Journal of American History 82 (June 1995), 47.

28. Franklin to Robert R. Livingston, 15 April 1783, and to William Strahan, 19 August 1784, in Albert Henry Smyth, ed., The Writings of Benjamin Franklin, 10 vols. (New York, 1907) IX, 34, 264. 回国后，富兰克林成为宾夕法尼亚州废奴主义协会的主席，并于 1789 年发表了一份宣言，不仅称奴隶制是“对人性的残暴的贬低”，而且还敦促“解放黑人……成为国家政策之一”。Franklin, An Address to the Public: from the Pennsylvania Society for Promoting the Abolition of Slavery and the Relief of Free Negroes Unlawfully Held in Bondage (1789), ibid., X, 67.

29. John Hancock, “Declaration of Causes of Taking Up Arms” (6 July 1775), in Samuel Eliot Morrison, ed., Sources and Documents Illustrating the American Revolution 1764–1788, 2d ed. (New York, 1929), 144; Franklin, “The Interests of Great Britain Considered” (1760), Franklin Papers, IX, 90. See also David Bell, “Recent Works on Early Modern French National Identity,” Journal of Modern History 68 (March 1996), 90–91.

30. 这一立场与 18 世纪晚期新兴的英国新古典主义者的立场一致，他们“将经济自由主义与经济民族主义结合起来”。John E. Crowley, The Privileges of Independence: Neomercantilism and the American Revolution (Baltimore, 1993), 77. See also Cathy D. Matson and Peter S. Onuf, A Union of Interests: Political and Economic Thought in Revolutionary America (Lawrence, Kansas, 1990), 29.

31. Cadwalader Evans to Franklin, January 25, 1768, Franklin Papers, XV, 260 n. 8. On the importance of this sentiment to the Revolution, see Timothy Breen, “‘Baubles of Britain’: The American and Consumer Revolutions of the Eighteenth Century,” in Gary Carson, Ronald Hoffman, and Peter J. Albert, eds., Of Consuming Interests: The Style of Life in the Eighteenth Century (Charlottesville, Va., 1994), 444–82.

32. A Verse, (Boston, 1769).

33. Cadwalader Evans to Franklin, November 20, 1767, Franklin Papers, XIV, 313–14.

34. Franklin to Polly Stevenson, March 25, 1763; to Thomas Cushing, June 10, 1771; to Humphrey Marshall, April 22, 1771, Franklin Papers, X, 232–33; XVIII, 126, 82.

35. Franklin to Cadwalader Evans, February 20, 1768; to Thomas Cushing, 13 January 1772, Franklin Papers, XV, 52; XIX, 23; Franklin, “Information to Those who Would Remove,” 215. 富兰克林在从法国旅行回来后不久回复了埃文斯。See also Esmond Wright, “Benjamin Franklin: ‘The Old England Man,’ ” in Randolph Shipley Klein, ed., Science and Society in Early America: Essays in Honor of Whitfield J. Bell, Jr. (Philadelphia,

1986), 39–55. For a superb analysis of Franklin's hostility to manufactures see Stourzh, Benjamin Franklin, 56–60, 104–05. 根据历史学家德鲁·R. 麦考伊的说法，与英国多年的殖民斗争使富兰克林成为一位反实业家，他“几乎没有停止过对先进文明的控诉，也几乎没有停止过对原始文明的支持”。Drew R. McCoy, The Elusive Republic: Political Economy in Jeffersonian America (Chapel Hill, N.C., 1980), 57. 同样，拉费伯认为，富兰克林对新国家的愿景依赖于“持续的土地扩张”，以防止与市场经济相关的道德腐败。“Foreign Policies of a New Nation,” 13–14. 在本书作者看来，他讨论了许多革命者心目中的美国革命与新世界公民美德和农业政治经济之间的联系，与欧洲的社会两极分化和政治暴政形成鲜明对比“Republicanism, Liberalism and Radicalism in the American Founding,” Intellectual History Newsletter 14 (Fall 1992), 47–59.

36. “Examination before the Committee of the Whole of the House of Commons,” February 13, 1766, Franklin Papers, XIII, 140; Franklin to Benjamin Vaughn, July 26, 1784, Smyth, Writings, IX, 243; Franklin, “Consolation for America, or remarks on her real situation, interests, and policy,” American Museum 1 (January 1787), 15–16. 与他的许多同胞不同，富兰克林甚至不能假装在这块土地上工作。他作为商人发家致富，努力维系自己科学家、发明家的声誉。当他从巴黎回来时，他并没有把自己重新改造成一个地主贵族，而是定居在北美最大的城市中心。他确实把孙子送到新泽西州的一个农场住。他把田园生活看作是一种教育机构，是塑造未来共和国公民的首选方式。然而，富兰克林为他自己选择了费城、伦敦和巴黎。For an imaginative account of Franklin's relationship with William Temple Franklin and the reasons the statesman was so keen to have his grandson live on a farm see Claude-Anne Lopez, My Life with Benjamin Franklin (New Haven, Conn., 2000), 242, and Lopez and Eugenia W. Herbert. The Private Franklin: The Man and His Family (New York, 1975), 287. See also Charles M. Andrews, The Colonial Background of the American Revolution (1924; rev. ed., New Haven, Conn., 1931), 149.

37. 在革命的乐观思潮中，美国人预测他们的工业道路将摆脱英国，就像他们的政治将摆脱英国腐败和暴政一样。例如，费城促进美国制造业联合公司首任总裁本杰明·拉什宣称，英国工业工人的痛苦是由“不健康的饮食、潮湿的房屋和其他糟糕的住宿”造成的，而不是由他们的职业性质造成的。Benjamin Rush, “A Speech delivered in Carpenter's Hall, March 16th [1775] ... ,” Pennsylvania Evening Post, April 11 and 13, 1775. See also Leo Marx, The Machine in the Garden: Technology and the Pastoral Ideal in America (New York, 1964), 146–50; Michael Lienesch, New Orders of the Ages:

Time, the Constitution and the Making of Modern American Political Thought (Princeton, N.J., 1988), 92; Charles S. Olton, Artisans for Independence: Philadelphia Mechanics and the American Revolution (Syracuse, N.Y., 1975).

38. Alexander Deconde, "The French Alliance in Historical Speculation," in Ronald Hoffman and Peter J. Albert, eds., Diplomacy and Revolution: The Franco-American Alliance of 1778 (Charlottesville, Va., 1981), 5–25; I. Bernard Cohen, "Science and the Revolution," Technology Review 47 (April 1945), 374. 国会曾指示通讯委员会招募法国工程师。然而，在富兰克林 1776 年 12 月抵达法国之前，几乎没有取得任何进展。即便在他从伦敦到巴黎任务之间短暂停留美国期间，富兰克林仍陆续收到工匠们的来信，他们希望他帮助他们移民到美国。Charles Edwards, for example, asked him to support the establishment of a "Paper-hanging Manufactory in America." Charles Edwards to Franklin, January 27, 1775, Franklin Papers, XXI, 456.

39. Robert Styrettel Jones, "Oration" (March 1777), American Museum 5 (March 1789), 265.

40. Charles Carroll to Franklin, August 12, 1777; Franklin to Charles Carroll, January 12, 1779, Franklin Papers, XXIV, 420; XXIX, 603. Emigrants often had both personal and economic motives. 1777 年 3 月 13 日，卡洛干计划去美国建一家布料工厂。他要求库德不要向富兰克林透露他的计划，以免他的债务人和妻子以为他要潜逃。Benjamin Franklin Papers, American Philosophical Society, Philadelphia (hereafter APS).

41. Franklin's journal, December 13, 1778, Franklin Papers, XXVIII, 224. 这种申诉的证据很多。例如，美国哲学学会的富兰克林论文包括 1779 年爱尔兰北部城镇（从卡斯尔巴尼到纽敦汉密尔顿）的爱尔兰租户名单。这可能是一份潜在移民的名单。在统计的 78 户户主中，有 30 户是织布工，其他大多数是裁缝和木匠等其他专业人士。"List of Irish Immigrants" (1779), APS.

42. Richard White to Franklin, November 11, 1779, January 6, 1780; letter to Franklin, undated 1783; Joseph Martineau to Franklin, August 22, 1783; all APS.

43. Fleury le Jeune to Franklin, November 21, 1780; Aubry to Franklin, March 6, 1779; Richard White to Franklin, November 11, 1779, January 6, 1780; all APS. Quemizet to Franklin, January 1778, Franklin Papers, XXV, 555; editorial note, ibid., XXVI, 45–46; Hieronymus Gradelmüller to Franklin, November 11, 1779, APS.

44. Franklin to John Huske, September 6, 1772, Franklin Papers, XIX, 295. See also Franklin to Charles Carroll, January 12, 1779, ibid., XXIX, 603.

45. Newenham to Franklin, November 6, 1780; Franklin to Edward Newenham, May 27, 1779, Franklin Papers, XXIX, 565. See also Dixon Wecter, "Benjamin Franklin and an Irish 'Enthusiast,' " Huntington Library Quarterly 4 (January 1941), 205–33. Newenham apparently also wrote to George Washington: See Washington to David Humphreys, June 4, 1784, John C. Fitzpatrick ed., The Writings of George Washington, 39 vols. (Washington, D.C., 1931–44), XXVII, 414–15.

46. Jesse Taylor to Franklin, November 21, 1778; Franklin to Jesse Taylor, March 18, 1779; Jesse Taylor to Franklin, April 10, 1779; Franklin to Edward Bancroft, May 31, 1779, Franklin Papers, XXVIII, 147–48; XXIX, 158, 306, 580.

47. Henry Royle, Joseph Heathcote, John Rowbotham, and John Schofield to Franklin, November 23, 1781, APS. See also Robert Glen, "Industrial Wayfarers: Benjamin Franklin and a Case of Machine Smuggling in the 1780s," Business History 23 (November 1981), 309–26; Robert Glen, "The Milnes of Stockport and the Export of English Technology during the Early Industrial Revolution," Cheshire History 3 (1979), 15–21.

48. Henry Wyld to Franklin, January 2 1782, APS; Franklin's journal, January 2, 1782, Benjamin Franklin Papers, Library of Congress, Washington, D.C. (hereafter LC).

49. Franklin to Henry Royle, Joseph Heathcote, John Rowbotham, and John Schofield, January 4, 1782, LC. 富兰克林向怀尔德集团建议他们途经阿尔斯特，这反映了一种流行的移民趋势。在《巴黎条约》签署后的一个月内，满载移民的船只从阿尔斯特驶向新大陆。到当年年底，移民已经超过 5000 人。事实上，从 1783 年到 1812 年，超过 150 000 名阿尔斯特移民定居在美国；他们中的许多人定居在城市海岸，在那里从事新成立的工业。Matthew Ridley to Thomas Digges, February 16, 1782, Robert H. Elias and Eugene D. Finch, eds. Letters of Thomas Attwood Digges (1742–1821) (Chapel Hill, N.C., 1982), 392–93; Carlton Jackson, A Social History of the Scotch-Irish (New York, 1993), 137–38; David J. Jeremy, "Damming the Flood: British Government Efforts to Check the Outflow of Technicians and Machinery, 1780–1843," Business History Review 51 (Spring 1977), 4.

50. Franklin to William Hodgson, January 7, 1782, LC; William T. Franklin's list of passes given by Franklin in 1782; Henry Wyld to Franklin, February 12 and March 18, 1782; all APS. 具有讽刺意味的是，那个曾经写下他付给园丁的小费的人，却没有把给怀尔德的贷款记录在他的账簿上。

51. William Hodgson to Franklin, February 22, 1782, APS; Franklin to Henry Wyld,

March 31, 1782, William L. Clements Library, Ann Arbor, Mich. Edmond Clegg to Franklin, April 4 and April 24, 1782; Henry Wyld to Franklin, April 9 and 21 1782, all APS.

52. Thomas Digges to Thomas Jefferson, May 12, 1788, Julian Boyd et al., eds., The Papers of Thomas Jefferson, 30 vols. to date (Princeton, N.J., 1950–), XIII, 153. 爱尔兰制造业的发展能够在价格和质量上与英国工业品竞争，这是18世纪末英国式调整中的一个突出问题。George Chalmers, A Short View of the Proposals lately made for the Final Adjustment of the Commercial System between Great Britain and Ireland (London, 1785), 11–12. 18世纪70年代和18世纪80年代，都柏林严重失业，普遍低迷的爱尔兰经济引发了在爱尔兰建立制造业城镇的想法。具有讽刺意味的是，美国的创新者被吸引去参加繁荣制造业城的建造爱尔兰“18世纪最著名的工业企业”。这次挫折并没有阻止该组织的三位领导人前进。埃德蒙·克莱格于1784年抵达美国，带着富兰克林的信找到了新泽西州州长威廉·利文斯顿，并请求帮助。怀尔德在18世纪80年代末与迪格斯取得了联系，他们一起向杰斐逊请求类似的帮助。罗伊尔于1784年来到新大陆，两年后与富兰克林取得了联系。他的新世界爱国主义精神是短暂的。第二年，也就是1787年，他参与购买盗版机器，并在菲尼亚斯·邦德的帮助下将其运回英国。他对美国工业间谍活动的存在感到震惊。Edmund Clegg to William Livingston, April 21, 1784, Willimam Livingston Papers; Massachusetts Historical Society, Thomas Digges to Thomas Jefferson, May 12, 1788 and Henry Wyld to Thomas Jefferson, May 20, 1788, Jefferson Papers, XIII, 183–84, 260–61; Henry Royle to Franklin, September 23, 1786, APS. For Bond’s account, see Phineas Bond to Lord Carmarthen, 29 November 1787, Franklin J. Jameson ed., “Letters of Phineas Bond, British Consul at Philadelphia ... 1787, 1788, 1789,” American Historical Association Annual Report for 1896, 2 vols. (Washington, D.C., 1897), I, 553–55. See also Gillingham, “Calico and Linen Printing in Philadelphia,” 97–110; Doron BenAtar, “Alexander Hamilton’s Alternative: Technology Piracy and the Reports on Manufactures,” William and Mary Quarterly 52 (July 1995), 407. See also Robert Glen, “The Milnes of Stockport and the Export of English Technology during the Early Industrial Revolution,” Cheshire History 3 (1979), 15–21; and A. K. Longfield, “Prosperous, 1776–1798,” Journal of the County Kildare Archeological Society 14 (1964–70), 212–31.

53. John Swindell to Thomas Townshend, August 3, 1782, Public Record Office, H.O. 42/1/222–23. See also John M. Norris, “The Struggle for Carron,” Scottish Historical Review 37 (October 1958), 140–41.

54. Stanley Elkins and Eric McKittrick, The Age of Federalism (New York, 1993), 69; Harvey Nathaniel Davis, Benjamin Franklin: A Bridge between Science and the Mechanic Arts (New York, 1949), 11.

55. Richard Bache to Franklin, September 8, 1783; Thomas Pownall to Franklin, July 5, 1782; Earl of Buchan to Franklin, February 18, 1783 all APS. Franklin to the Earl of Buchan, March 17, 1783, LC.

56. 1783 年，两名来自波尔多的法国人写信给他寻求援助，并承诺作为回报在费城酿酒。另一位法国人提出向美国派遣 100 名合格的工人，向美国介绍欧洲大陆的玻璃和铁制造技术，一群来自诺曼底的玻璃制造商提供技术以换取移民援助，甚至详细说明了他们的预计费用。Undated and unidentified letters to Franklin presumed to have been written in 1783, APS.

57. John Vaughn to Franklin, December 13, 1781; Lacour to Franklin, November 8, 1783; both APS. 拉库尔想在费城开一家制作和油漆盘子的工厂。他提出要引进所有必要的工人，并问富兰克林他能从美国州和联邦政府得到什么样的帮助。

58. Washington to Jefferson, February 13, 1789, Jefferson Papers, XIV, 546; Milne to Franklin, May 19, 1780, Franklin Papers, XXXII, 396; James Milne to Franklin, 1783, APS. See also Glen, “The Milnes of Stockport,” 17. 1789 年 9 月，就在杰斐逊离开巴黎之前，他和莫里斯州长一起去参观了米尔恩的机器，并将米尔恩关于机器的备忘录转交给了威廉·宾厄姆，建议宾厄姆购买这些机器。Anne Cary Morris, ed., The Diary and Letters of Gouverneur Morris, 2 vols. (New York, 1970), I, 51; Jefferson to William Bingham, September 25, 1789, Jefferson Papers, XV, 476. 请注意，威廉·宾厄姆参与了美国在欧洲的外交活动，并是海牙职位的候选人。

59. Du Radier to Franklin, March 1783; Charles Crossett to Franklin, January 17, 1784; both APS.

60. Franklin to Charles Thomson, March 9, 1784, Papers of the Continental Congress, National Archives; Charles Thomson to Franklin, January 14, 1784, APS. 美国博物馆于 1787 年印制了这本小册子，并于 1790 年出版了一封信，试图缓和（富兰克林撰写）移民宣传册中令人沮丧的语气。一位费城居民打着扩展富兰克林论文的幌子，他写道：“各种各样的机械师和制造商都会在美国得到一定的鼓励……我们国家拥有丰富的各种制造商的资源，而且……其中大多数可能在所有州都有很大的优势。” American Museum 7 (May 1790), 236.

61. Joseph Guillotin to Franklin, June 18, 1787; James Hughes to Franklin, September

25, 1786; Franklin to William Strahan, August 19, 1784; Miers Fisher to Franklin, August 5, 1788; all APS. Strahan defended the restrictions, explaining: "the Loss of useful Hands must by hurtful to any state." Strahan to Franklin, November 21, 1784, APS.

62. Jonathan R. Dull, "Benjamin Franklin and the Nature of American Diplomacy," International History Review 3 (August 1983), 351.

63. Franklin "to All Captains and Commanders of Armed Ships," March 10, 1779, Franklin Papers, XXIX, 186–87; Franklin to Benjamin Vaughan, August 22, 1783, APS; 富兰克林给本杰明·沃恩的介绍信中解释说，拉姆齐是汽船唯一真正的发明者。Franklin to Benjamin Vaughan, May 14, 1788, APS. 另一位国际主义者托马斯·潘恩制定了一项建造一座铁棒桥的计划。然而，美国人对这个计划并不感兴趣。潘恩把它带到法国，在那里得到了赞誉，然后到伦敦，在那里得到了实施。 Philip Foner, ed., The Complete Writings of Thomas Paine, 2 vols. (New York, 1945), II, 1026–47, 1266–68, 1411–12.

第四章　美国独立革命后的“机械热”与“工匠热”

1787 年 11 月的第二周，英国驻费城领事菲尼亚斯·邦德（Phineas Bond）接待了两位英国访客，他们是来自曼彻斯特的棉花商人托马斯·埃德姆索（Thomas Edemsor）和柴郡查德基克（Chadkirk）地区的棉布印花印刷工亨利·罗伊尔。二位访客满面愁云，他们害怕被费城商人头目旗下的暴徒私刑处死，于是向英国政府特使寻求庇护。这个故事说来话长。

1783 年，英国承认美国独立时，一位名叫本杰明·H. 菲利普斯（Benjamin H. Phillips）的英国人决定在美国成立一家棉花制造厂。尽管英国对纺织机械出口和熟练技工移民有严格的限制，但菲利普斯还是在英国购买了一台梳棉机（carding machine）和三台纺纱机。他将机器拆开，分别装箱，并向英国海关申报货物为韦奇伍德（Wedgwood）瓷器，然后登上了从利物浦开往费城的美国船只“自由号”。行动之前，他就让儿子先去居住在费城，等待接收机器。然而，天不遂人愿，菲利普斯在商船到达美国前不幸去世，他的儿子虽然收到了货箱，但由于不具备父亲所掌握的机器组装技能，而无法重新组装机器。于是，他只得把机器卖给了另一位英国人——约瑟夫·黑格。后者试着将机器组装好，但也无法让机器正常工作。由于黑格没有资金，也没有能力支付运营费用，1787 年春天，黑格将机器卖给了罗伊尔，而罗伊尔又将机器转手卖给了埃德姆索。埃德姆索再次拆开这四台机器，最后将零件运回英国。根据他的证词，他出于爱国之心购买并送回这批设备，以“迟滞美国棉花工厂的发展”。

与此同时，费城有这样一群商人：他们关心美国的独立事业，积极推动美国经济从英国分离，成立了宾夕法尼亚州制造业和实用技术促进协会（The Pennsylvania Society for the Encouragement of Manufactures and the Useful Arts，以下简称宾州制造业和实用技术促进协会）。该协会曾煽动官方机关搜查黑格的棉花机，当得知机器被罗伊尔和埃德姆索送回英国后大发雷霆。商人们将怒火投向了这两个英国人。俩英国人“非常害怕当地人的怨恨”，躲藏了数周，最终落荒而逃，向邦德寻求保护，罗伊尔提出希望获得资金帮助，确保他们能安全返回英国。邦德被“美国痴迷英国技术和人才”的狂热所震惊，他相信他的同胞在获取“旧世界（英国）工业秘密”的过程中，受到了来自费城领袖们的暴力威胁，于是，他自掏腰包为罗伊尔和他的家人支付了交通费。当宾州制造业和实用技术促进协会得知罗伊尔和埃德姆索逃跑后，会长公开指责并辱骂了这位英国领事。

邦德非但没有被吓倒，反而着手调查这起事件。随着调查的深入，他逐渐注意到狡猾的黑格。邦德听到传闻，说黑格离开了费城，准备回到英国购买更多机器设备，再非法出口到美国。他立刻通知英国外交部，准备在德比郡逮捕黑格，但当英方办案人员到达时，黑格已经逃离了德比郡。第二年春天，黑格成功地走私了一台新的梳棉机，如英雄般再次出现在费城[1]。更为耻辱的是，1788 年 10 月 3 日，宾夕法尼亚州议会授予他一百美元的奖金，以表彰他的走私行为。宾州制造业和实用技术促进协会还在媒体上大肆宣扬这项成就，对知识产权规则置若罔闻。“我们非常高兴”，协会宣布。

“这位聪明的工匠能仿造梳棉机和纺纱机，他虽然不是发明者（只是引进者），但制造协会也会慷慨支付机器制造费，除此之外他还会获得一笔丰厚的奖金，尊敬而爱国的立法机关会表彰他的功绩。这种慷慨有助于吸引能工巧匠将有用的技术、机器和工业秘密源源不断地带到宾夕法尼亚州来，极大地弥补我们的不足。”

协会鼓励其他城镇的领导者购买受英国限制与保护的纺织机械，宣称发展本土制造业是“做强美国制造业”的途径[2]。

这些事件说明，在革命后数年间，大西洋彼岸的技术知识传播具有不稳定性。在工业技术的争夺战中，一个事件的盗版人，在另一个事件里则可能是专利保护人（protectors of patents）。以亨利·罗伊尔为例，他在 1787 年的事件中保护了英国工业机密，但是在 18 世纪 80 年代稍早的时期，他也曾是斯托克波特地区组织的一员，为富兰克林提供服务；现在，则因为搅进了归还英制机器的事件而有生命危险。罗伊尔行为的反复无常、心态转变和反过来向英国投诚等种种变化，表明了一种变动性，说明国家对创新成果的所有权取决于旁观者的态度。

转移并吸收受欧洲国家保护的技术，成为北美联邦作为一个独立的政治实体，在初期于经济、政治和外交活动中的显著特点。在美国独立革命爆发前的几十年里，欧洲评论家们调研殖民地人口、领土和经济繁荣的原因，并将其归因于社会和文化资本的转移，也就是欧洲知识的转移与应用[3]。美国切断了与英国在政治上的联系，而英国工业蓬勃创新，两件事情同时发生，使得一心要走一条全新独立道路的革命者，迎来了更加复杂的局势与计划变化。美国政府、民间公司与私人赞助商都在积极赞助工业间谍活动，希望利用新世界低廉的原材料成本和高薪政策，推动这个年轻的共和国在竞争激烈的工业时代占得重要的主导地位。

然而，在独立革命期间及战后的政治真空（political vacuum）环境下，针对特定情况所组建的临时组织所发起的私人志愿行动，发挥了极重要的作用。独立革命期间，政府无力为华盛顿军队提供食物和衣物，在随后的经济萧条面前更是束手无策，这削弱了公众对政府能力的信心，更不需要说要制定周全精密的政策来发展美国制造业[4]。因此，是支持工业化的私人赞助商和团体们将被禁的欧洲技术引入美国的；从某种意义上来说，美国人的行动表明了他们赞同富兰克林的理念——知识产权不应受政治力量约束——毕竟，他们引诱工匠、走私机器，实属公然藐视对手为了阻止知识传播所付出的努力，挑战了其他主权国家的知识产权规则。然而，这些自愿行为也并不是基于什么自由传播知识的普世主义意识形态。实际上，在后革命时代，他们是以特殊主义（particularist）、保护主义和民族主义的心理，在支持获取被欧洲国家禁止流传的技术。所以，与其说是挑战，不如说他们巩固了政治实体内思想和创新的局限性，并预示了美国在未来几十年内对国际知识产权的思考方向。

工业主义者的战略

1787 年 11 月在费城发生的事件暴露了美国独立战争后对待技术转移的基本面貌。黑格的行动与宾州制造业和实用技术促进协会的态度，说明他们认为美国走私英国技术对美国工业化至关重要；而英国领事邦德的积极回应也显示出英方抱持同样的认知与想法。但这些观点有依据吗？新兴的美国能否独立发展制造业？英国技术是否真的不可或缺？大多数研究早期美国经济的学者都拒绝接受“北美的技术”落后于英国这一个荒诞的说法。的确，这个新兴共和国既没有建立如英国般完备的工业经济，也没有英国的工厂、专家和精密机械，但美国更关键的问题是它深受劳动力短缺的困扰，尤其急需能够在生产过程中主导特定程序的专业技工，而眼下的现实是美国很难找到符合要求的技术人手。

所以，在美国，与其雇用所谓的专业技工这样的“专才”，还不如雇用什么都会一些的“通才”[5]。

事实上，有些美国人认为，美国这个新兴国家可以开辟自己的工业化道路，而且在美国独立战争后，美国国内制造业已经可以满足国家大部分工业需求。1789 年，一位在欧洲旅居两年的费城人士回国写了一篇热情洋溢的文章，讲述这两年美国制造业的成就。他认为，美国既然能在如此之短的时间内取得巨大的进步，那就已无须急迫于追赶欧洲的技术水平了。如今，对早期美国工人的普遍印象——擅长完成多项基本工作，但在专业创新方面远远落后于欧洲同行——是不准确的。许多美国技工不断磨练专业技能，有些人取得了欧洲人迄今为止尚未掌握的技术突破。例如，费城的内森·塞勒斯（Nathan Sellers）在 18 世纪 80 年代研发出造纸厂所需的丝网模具（wire screen molds）制作法，得以将纸浆变成纸张，而英国在大约 10 年后才掌握这项技术；特拉华州纽卡斯尔（Newcastle）地区的奥利弗·埃文斯（Oliver Evans）研发了一种机器，极大地提高了梳理羊毛的效率。在此之前，各家纺纱工都必须在纺纱前手工制作梳理刷来梳理羊毛，而埃文斯的机器为妇女省去了这道烦琐的劳动，就此开启了“美国纺织品时代”。1787 年，《纽黑文公报》（*New Haven Gazette*）向读者介绍道，“美国的钉子制造水平已相当成熟，无须再进口”。报道预言美国“其他制造业很快能与英国相媲美”[6]。

尽管美国人取得了个别了不起的成就，但工业革命的特点是机械化、工厂化和产量增加，而在这三方面，英国纺织业是当之无愧的开路先锋，当时的人确实认同这个说法。与欧洲其他地方的生活水平相比，英国普通民众高标准的生活水平甚至令游客都为之震惊，但他们了解技术发展和高生活水平之间的因果关系。18 世纪的经济学家解释，用机器代替人力提高了生产力，增加了工人工资，消费者口袋里的可支配收入提升了人们对商品的需求，而需求的增加又会令国家更加繁荣。18 世纪美国和欧洲的政治领袖和制造商清楚地明白英国是工业革命的技术领导者，各国在英国的间谍活动毫无疑问地表明了全世界对拥有英国技术的强烈渴望。人们坚信新技术对工业化成功具有核心作用，于是都在想方设法进行盗版、夺取技术。美国媒体曾为成功挪用英国禁止出口的纺织技术而公开庆祝。在大陆议会上遭遇麻烦并且对爱国主义者的行为有些失望的西拉斯·迪恩（Silas Deane），于 1781 年 6 月写信给罗伯特·莫里斯（Robert Morris）说，即使在美国获胜后，英国工业的优势也是压倒性的，美国“想要的所有欧洲产品中至少有四分之三来自英国”。迪恩进一步称，任何一个人“如果有机会将欧洲国家的制造业与其他国家的制造业相比较，或观察不同的商业运作模式和原则，他一定会偏爱英国和英国商人”[7]。美国消费者也纷纷赞赏英国制造业。独立战争结束使美国人疯狂购买从英国进口的商品，以消费狂欢；事实上，只要知道是英国制造的商品，就足以吸引前殖民地居民的偏爱。

即便是最具爱国情结的美国人也认为，源于殖民关系的习惯和结构性经济模式助长了美国对欧洲进口产品的依赖，而这阻碍了美国的技术发展。革命一代呼吁切断与英国的所有联系，但他们也认识到，尽管国内爱国情绪高涨，产能足够自给自足，可美国仍必须效仿欧洲的新发现和新科技。例如，大卫·里顿豪斯，在呼吁断绝与欧洲的所有联系之前，还盛赞了“欧洲哲学兄弟们”科学发现的价值。美国人也承认，他们对地理环境的许多知识是“由英国政府付出巨大代价”所获得的。独立战争结束后，迪恩参观了英国工厂，去了解“他们最近、最新的各种发明和机器”。美国哲学学会（American Philosophical Society），一个坚定的爱国组织，在1781年请钟表匠欧文·比德尔（Owen Biddle）进行一场演讲，讲述“资本助力发明和发现的历史概况，以及在历史上，这些发明和发现如何促进使用实用技术的进步”。比德尔在演讲中强调了技术知识积累行为的国际性，他认为，“发现是相互继承的，通过流动和逐步推进，一项发明与许多其他发明联系在一起，开发了更多其他发明，而这些发明是遥远而不可预见的”。比德尔的话对美国知识界来说具有明确的旗帜意义；政治上的分离绝不能伴随知识上的孤立主义[8]。

后独立战争时代兴起的反英言论与要求工业化的呼吁并驾齐驱。爱国人士警告美国，如果仍然依赖从大英帝国进口，革命在政治上的成功终将化为泡影。作家们哀叹“奢靡和挥霍的流行及公共道德的堕落”，他们提议发展家庭制造业来抵抗对英国产品的依赖。休·威廉姆森写道，美国对英国制造业的依赖意味着“自和平以来，我们花的钱比挣得还多”。《波士顿公报》（*Boston Gazette*）血书，“快停止从傲慢专横、粗鲁无礼、道德败坏和阴谋不断的英国进口产品，远离英国的奢侈、浪费和放荡生活，否则你只会是一个失败的人”。在这种背景下，根本不可能尊重英国知识产权法规与制度。英国想要阻止工业技术的传播，“而我们若想要保持独立，就必须努力抵制他们的这种阴谋，我们要盗用能够满足美国工业发展需求的技术”。这一个新生的共识最准确地描述出自一位匿名作家，他认为只有当美国人能够用美国商品取代英国商品时，美国才能真正实现政治独立[9]。

因此，在美国独立之后，人们开始宣扬引进欧洲工业技术的好处。本杰明·拉什公开庆祝引进了一台“机器”，因为它减少了纺纱的时间和人力。罗伯特·贝尔（Robert Bell）在独立战争期间出版了一本书，搜集了源自欧洲的各种实用信息，内容涉及与农业和制造业相关的各种技术问题。当地报纸紧随其后，纷纷效仿，也开始刊登与英国机器相关的技术信息。费城政治经济学家马修·凯里认为，传播这些技术资料是出于爱国之心，出版商希望“引导一些爱国人士从事可能对国家有重大利益的生产制造活动”，完全没有对侵占外国人智慧成果的道德纠结。正如《宾夕法尼亚公报》所称：“机器是对国家有极大重要性的物品。”因此，新的共和国有权“借用欧洲的发明”[10]。

举世闻名的詹姆士·瓦特对蒸汽机的改进，激发了美国人的想象力。在1788年7月的《哥伦比亚人杂志》（*Columbian Magazine*）上，读者第一次全面了解瓦特改进的蒸汽机。1705年，托马斯·纽科门（Thomas Newcomen）发明了第一台蒸汽机，这台蒸汽机需要消耗大量能源动力，在英国，它的主要作用是将水从煤矿中抽出，而对于不依赖煤炭作为能源的殖民地来说，并没有太大用处。1768年，瓦特对蒸汽机的初步创新问世，并于次年申请了专利，他找到了一种更强有力也更有效率的方法来解决矿井中的抽水问题。在瓦特成功地转化蒸汽能量，使之能够进行旋转运动后，理查德·阿克赖特（Richard Arkwright）和他的代理人购买了鲍尔顿－瓦特蒸汽机（Boulton and Watt steam engines），用来运行在曼彻斯特的棉纺机械。蒸汽动力极大地降低了纺棉成纱和织纱成布的成本；同时，蒸汽机在其他行业的应用也大大地提高了北美工业的生产力（此前北美工业主要依靠人和动物的劳动力）。迪恩表示，虽然人力成本昂贵，但是新的蒸汽技术使英国生产企业能够生产出更便宜的产品，所以他提议：如果给他足够的奖励，他愿意把蒸汽机引进美国。在18世纪80年代后半期，詹姆斯·拉姆齐和约翰·菲奇（John Fitch）开始将蒸汽机用于海上运输，菲奇招募了一些英国移民，想在美国仿制瓦特的蒸汽机。可惜，尽管有好几位美国领导人为他的事业提供了财政支持，但由于菲奇坚持使用美国制造而不是英国制造的发动机，所以他未能制造出可实际用来盈利的汽船，而拉姆齐在英国和法国花了几年时间请教了众多工程师，甚至从未成功制造出一艘船[11]。

引进机器显然也存在问题。由于大多数发明都是保密的，美国人参照手册也无法制造出欧洲机器；即使在杂志上公开发明，也造不出真实的机器，因为说明书和图纸通常都不够具体和清楚[12]。理论上，在专利有效期内可以在伦敦专利局查阅英国的发明专利，但要进行有效的专利检索，需要详细的技术细节，而在检索之前就掌握这些技术细节是不可能的。例如，在现实中，阿克赖特故意以不连贯的方式申请了他的1782项专利，就是为了“防范外国人”。17世纪和18世纪的技术改进源于个人对具体问题的探索，这些探索是以非语言文字的方式思考机械问题，对个人经验与实际知识的应用程度很高。制造工艺的前后流程紧密相连，且制造链的所有环节高度依赖当地的能源和原材料。此外，机器到达美国后，只有在英国操作过类似机器的人才有办法组装和操作这台机器，独立战争时期各种享受补贴的钢铁厂就是由于缺乏技术工人而陷入困境。邦德收购并送往英国的梳理机在费城闲置了三年多，因为没有人知道如何组装它们并投入使用。就算成功获取了英国禁止出口的工业知识，也还需要英国工厂的技术操作工和管理人员移民过来，才能发挥机器作用[13]。

18世纪80年代，美国企业家开始建立工厂时就意识到，无论是操作新英格兰的水力纺纱机（water frame），还是操作费城的走锭纺纱机（spinning mule），缺乏技术操作工阻碍了他们的发展。倒闭的费城联合公司在1775—1778年尝试发展纺织业，该公司的投资人塞缪尔·维瑟尔（Samuel Wetherill）多年后说道，“在一个不太熟悉制造业的国家建立制造业，所面临的最大障碍”是“寻找工匠并且在没有模型（图纸）的情况下制造机器”。对于18世纪80年代的美国新兴工业来说，劳动力短缺造成两大难题。首先，缺乏技术工人使美国很难成功赶上英国的制造业水平；其次，技术工人稀缺导致工人当中占少数的能工巧匠索要极高报酬，而这削弱了美国制造业的价格竞争力。纽黑文的一家报纸发表了“给制造商的提示”，提醒潜在的工业家，“康涅狄格州的劳动力成本比英国高12%到20%”。威廉·巴顿（William Barton）在一篇广为流传的文章中解释说，美国的高劳动力成本“将会对美国制造业的发展造成相当大的阻碍。”有位匿名作家称，美国并不具备发展制造业的天然优势，“因为大自然并没有赋予我们工匠和技工，也未在我们出生时就给予我们所有古老国家的智慧和经验，更未教会我们做一个勤奋的人以及从事廉价工作的奥秘”[14]。

工业的支持者们把注意力转向招募技术工匠和机器操作员。马修·凯里（Mathew Carey）在杂志《美国博物馆》第一期刊登了一封公开信，详述了国家利益、工业化和促进移民之间的关系。“阻止大家从欧洲进口我们自己能够制造的产品是美国的智慧，而鼓励大家从欧洲移民来美国也同样是美国的智慧。”美国需要的移民“主要是从事贸易和机械技术并且勤奋的贫穷之人”。另一位作家强调，吸引工匠来美国继续从事其之前从事的行业，这件事的重要性在于他们可以为美国的经济发展作出贡献[15]。

能否成功招募工匠，取决于当地是否能够建立一个可以雇用这些工人的工业基地，并确保美国工厂的工资和工作条件足够好，以保障工业移民不会放弃其原来的行业转投农业。有人建议向有潜质的工业移民提供 8 ~ 10 英亩的土地。分拨给每位移民的“少量土地”可以防止他们转向农业，而且“可以满足制造业的需要”。一名制造业支持者写道：“来美国的工匠们正在将注意力转向其他职业。”除非美国生产企业迅速采取行动，将他们“聚集”在城市，并为“我们当中的许多工匠和商人”创造就业机会，否则他们宝贵的工业技能将在制造行业永远消失。本杰明·拉什写道：“透过在美国建立羊毛、棉花和亚麻制造厂，我们应该且得以邀请欧洲各地，尤其是英国和爱尔兰的制造商在美国定居。”“我们的目标就是吸引技术娴熟的工人，因为他们能够提高美国的工业生产能力，我们从方舟上伸出一只手，邀请那些胆小谨慎的制造商加入我们。”同时，通过工业发展创造的就业机会，又将“鼓励成千上万的人来美国定居”。12 年后，拉什的想法得到了另一位美国制造业支持者的认可，这位支持者在《美国博物馆》杂志中指出，如果“工业移民的就业获得保障，并且能够因为移民美国而获得额外奖励，我相信很快就会有成千上万的人来到这片海岸；我们很快就会有足够多的工人来开展各类制造业，我们很快就不需要再进口任何一种产品了”[16]。

为了吸引技术工人，工业家需要建立工厂。但是，如果没有曾在英国工作过的人进行具体指导，工厂便无法建成。许多美国人不想等待具备必要知识和经验的工人到来，而是主张采取积极措施吸引移民。最受欢迎的建议是资助技术工人横渡大西洋的费用，还有些人建议给予“从欧洲移民过来的技工和工匠充足的生活供应”[17]。一些人建议招聘代理，另一些人则希望通过大众媒体和口碑传播美国工业对外开放的消息。

但是，企业家们意识到，必须确保工业移民踏入美国后会选择在工业领域就业。毕竟，美国独立战争后，各行各业都缺少劳动力。美国若要实现工业化，就需要更多的工人，不管他们有没有技术，这些工人都必须转向制造业。然而，北美经济的主导行业，也就是农业，同样急需劳动力。美国工业的推动者明白，农业的利益与国家资助的制造业之间，将存在激烈的就业竞争。实际上，政治领袖们设想过一个完全没有制造业的新国家。约翰·迪金森（John Dickinson）在他广为流传的《一位宾夕法尼亚州农民的来信》（*Letters from a Farmer in Pennsylvania*）系列文章中宣称：“在这片大陆上的，是由种植者、农民和渔夫组成的国家，而不是由制造商组成的国家。”这种观点一直存在，前大陆军总医师约翰·摩根在 1789 年还写道，制造业适于“居民充足的国家”。但是，劳动力短缺意味着工业化必须以牺牲农业为代价，而农业才是国家财富的真正来源[18]。

为了使工业化在政治上成为可能，工业拥护者必须说服农业拥护者相信现有的劳动力不会因为发展制造业而被耗尽。而且，相比于制造业的机械创新，美国技术发展协会（Societies for the development of American technology）往往更加关注农业的机械创新；各个农业协会对追赶欧洲创新也同样感兴趣。美国工业发展的拥护者们谨慎地将制造业和农业定位为彼此互补，而非相互竞争的行业[19]。当时有个流行的建议是，至少在技术不成熟阶段，制造业可以雇用妇女和儿童，因为他们的工资要低得多，但这种方法对改善美国的技术劣势并无多大作用，能够使美国实现工业化的工人还是必须来自欧洲。正如一位南卡罗来纳州的作家在1786年所说，发展制造业，对防止因恢复和平及疯狂购买英国产品从而导致的货币流失来说很有必要。他提出了一种传统重商主义的措施，可以用来发展制造业及关税和奖励金体系。在此之后，他进一步保证，美国的工业化不会与农业争夺有限的美国劳动力供给。他写道："我只想鼓励欧洲商人来定居，他们将增强我们的实力，使种植园主在生产力量不受威胁的情况下，能在田间留用更多的人手。"[20]

工业化倡导者们成功地说服了美国，从而将技术落后问题列为国家优先考虑的事项。《宾夕法尼亚公报》宣称，私营或公共部门为制造业技术提供支持，是"国内外每一位美国朋友的责任"。这不仅关系到新独立国家居民的经济福祉，而且关系到共和党的主张。拉什和他同时代的许多人一样，认为美国的利益和人类自由事业是一体且一致的。他解释道，自己赞成鼓励产业工人跨越大西洋移民到美国，因为这不仅是发展美国制造业的一种方式，也是他作为共和主义的使者，想向欧洲的苦难大众伸出人道主义的援助之手。他说："我们把制造商从他们的国家带到这片自由和富足的土地上，让他们从原本麻木迟钝的生活中清醒过来，让他们在我们的国家安家立业，从而提升人类的幸福。"[21]在爱国人士眼中，美国制造业的特殊利益与共通的革命语言融合在一起，但是并不考虑其他国家的规则和制度。

自发的协会：以获取技术为目的

美国发展的支持者从革命中走来，他们充分认识到美国技术的落后，而发展美国制造业的热情来自自愿性质的工业协会。1776年3月，大陆议会在约翰·亚当斯（John Adams）的推动下召开，呼吁各州议会成立"农业、艺术、制造业和商业”促进会。议会鼓励这些协会就发展情况相互交流，以确保“这个国家在自然资源方面的优势不被忽视”，特别是敦促他们考虑“引进鸭禽和帆布、钢制品的方法和手段”[22]。

从 18 世纪 80 年代中期到 18 世纪 90 年代初期，从伯灵顿到威尔明顿，各个城镇都成立了美国制造业促进协会。爱国人士宣扬：“对任何一个希望自己国家发达的人来说，当得知所有同胞都在尽自己所能支持和帮助国家兴办制造业时，他应该感到高兴。”[23] 有些协会积极参与在美国建厂及招揽欧洲工匠移民至美国的活动，大多数协会则会要求其成员公开承诺只穿美国制造的衣服。因为，提升美国的工业技术是他们的首要任务。

美国的各个协会是以 1754 年成立的伦敦工艺协会（London's Society of Arts）为参照模仿的对象，该协会的目标是促进工业、农艺和技术改进。伦敦工艺协会只对可应用于实际用途的知识感兴趣，它的主要资助方式是向能提高行业产量的个人创新者颁发奖金。在独立战争之前，伦敦工艺协会也为美国的各项创新提供奖励，对马萨诸塞州到佐治亚州的各种殖民地农业生产发放奖金。例如，康涅狄格州的医生本杰明·盖尔（Benjamin Gale）在 1770 年 1 月因发明了钻孔犁（drill plow）获得了该协会颁发的金牌[24]。

在殖民时期，美国曾想组建制造业促进协会，但是这项工作在当时并没有取得很大进展。早在 1727 年，富兰克林就提议成立美国实用知识促进协会（American Society for the Promotion of Useful Knowledge）。他聚集身边的一小群费城人，计划成立这个组织，但这个想法未能实现。1743 年，他与博物学家威廉·巴特拉姆（William Bartram）一起起草了一份计划书，准备在美国的英属种植园成立一个促进实用知识研究院（Academy for Promoting Useful Knowledge），可惜在取得初步成功后，这项尝试最终还是失败了。1750 年，富兰克林在费城召集了一个由 12 人组成的小组，致力于促进美国的科学技术发展，小组不定期举行会议，但到了 1762 年就完全停止了。之后，在 1768 年，美国实用知识普及促进协会（American Society for Promoting and Propagating Useful Knowledge，以下简称促进协会）正式成立，促进协会旨在推动“科技进步和国家发展”，鼓励从国外引进“适合我国土壤和气候的新品种植物、树木、水果、谷物等”。考虑到英国制造业和商界精英对促进协会成立可能持反对意见，该协会对外宣称：“这些发现（discoveries）不仅对殖民地有利，对宗主国也非常有帮助。它们（指“discoveries”）拓宽了我们的工业空间，但不会引起宗主国的嫉妒，也不会对宗主国的制造业造成丝毫干扰。”[25]1769 年，促进协会与强调理论学习的美

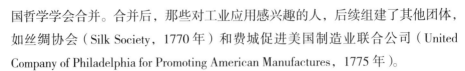

国哲学学会合并。合并后，那些对工业应用感兴趣的人，后续组建了其他团体，如丝绸协会（Silk Society，1770 年）和费城促进美国制造业联合公司（United Company of Philadelphia for Promoting American Manufactures，1775 年）。

英美殖民危机及美国的独立，为美国的技术发展注入了浓烈的文化民族主义（cultural nationalism）情绪，使得美国领导者开始反对独立战争前的知识国际主义（intellectual internationalism）。例如，弗吉尼亚州的阿瑟·李（Arthur Lee）退出了英国皇家学会（Royal Society），因为他的会员身份与他的爱国主义产生矛盾。大多数人的看法与特拉华州美国制造业鼓励促进协会（Society for the Encouragement and Promotion of Manufactories of America）的协会章程所言相同，为了“完成伟大的事业，其进展已经令世界震惊，促进艺术和科学发展成为美国人民的责任”，并且，“实现这些目标需要大家共同努力，并非区区几位名人就能做到”。自发性质的美国制造业促进协会，不受帝国的限制，追求的是民族主义[26]。

美国的协会吸引了社会和政界精英——这些领袖人物认清了工业化和政治独立之间的密切联系。纽约实用知识促进协会（New York’s Society for Promoting Useful Knowledge）于 1784 年成立，由爱丁堡一位训练有素的医生塞缪尔·巴德（Samuel Bard）领导，成员包括纽约州州长乔治·克林顿（George Clinton）、纽约市市长詹姆斯·杜安（James Duane）和联邦外交部长约翰·杰伊等杰出政治家。弗吉尼亚州实用知识促进协会（Virginia Society for Promoting Useful Knowledge）由拥有奴隶的种植园主组成。在所有协会中最著名的宾夕法尼亚州制造业和实用技术促进协会的领导层则包括本杰明·富兰克林、乔治·克莱默（George Clymer）、腾奇·考克斯（Tench Coxe）、马修·凯里、塞缪尔·迈尔斯（Samuel Miles）、本杰明·拉什和塞缪尔·维瑟尔[27]。

在宾夕法尼亚协会的公报中，爱国主义言论比比皆是。1787 年宾州制造业和实用技术促进协会宣布成立时，委员会解释，发展制造业是国家的首要任务，美国人现在必须肩负起“为国兴建制造业”的重任。维瑟尔哀怨“我们生活中有太多实用物品仰赖外国进口”并呼吁应当“努力发扬美德和勤劳”，使美国摆脱当前的“不利处境”。18 世纪 80 年代中期，由西印度群岛（West Indies）奴隶制殖民地市场停止与美国进行农产品贸易而引发的商业危机，使美国人意识到发展国内制造业的必要性。协会要员表示：“我们感到财富在以小时计算的速度减少，劳动力也变得昂贵且不可控。”他们警示道，如果美国的制造业得不到发展，“我们的人口就会减少，我们国家的实力就会受损；国家将陷入贫穷，我们会成为一个无足轻重、被人蔑视的国家”[28]。

宾州制造业和实用技术促进协会公开宣布，打算从欧洲引进被禁的技术。实际上，技术盗版在美国工业发展计划中占有重要地位。过去，民族主义言论被用来说服美国人民相信技术盗版活动具有价值，如今也被用来证明了违反英国知识产权法是合理的。该协会的制造委员会将其大部分精力用于获取英国机器及吸引能够制造和操作这些机器的技术工匠；由于“缺乏合适的漂白厂和难以找到精通漂白技术的工人”，美国不能制造足够数量的亚麻布[29]，因此必须找到一种方法将这种知识引入美国。

宾州制造业和实用技术促进协会在费城成立了一家纺织厂[30]。其要员称，在美国劳动力成本高昂的情况下，“收购机器必然是一种资本优势”[31]。技术盗版是“获取部分机器的一种途径，机器替代手工劳动，使大多数农业国家的制造业产生显著优势”。该协会成立两年后，一位作家在《美国博物馆》杂志中称赞该协会培养了“积极进取、努力赶上的精神”，并将美国制造业的成功兴起归功于这种精神[32]。宾州制造业和实用技术促进协会积极参与社会活动，极有活力，成立不到一年，就创建了一家大型棉纺厂。该工厂主要依靠两三百名妇女的劳动，使用手摇纺纱机和珍妮纺纱机生产纱线和亚麻布，而男人们则使用腾奇·考克斯和其代理人走私过来的英国机器制造英国式的梳理机和纺纱机。工厂在第一年取得了巨大的经济收益，在庆祝新联邦宪法通过的游行中，会员和工人们自豪地穿上了美国制造的衣服，根本没有人在意这一切都是依靠技术盗版而来。

腾奇·考克斯成为该协会最著名的发言人。费城在18世纪后期成为美国奋力追赶英国技术的核心城镇，这座城市的发展吸引了数千名英国技术工匠，他们不仅带来了专业技术，还带来了从英国工业市镇发展出来的新资本主义工业理念。后来成为宾州制造业和实用技术促进协会秘书长的考克斯意识到获取新技术和费城崛起之间的联系。早在1775年，考克斯就涉足技术盗版，当时他是倒闭的费城联合公司赞助人之一。在独立战争早期，考克斯的爱国心也曾摇摆不定，然而，他那令人怀疑的爱国情怀并没有阻碍他在独立战争后，在费城的社会、政治和经济精英圈子中的地位上升。到了18世纪80年代末，考克斯成为美国制造业最杰出和最积极的倡导者[33]。

考克斯认为，欧洲制造业在技术上是领先的，并认为进口机器“将在开启独立工业经济方面给美国带来巨大帮助”[34]。18世纪80年代最后5年，考克斯代表州和联邦支持工业盗版，发起活动。他让1787年夏天在费城开会制定新宪法的人员都认清美国技术的落后。5 月 11 日，根据计划，是召开费城大会前三天，考克斯在本杰明·富兰克林家中进行了一场热情洋溢的演讲，阐述了政府资助工业化的必要性。之后，到了 8 月 9 日，在大会召开期间，他在宾夕法尼亚大学发表的就职演说中明确呼吁引进技术。

他告诉聚集在富兰克林家的伙伴，新的国家政府必须支持工业化，为许多“可能从欧洲移民过来并继续从事老本行的人”提供就业机会[35]。欧洲工匠因为暴政、失业、低工资和内战而跨越大西洋，与之形成鲜明对比的则是美国的自由与机遇，而这样的自由与机遇“将把许多制造商带到这个人类的庇护所。我们的工业将是他们的工业，而更重要的是我们得到的将是他们的技术”。许多协会的领导人推测，每月抵达美国的群体中或许有能够提高美国工业技术水平的工匠。一名协会会员问道：“许多这样的商人在来到美国后，由于缺乏工作机会而不得不再次回国，而那些留下来的人则必须重新成为劳动者以谋求生计，这难道不是一个令人担忧的问题吗？”而考克斯提议协会的委员会“访问每一艘从外国来的载客船只，询问船上是否有能够提供有用机器、有资格从事制造业的人，或是为了寻找这类就业机会而来到这里的人”[36]。

考克斯歌颂母国的辉煌，预言欧洲人也会看到这些成就，并愿意来美国发展。考克斯并不满足于美国以美德吸引越来越多的流动人口。他恳请聆听他演说的听众及 1787 年夏天构思新政府形式的人们“仔细研究其他国家的行为，以便学习、了解他们鼓励制造业的方法”。他提出了两项具体建议：①向技术引进者授予受联邦保护的专有权利（exclusive rights）；②对向美国引进欧洲机器的欧洲工匠授予土地。美国所处的工业萌芽阶段也有其优点，因为如果欧洲继续升级他们的机器，“欧洲人肯定会因为缺乏就业机会而不得不到我们国家来；但如果他们找不到合适的工作，转身回到体力劳动的行列中，我们这些宝贵的机器也就不缺人看管、运作”。考克斯宣布，现在美国这个新兴国家是时候“借用他们的一些发明”了[37]。

一年后，在《美国博物馆》杂志的版面上，考克斯甚至更加直白了，美国工业家很早就认识到“技术工人的缺乏和高昂的劳动成本投入率”推迟了美国制造业发展的进度。他们决心获得“据说在外国使用的机器”，这种机器需要的工人数量更少，但却能生产更多的产品。对于像美国这样长期受技术型劳动力短缺困扰的国家来说尤为合适。到目前为止，“尽管人类天性中的嫉妒和自私阻碍我们发展，但我们已经取得了最重要的成果”，考克斯表示，“我们并不为我们剽窃欧洲工业机密的行为而感到羞耻，美国人民为我们成功获取这些机密而由衷感到高兴”[38]。

考克斯认为，从欧洲移民技术工人是解决美国劳动力问题的最佳方案。他坚称农业仍将是国家经济的主要部分。农业利益集团不必担心工业化会以牺牲农业劳动力为代价：“制造业还有另一个巨大的劳动力供应源，即来自国外的移民。为此，我们必须制定法律以支持、帮助和保护移民。”考克斯希望，采用新联邦宪法安抚那些担心联邦混乱的人。他宣称：“大门已经敞开，有个响亮而友好的声音呼吁全体欧洲制造商走出来并加入我们。美国目前的状况及合众国人民的友好态度肯定能有力地说服和鼓励他们；我们坚信，在这个新兴和有价值的移民阶层中，每年都会有许多人来到美国，并把美国当作自己的家。”[39]

考克斯在提及技术竞争时，想到的只有英国。在殖民地时期，“英国采取的一贯政策是抑制（殖民地）制造业”，在美国脱离英国后，英国还是继续阻碍技术西进。过去，当美国只是大英帝国的一个殖民地时，“我们进步得非常缓慢，而且事实上，在当时来看，关注制造业的必要性并不像我们取得独立时那样迫切”。考克斯认为，英国决心打压美国的制造业发展，就像它阻碍爱尔兰的制造业发展一样[40]。

考克斯从菲尼亚斯·邦德拿回被偷运出英国的梳理机和纺纱机这起事件中看出，英国决心让美国保持技术上的劣势。与包围邦德家的愤怒的费城市民不同，考克斯将这些事件视作国际技术竞争的自然延伸。尽管他为失去了每天可以“至少节省 120 名工人劳动”的机器而感到惋惜，但他认为邦德的行为“完全符合国家和商业竞争的要求”。在弗吉尼亚州，英国代理人购买并烧毁了库存棉籽，“以避免美国棉花制造业扩张对曼彻斯特货物贸易产生不利影响”。考克斯希望，这些行为能够让美国工业家清醒地认识到世界技术全面竞争的现实，他呼吁其他州“克制嫉妒，谨言慎行”，并效仿宾夕法尼亚州的做法，立法“防止机器出口，诱使工匠离国”[41]。

考克斯并不仅是在口头上说说。1787 年夏天，他招募安德鲁·米切尔（Andrew Mitchell）返回英国，以盗取英国的纺织技术。当时，米切尔正要去英国购买机器模型，计划通过一个法国中间人把机器运到法国，然后再运到费城。但这个计划暴露了，英国官员扣押了装有非法获取的机器模型的箱子，米切尔被迫逃到哥本哈根的一个安全避难所。同年，考克斯与费城的一名钟表匠罗伯特莱斯利（Robert Leslie）建立合作关系，后者以收集欧洲机械的“所有模型、图纸或说明书”而闻名。1788 年，考克斯和约翰·凯恩（John Kaighan）共同提出报告，指出虽然美国尝试过皮革着色工艺，但“美国先前尚未真正掌握工艺技术”，现在他们决定公布这一工艺。该工艺由亚美尼亚（Armenia）的菲利波（Philippo）提供，他从伦敦的艺术鼓励协会获得了100英镑和一面金牌，作为发现这一项工艺的奖励。

考克斯表达了美国人的新态度。在美国独立之后，美国和英国成为政治和经济上的对手。美国的政治独立建立在经济自给自足的基础上，而经济自给自足又取决于这个新兴国家能否减少对英国进口商品的巨额依赖，并提高其国内生产的能力。在新环境下，战时对军事和工业产品的需求，以及战后对共和政府与高水平生活之间协调发展的迫切需要，❶使得技术盗版成为工业发展的首要工具。国家政府的软弱使美国工业化的主动权掌握在费城协会等自愿性协会和考克斯等积极分子手中，他们没有考虑其行为的广泛影响，随自己意愿广泛撒网，吸引工匠和技术来到美国这个新兴国家。启蒙阶段的知识国际主义自此让位于热衷于独占的技术民族主义（technological nationalism）。

❶ 此时期的共和政府主张简朴；高水平生活则象征着相较于过去，更加铺张与奢侈。——译者注

注释

1. For Bond’s accounts of the affair, see his letters to Lord Carmarthen, November 20, 1787, and March 30, 1788, in J. Franklin Jameson, ed., “Letters of Phineas Bond, British Consul at Philadelphia, to the Foreign Office ... 1787, 1788, 1789,” American Historical Association Annual Report for the Year 1896, 2 vols. (Washington, D.C., 1897), I, 552–55, 564. See also Joanne Loewe Neel, Phineas Bond: A Study in Anglo-American Relations, 1786–1812 (Philadelphia, 1968), 55–60. 我感谢耶鲁大学的研究生格雷格·弗林提醒我这件事。

2. The Statutes at Large of Pennsylvania from 1682 to 1801, 16 vols. (Harrisburg, 1896–1911), XIII, 138–39; Minutes of the Manufacturing Committee, I, January 19, 22, and March 12, 1788, Papers of Tench Coxe, Historical Society of Pennsylvania, Philadelphia.

3. Jack P. Greene, “Social and Political Capital in Colonization and StateBuilding in the Early Modern Era: Colonial British America as a Case Study” (essay presented at the Columbia University Seminar on Early American History and Culture, October 13, 1998).

4. Jack N. Rakove, The Beginnings of National Politics: An Interpretive History of the Continental Congress (Baltimore, 1979), 273–96; E. James Ferguson, The Power of the Purse: A History of American Public Finance, 1776–1790 (Chapel Hill, N.C., 1961), 57–69.

5. Eugene S. Ferguson, “The American-ness of American Technology,” Technology and Culture 20 (January 1979), 3–24; Thomas C. Cochran, Frontiers of Change: Early Industrialization in America (New York, 1981); Richard Stott, “Artisans and Capitalist Development,” Journal of the Early Republic 16 (Summer 1996), 257–71. David J. Je. 除了一些明显的例外，大多数在国家早期从英国来到美国的移民工人都是“过时技能的携带者”。David J. Jeremy and Darwin Stapleton have pointed out that, with a few notable exceptions, most of the emigrant workers who came to the United States from England in the early national period were “carriers of obsolete skills.” “Transfers between Culturally-Related Nations: The Movement of Textile and Railroad Technologies between Britain and the United States, 17801840,” in David J. Jeremy, ed., International Technology

Transfer: Europe, Japan and the USA, 1700–1914 (Brookfield, Vt., 1991), 35.

6. "Letter Reflecting on the State of American Manufactures &c. From a Gentleman in Philadelphia to his Friend at Montego Bay," American Museum 6 (September 1789), 237–38; The New Haven Gazette and the Connecticut Magazine, July 19, 1787; Thomas C. Cochran, Frontiers of Change: Early Industrialization in America (New York, 1981), 72; Eugene S. Ferguson, Early Engineering Reminiscences (1815–40) of George Escol Sellers (Washington, D.C., 1965), 94. 这种情绪符合最近工业革命研究的主流趋势，即尽量减少英国的中心地位、领导地位和独特性。一些历史学家认为，英国的工业化是渐进的，而不是突然的，其他欧洲国家，尤其是法国的工业化更为平衡和人道，尽管在技术上并不落后。Rondo Cameron, "A New View of European Industrialization," Economic History Review 38 (February 1985), 1–23; Robert Aldrich, "Late-Comer or Early Starter? New Views on French Economic History," Journal of European Economic History 16 (Spring 1987), 89–100; David S. Landes, The Wealth and Poverty of Nations: Why Some Are So Rich and Some So Poor (New York, 1998), 222.

7. Silas Deane to Robert Morris, June 10, 1781, E. James Ferguson et al., eds., The Papers of Robert Morris, 1781–1784, 9 vols. to date (Pittsburgh, 1979–), I, 131, 130; Neil Longley York, Mechanical Metamorphosis: Technological Change in Revolutionary America (New York, 1985), 40; John R. Harris, "Industrial Espionage in the Eighteenth Century," Industrial Archeology Review 7 (Spring 1985), 136. 兰德斯写道："在权力和财富的世界里，英国从 18 世纪初开始就成为了竞相模仿的对象。其他国家派出了使者和间谍来了解英国的技术，商人和实业家认真考察这座岛。" The Wealth and Poverty of Nations, 235.

8. David Rittenhouse, An Oration (Philadelphia, 1775), 20; Norman and Coles, Subscription Address (Boston, 1785), as cited by York, Mechanical Metamorphosis, 158; Owen Biddle, An Oration (Philadelphia, 1781), 2, 22, 30. On the importance of clockmakers to the innovative process of the Industrial Revolution, see David S. Landes, Revolution in Time: Clocks and the Making of the Modern World (Cambridge, Mass., 1983).

9. Jones, "Oration," American Museum 5 (March 1789), 265; "Homespun," "Plain Thoughts on Home Manufacturing," Columbian Magazine 1 (February 1787), 281; Hugh Williamson, Letters from Sylvius to the freemen inhabitants of the United States (New York, 1787)," 114; Boston Gazette, January 31, 1785; "American," "Letter II," American

Museum 2 (October 1787), 332; A Plain but Real Friend to America, “Three Letters on Manufactures,” American Museum 1 (January 1787), 16–17,” 16–17.

10. Rush, “A Speech delivered... ” ; Robert Bell, Select Essays: Collected from the Dictionary of Arts and Sciences, and from various modern Authors (Philadelphia, 1778); American Museum 2 (October 1787), 394; Pennsylvania Gazette, April 30, 1788. See also New Haven Gazette, May 24, 1787.

11. Eric Robinson, “James Watt and the Law of Patents,” Technology and Culture 13 (April 1972), 125–31; F. M. Scherer, “Invention and Innovation in the Watt-Boulton Steam-Engine Venture,” ibid., 6 (Spring 1965), 182–86; Samuel Rezneck, “The Rise of Industrial Consciousness in the United States,” Journal of Economic and Business History 4 (August 1932), 793; “如果他 [惠誉] 能像罗伯特 · 富尔顿一样，在英国买一台瓦特发动机，并将其安装在船上，他可能会更成功。结果，他把精力浪费在了研发可替代产品上，原本国外可以购买到更好的产品。” Early Stationary Steam Engines in America (Washington, D.C, 1969), 22.

12. John R. Harris, “Movements of Technology between Britain and Europe in the Eighteenth Century,” in Jeremy, International Technology Transfer, 12–13; H. I. Dutton, The Patent System and Inventive Activity during the Industrial Revolution (Manchester, 1984), 21. For an opposing view on the value of drawings to technology Diffusion, see Eugene S. Ferguson, “The Mind’s Eye: Nonverbal Thought in Technology,” Science 197 (August 26, 1977), 827–36. 然而，弗格森也认为，绘画在美国建国初期的知识传播中发挥了极小的作用。“Technology as Knowledge,” in Edwin T. Layton Jr., ed., Technology and Social Change in America (New York, 1973), 14.

13. Robert B. Gordon and Patrick M. Malone, The Texture of Industry: An Archaeological View of the Industrialization of North America (New York, 1994), 14, 20; Christine MacLeod, Inventing the Industrial Revolution (Cambridge, 1988), 108; Peter Mathias, “Skills and the Diffusion of Innovation from Britain in the Eighteenth Century,” Transactions of the Royal Historical Society (1975), 93–113; Cochran, Frontiers of Change, 14; David J. Jeremy, Transatlantic Industrial Revolution: The Diffusion of Textile Technologies between Britain and America (Cambridge, Mass., 1981), 43–49; A. E. Musson and Eric Robinson, Science and Technology in the Industrial Revolution (Manchester, 1969), 85; Victor S. Clark, History of Manufactures in the United States, 3 vols. (New York, 1929), I, 220. “现场的工业间谍活动或工人的叛逃更有可能发现这个

秘密。" Christine MacLeod, "The Paradoxes of Patenting: Invention and Its Diffusion in Eighteenth- and Nineteenth-Century Britain, France, and North America," Technology and Culture 32 (October 1991), 898. 因为在英国注册的专利不包括客观审查，而且"涉及纯粹的文书"，所以大多数注册的专利实用性都是可疑的。Adams and Averley, "The Patent Specification ... ," 159–60. 另外，由于专利注册和保护所涉及的成本，许多开发项目没有被注册。See, for example, Allan A. Gomme, "Patent Practice in the 18th Century: The Diary of Samuel Taylor, Thread Maker and Inventor, 1722–1723," Journal of the Patent Office Society 19 (April, 1937), 256–72.

14. Samuel Wetherill, "Report of the Committee for Manufactures to the Managers of the Pennsylvania Society for Promoting Manufactures and Useful Arts," Columbia Magazine 2 (December 1788), 737; The New Haven Gazette and the Connecticut Magazine, August 9, 1787; William Barton, The True Interest of the United States, and Particularly of Pennsylvania, Considered (Philadelphia, 1785), 27; "A Plain but Real Friend," 117.

15. American Museum 2 (June 1787), 437.

16. James Hughes to Franklin, September 25, 1786, Franklin Papers, American Philosophical Society, Philadelphia, hereafter APS; "A Plain but Real Friend," 116–19; Rush, "A Speech delivered ... ." ; "A Plain but Real Friend," 19.

17. "Homespun," "Plain Thoughts," 282.

18. John Dickinson, Letters from a Farmer in Pennsylvania to the Inhabitants of the British Colonies (London, 1768), 15; John Morgan, "Whether it be most beneficial to the united states to promote agriculture, or to encourage the mechanic arts and manufactures," American Museum 6 (July 1789), 73–74. 摩根本人，与许多其他殖民地的医生一样，学会了在国外行医。他在爱丁堡大学获得了医学学位。

19. See J. E. Crowley, This Sheba, Self: The Conceptualization of Economic Life in Eighteenth-Century America (Baltimore, 1974), 140–41. As Brook Hindle writes, "After the Revolution, agriculture received more attention than any other economic activity." The Pursuit of Science in Revolutionary America (Chapel Hill, N.C., 1965), 355.

20. "American," "Letter II," American Museum 2 (October 1787), 331. 最终，新的工业技术开始依赖妇女和儿童的廉价劳动力，尽管在 18 世纪 80 年代，美国人曾希望避免困扰英国的剥削性生产。See also The New Haven Gazette and the Connecticut Magazine, August 30, 1787.

21. Pennsylvania Gazette, April 30, 1788; Rush, “A Speech delivered ... .” 拉什担心英国评论家会因为两国之间的紧张关系而严厉批评他的作品，他写道：“在各种科学中，人们都应该把自己视为世界公民。” Rush to Richard Price, April 22, 1786; L. H. Butterfield, ed., Letters of Benjamin Rush, 2 vols. (Princeton, N.J., 1951), I, 386. 对于拉什来说，科学的国际主义可以与文化民族主义和技术竞争共存。

22. Continental Congress resolution, March 21, 1776, in Worthington C. Ford, ed., Journals of the Continental Congress, 34 vols. (Washington, D.C., 1904–37), IV, 224. The duck and sail cloth Adams referred to were probably made of flax. For other early exhortations by John Adams, see “Autobiography of John Adams,” in L. H. Butterfield, ed., The Adams Papers: Diary and Autobiography of John Adams, 4 vols. (New York, 1964), III, 372. 亚当提出在国会设立一个常设委员会，协助和协调改善农业、制造业、艺术和商业社会，该提议被否决了。 See Joseph Smith diary, in Paul H. Smith, ed., Letters of Delegates to Congress, 26 vols. (Washington, D.C., 1976–98), I, 402.

23. John F. Amelung, Remarks on Manufactures (Boston, 1787), 3.

24. George C. Groce, Jr., “Benjamin Gale,” New England Quarterly 10 (December 1937), 708; Hindle, Pursuit of Science, 124–25, 191.

25. Pennsylvania Chronicle, March 7, 1768.

26. Richard Henry Lee, The Life of Arthur Lee, 2 vols. (Boston, 1829), I, 17; American Museum 5 (February 1789), 174–75.

27. Joseph Stancliffe Davis, Essays in the History of American Corporations, 2 vols. (Cambridge, Mass., 1917), I, 258; Lawrence A. Peskin, “From Protection to Encouragement: Manufacturing and Mercantilism in New York City’s Public Sphere, 1783–1795,” Journal of the Early Republic 18 (Winter 1998), 602, 606–7.

28. The Plan of the Pennsylvania Society For the Encouragement of manufactures and the Useful Arts (Philadelphia 1787), 2; Wetherill, “Report of the Committee for Manufactures,” 738; Samuel Miles, “Address of the Managers of the Pennsylvania Society for the Promotion of Manufactures and the Useful Arts,” American Museum 2 (October 1787), 360.

29. Wetherill, “Report of the Committee for Manufactures,” 737; David J. Jeremy, “British Textile Technology Transmission to the United States: The Philadelphia Region Experience, 1770–1820,” Business History Review 47 (Spring 1973), 29.

30. 同样，纽约制造协会在获得州立法机构 1000 英镑的拨款后，建立了一家生产亚麻和亚麻纱线的工厂，并雇用了130多名纺纱机从事梳理和纺纱机。塞缪尔·斯莱特曾短暂受雇于该公司。然而，斯莱特发现这台机器毫无价值，于是让他在罗德岛开了一家更现代化的工厂。Peskin, “From Protection to Encouragement,” 611.

31. “Report of a Committee of the Board of Managers of the Pennsylvania Society for Promoting Manufactures and Useful Arts,” Columbian Magazine 2 (December 1788), 739. The report was written by George Clymer, Samuel Miles, and Tench Coxe. Clymer and Miles were vice presidents of the society. Jacob Cox Parsons, Extracts from the Diary of Jacob Hiltzheimer of Philadelphia, 17651798 (Philadelphia, 1893), 143.

32. Wetherill, “Report of the Committee for Manufactures,” 738; American Museum 6 (September 1789), 237–38.

33. Jacob E. Cooke, Tench Coxe and the Early Republic (Chapel Hill, N.C., 1978), 183; Davis, Essays in the Earlier History of American Corporations, I, 35457; Leo Marx, The Machine in the Garden: Technology and the Pastoral Ideal in America (New York, 1964), 151–66; Philip Scranton, Proprietary Capitalism: The Textile Manufacture at Philadelphia, 1800–1885 (New York, 1983), 95.

34. Tench Coxe, An Address to an Assembly of the Friends of American Manufactures. Convened for the Purpose of Establishing a Society for the Encouragement of Manufactures and the Useful Arts (Philadelphia, 1787), 10.

35. Tench Coxe, An Enquiry into the Principles on which a Commercial System for the United States Should be Founded (Philadelphia, 1787), 19. 一个月后，当大会还在开会时，科克斯解释说“还有另一个重要的来源可以从国外获得移民”，并恳求富兰克林说服同僚在新政府的计划中加入诱导移民的条款。Tench Coxe to Benjamin Franklin, June 22, 1786, APS.

36. Coxe, An Address, 13, 22; American Museum 1 (January 1787), 19.

37. Coxe, An Address, 21–22, 11.

38. Tench Coxe, “Address to the Friends of American Manufactures” (October 20, 1788), American Museum 4 (October, 1788), 342. 由于高劳动力成本推迟了美国制造业的发展，对机器的收购必须是首要任务。American Museum 4 (November, 1788), 407.

39. Coxe, Observations on the Agriculture, Manufactures, and Commerce of the United States (New York, 1789), 15; Tench Coxe to Franklin, June 22, 1786, APS; Coxe, “Address to the Friends of American Manufactures,” 346.

40. Coxe, “Address to the Friends of American Manufactures,” 343–44, 346.

41. Coxe, “Address to the Friends of American Manufactures,” 343. 宾夕法尼亚州禁止出口机器，并邀请工匠移民，以认识到他们对其工业发展的重要性。

42. Tench Coxe to Andrew Mitchell, August 9, 1787, and October 21, 1787, Tench Coxe Papers, Historical Society of Pennsylvania; Anthony F. C. Wallace and David J. Jeremy, “William Pollard and the Arkwright Patents,” William and Mary Quarterly, 3d ser., 34 (July 1977), 409–10; Cooke, Tench Coxe, 107; George S. White, Memoir of Samuel Slater, the Father of American Manufactures Connected with a History of the Rise and Progress of the Cotton Manufacture in England and America with Remarks on the Moral Influence of Manufactures in the United States (Philadelphia, 1836), 71; William R. Bagnall, The Textile Industry of the United States (Cambridge, Mass. 1893), 75.

43. Pennsylvania Gazette, May 27, 1785; “Extracts from the minutes of the board of managers of the Pennsylvania Society of Arts and Manufactures,” American Museum 5 (January, 1789), 51, 52.

第五章　官方对技术盗版的精心谋划

1790年6月3日，新宪法下的美国第一届国会面临着技术转移的补贴问题。一群来自马里兰州新不来梅（New Bremen）的玻璃制造商要求国会补贴他们不远千里从德国来到美国建厂的路费。经国会某个委员会商议，建议拨款八千美元给这群玻璃工人的带头人和主要投资人——约翰·弗里德·阿梅隆（John Fried Amelung），用来补贴他把数百名欧洲玻璃工人带到美国的花费，理由是："工厂成立之初，历经重重困难，但它对美国乃至整个工会都具有重要意义，理应获得美国的帮助和保护。"然而，阿梅隆却未从联邦政府那里获得分毫。因为国会大多数人对补贴持反对意见，这为年轻的共和国在处理欧洲技术进口问题方面开创了重要的先例[1]。

此事发生在英美《巴黎和约》（1783年）签署之后不久，彼时年轻的美利坚刚刚立国，阿梅隆从中嗅到了无限商机，他紧抓机会，与不来梅（Bremen）的几大商户在美国成立了一家公司以"创建一家玻璃工厂"。当时，来自巴尔的摩（Baltimore）的本杰明·克罗克特（Benjamin Crocket）正在不来梅访问，他告诉这群德国人，马里兰州的玻璃原料既便宜又丰富；他还诱导这群人相信州政府将采取有效措施支持他们合资建厂。因此，这群德国人选择在马里兰州建立工厂，并希望"州政府能够给予最大的鼓励和帮助"，给他们分得必要的土地，让工厂优先于其他制造商采购物资，并为建造工厂补贴费用，因为它"理应得到公众的资助"。

阿梅隆打广告招揽有意移居美国且技术成熟的玻璃技工来美国施展手艺，他的这番动作吸引了来自德国各地的大量工匠来到汉诺威州（不来梅地区）。但1784年的严冬却是一个不小的考验，有些工匠因河流结冰而被困住，有些即使到了美国也虚弱不堪，这些延误和情况让事情变得复杂。当时在不来梅的英国船长和商人给他们的地方长官写信，称"这个极重视玻璃贸易的国家（英国）

急红了眼，盼望汉诺威政府不惜千方百计阻挠这项计划，因为他们担心，这将给他们带来不可估量的损失，却使那个国家（美国）大受裨益”。德国的汉诺威、布伦瑞克（Brunswick）和黑塞（Hesse）等州及邻近较小的公国纷纷回应了英国的请求。根据阿梅隆的说法，“他们或是采取阴谋，或是动用武力和专制手段，在我眼前设置了一切可能的障碍——他们拘留了我雇的工人，挖空了心思对付我”。汉诺威政府禁止这群商人继续招募工匠，并设法取缔他们。但阿梅隆很快带着他召集的一众工匠去了美国，因为“我不会让自己和家人暴露在暴力下”[2]。

与此同时，另一位来自不来梅的玻璃工人赫尔曼·海曼（Herman Heyman）向本杰明·富兰克林提出了相似的请求。得知美国的制造业还处于起步阶段，海曼写信告诉这位美国的公使，有一群来自德国不来梅的玻璃工人有兴趣移居北美。海曼在信中解释道，“在美国建玻璃制造厂，不仅对您的国家有利，对您的人民也好处多多”。这群人直奔马里兰州而来，他们的领袖计划在春天乘坐第一艘船前往巴尔的摩，亲自监督玻璃制造厂的建造。海曼报告道：“除了阿梅隆以外，在前往巴尔的摩的船上，还有八十几个家庭，他们对我们将要做的事都很有经验。”海曼问富兰克林他们在马里兰州能够得到什么帮助，并请求他向该州的达官显贵发出介绍信，以便这群德国玻璃工人能获得“盛情款待”[3]。富兰克林回复了什么，我们不得而知，但显然他确实为这群远客写了介绍信。

据阿梅隆称，有艘英国船一心想要扣下这些玻璃工人，但奇迹般地没有追上他们。1784 年 8 月，他和 68 名德国工人在巴尔的摩港上岸。11 月，又有 14 名工人经由荷兰抵达巴尔的摩。一到美国，阿梅隆便带着富兰克林和亚当斯的介绍信，在三位马里兰州绅士的帮助下，购买土地，建立工厂[4]。他的生意可谓旗开得胜、水到渠成；确切地说，他的玻璃制品供不应求，于是他派了一名助手回到德国招募更多的工匠，之后又开了一家工厂。

1787 年，阿梅隆写了《制造业评论》（*Remarks on Manufactures*）这本宣传小册来推销他的产品、工厂和事业。他夸耀自己工厂生产的“玻璃比很多进口的玻璃都要便宜，质量也更好”。虽然他的工厂里已经雇了近 350 名工人，但他仍在寻找有经验的玻璃工人，并鼓励新来的移民投靠他。他承诺，凡是给他介绍工匠的，都将获得丰厚的谢金。但到了第二年，命运急转直下，他不得不向政府部门寻求帮助。最后，也是最重要的是：当初阿梅隆曾自掏腰包花了 2 万英镑把第一批工人带到美国，现在又花了更多的钱派人到德国招募新工人。于是，1788 年，他第一次向马里兰州申请财政援助，声称他以一己之力推动玻璃制造业，使其日趋完善，为此个人付出了沉重的代价；而他的申请顺利通过，他也获得了1000英镑的贷款和5年的免税优待。

但是马里兰州政府给予的补贴实在是杯水车薪。1789年初，工厂在大火中付之一炬。1790年5月26日，阿梅隆将求助的目光投向了刚刚在纽约召集的第一届联邦国会。他吹嘘自己前几年为国家立下了汗马功劳，并利用这种美国反抗英国统治的民族斗争背景，请求政府施予援助。他认为国会理应帮助他，原因是“英国现在正在采取措施阻止（美国）制造业的成功，因为这样可以削弱那些对美国有巨大且持久影响的工程的效果”。而他认为，凭借其产品的质量和对美国的贡献，他有资格得到“政府的关注和大众的支持”。

阿梅隆有着强有力的盟友。华盛顿（George Washington）总统就曾热情洋溢地写信告诉杰斐逊，他计划将波多马克河（the Potomac river）打造为一条商业大动脉，而此项目将是计划中的一大支柱。来自卡罗尔顿（Carrollton）的国会议员查尔斯·卡罗尔，是马里兰州最富有的人之一，也是阿梅隆的邻居和强大的盟友，他敦促联邦政府贷款给阿梅隆，理由是阿梅隆为国家提供了有价值的服务：他带来了工人，引进了美国前所未闻的技术。然而，国会拒绝为阿梅隆提供贷款，但这不是因为国会反对技术盗版。南卡罗莱纳州的威廉·劳顿·史密斯（William Loughton Smith）主张联邦政府没有能力向个人企业家发放贷款。而马萨诸塞州的西奥多·塞奇威克（Theodore Sedgwick）指出，美国还有许多“制造企业”也都“因缺乏鼓励”而“日渐衰落”。实际情况是，1790年在美国财政稳定之前，不管他们的请求听起来有多名正言顺，联邦政府都是无法资助他们的项目的[5]。

这群德国玻璃工人如何来到北美，又是多么企盼得到政府补贴的故事，说明了在美国战胜英国之后，技术转移的复杂情形和重重困难。阿梅隆不得不设法规避欧洲的诸多限制。为了寻求支持，他在联邦和州政府代表之间来回周旋。就在快得到联邦政府资助的最后一刻被国会拒绝，因为国会尚没有能力给予新技术创始人支持。阿梅隆的坎坷境遇表明，工业技术扩散的竞争超过了个人、企业和协会的活动范围。政治权力与创意和发明的所有权（ownership of ideas and inventions）之间的关系，在相互竞争的不稳定关系中纠缠，而这类不稳定竞争关系有两种，分别是《邦联条例》（*The Articles of Confederation*）下的各州与中央政府之间的关系，以及美国这个新的集体政治实体与它的前殖民者之间的关系。本章探讨的主题与第四章属于同一个时期，着重讲述了美国各州，以及最终的美国宪法是如何制定独特的国家信息政策的。

英美技术竞争硝烟四起

回溯到1783年的伦敦。彼时，英国成为美国叛军及其欧洲盟军的手下败将，这使得谢菲尔德伯爵约翰·贝克·霍罗伊德（John Baker Holroyd）感到十分沮丧。1782年，时任英国首相谢尔本（Shelburne）伯爵对美国采取绥靖政策，这令英国帝国主义和重商主义衷心支持者霍罗伊德大为震惊。霍罗伊德决定对国务大臣查尔斯·詹姆斯·福克斯（Charles James Fox）施以影响，使他对前殖民地采取强硬态度，向殖民地展示，它们为独立而为的愚蠢行径将带来灾难性的后果。然而，当谢尔本首相幻想重建英美关系时，他在伦敦的一众政敌——以福克斯、霍罗伊德、威廉·詹金森（William Jenkinson）和威廉·伊登（William Eden）为首——却成功推翻了他的首相之位，带领英国政治走上了截然不同的道路。

霍罗伊德力求英国议会和政府部门都能忠实地拥护大英帝国的重商主义。1783年，他发表了激辩长文《美国各州商业观察》（*Observations on the Commerce of the American States*），大力抨击对美采取和解政策的行为。他认为，英美两国之间的贸易平衡是有所偏重的，而且明显对英国有利，并且在可预见的未来里也可能保持如此而不变；美国的生产商只能通过英国的渠道销售产品，因为他们根本无法找到可以替代英国的市场、商品和信贷。他认为，由于英国商品价格低廉、品质上乘，英国对美国市场的统治地位不会受到任何威胁。此外，美国消费者在战前形成的文化习惯，使得他们更偏爱英国的产品，而不是其他竞争对手的产品。所以，将美国商船驱逐出英国，有望维护英国的航运和商业利益。而英国政府听从了他的建议，1783年7月2日，英国议会发布了多项新的命令，将英美关系和英国与欧洲商业竞争对手的关系置于同等地位。

然而，这项政策适得其反。贸易限制措施减少了英美之间的商贸往来，从而提高英国制成品在美价格，并促进了美国当地工业的发展。但霍罗伊德确信，“美国人要经过很长一段时间才可能自己制造产品”，美国高昂的劳动力成本将使投资者望而却步，那些为了购买廉价土地而移民美国的技术工人，也会将手艺弃之一边，因为“当他们能从田间收获双倍的报酬时，就不会想去工厂劳作”，美国的工业化进程将“因高昂的劳动力价格及更加舒适且有利可图的务农机会而止步不前”。此外，即便“从新英格兰地区向内陆地区移民的精神，与他们从欧洲移居到美国时一样狂热”，但是工业化所需的城市环境也不太可能有条件在内陆发展起来[6]。

为确保自己的预测成为现实，谢菲尔德伯爵不断打消大家移民的念头，宣称那些描绘新世界的美好图画都是骗人的。“从欧洲移居到美国各州的移民将会大失所望。”他们之所以大书特书美国的光辉故事是因为“他们已身陷困境，盼着别人步其后尘”。他们之所以不回到英国主要是因为，他们每天在新世界的艰苦环境中幸存下来，已耗尽了他们全部的精力。他们留在美国大多是因为“回国很难，也很丢人”。其他作家也附和霍罗伊德的观点。詹姆斯·休斯，一名来自英国曼彻斯特的棉花工匠，正考虑搬往美国，他向富兰克林报告说，“大多数制造商和商人普遍认为，贵国在未来一两个世纪不太可能发展制造业。我们一致认为是高昂的劳动力价格阻碍了贵国制造业的发展”。一位在美国独立战争期间与英国并肩作战的保皇派，也在游览了美国之后报告称，这个国家穷困潦倒——既“没有工人”，也“没有制造业”。谢菲尔德总结了关于美国情况的种种讨论，称：“移民滋生了罪犯，也使有些人被视为敝屣和草芥；对于那些勤奋刻苦的人来说完全没有必要受这种苦。”[7]

这样的言论还在大西洋彼岸引发共鸣。虽然对于经历了几十年帝国冲突的美国人来说，从英国重商主义行业和前保守党口中听到此番带有敌意的说辞，已经习以为常，但令他们懊恼的是，敌人的预言竟然成了现实。战后的美国经济眼看日渐衰落，西印度群岛市场不再接收美国出口的农产品，致使整个联邦陷入经济衰退。爱国人士承认，尽管所有民族主义者大肆宣扬争取独立的意义，但英美多年的冲突确实阻碍了美国科技的发展[8]。美国这时尝到了脱离大英帝国的恶果。一些美国人觉得有必要质疑谢菲尔德伯爵《美国各州商业观察》文章里的观点。银行家威廉·宾厄姆（William Bingham）现身说法——他在 18 世纪 70 年代代表英国，后来则代表美国，出任驻马提尼克岛（Martinique）领事，是一位非常了解大英帝国运转方式的人。他认为，英国经济高度依赖对外贸易，对美国的不友好政策将遏制美国人购买英国产品。而对英国产品的需求量下降，会迫使英国工厂裁员。宾厄姆预测，那些无业游民“为自保，会移居到美国”。他警告道，美国对英国商品的偏爱日渐消退，来自欧洲各地的技术工人移居到美国，可能会改变美国人的购买习惯，从购买英国商品转向购买欧洲大陆和美国的产品。宾厄姆还预测，技术和科研移民将帮助美国迅速赶上英国的工业技术[9]。

腾奇·考克斯则持有不同的看法。他不关心商船被驱逐出西印度群岛之事，而是将英国政策看作是发展美国工业的一个机会。美国应该向英国学习。例如，在欧洲大陆工匠引入染色技术之前，此种工艺在不列颠群岛尚不存在，但在一个世纪之后，英国纺织品已经主宰了世界市场。考克斯相信，类似的情况也会在美国上演，工匠移民将推动非工业化国家迅速转变为工业产品的主要出口国。高薪和自由派政府业已吸引“手工业的制造商和工匠”，而劳动力短缺将加快美国工业化的步伐，因为新机器“在劳动力价格最高的国家将产生最大的利润”。美国企业家已经投入巨资引进棉纺厂、羊毛厂、亚麻厂和其他有价值的机械制造部门。他认为，英国工业的优势将不复存在，谢菲尔德伯爵却仍对此沾沾自喜。革命结束，意味着英国工匠“现在可以随意移居”美国。考克斯驳斥了谢菲尔德伯爵的观点，因为伯爵没有看到美国制造业正在成为“美国市场上对英国最具竞争力的对手”[10]。

整个18世纪，英国一直禁止工匠移民以及将大英帝国的机器出口到其他国家。18世纪70年代中期，随着帝国冲突的形成，英国议会规定，凡从不列颠群岛和爱尔兰移居北美英属殖民地者，每人必须支付50英镑。而在美国独立后，英国对工业盗版之事愈感焦虑，为此制定和执行了更加严苛的法律。18世纪80年代，英国政府禁止出口纺织品、皮革、纸张、金属、玻璃和时钟等工业品的制造设备。与纺织品工业有关的限制措施尤为严格，限制内容涵盖现在到未来的种种发展，面面俱全。回忆起他早期在英国纺织业的日子，罗伯特·欧文（Robert Owen）说，18世纪80年代，“棉纺厂对所有陌生人关闭，一概不得入内。他们对所有闯入者心怀警惕：外面的大门总是锁着的”[11]。凡出口或试图出口工业机械者，处以200英镑的罚款、没收设备和12个月的监禁（如出口纺织机，处以500英镑的罚款、没收设备和监禁）。1785年，政府还曾暂时禁止出口蒸汽机。

没人比18世纪英国最成功的专利权持有人——理查德·阿克赖特，更能体会其间的焦虑。当他认为英国议会和英国政府没有对他的技术贡献表现出足够的赏识，便威胁要“将所有零件的技术说明和图纸公之于众，让外国人和我们自己都知道”。然而，阿克赖特的专利垄断权在1785年被宣告无效，但对其专利的出口限制却未曾改变。事实上，由于英国法院对阿克赖特所判的不利裁决令他心生愤懑，因此，在得知威廉·波拉德（William Pollard）即将前往美国的情况下，阿克赖特（或许）还是选择向威廉·波拉德透露了自己的商业机密[12]。

那时的机器出口禁令不单单适用于仍受发明专利保护的物品。当时，只有在英国的国家范围内，创新成果才能在规定的年限里归个体发明者所有。而从国际的角度来看，知识的所有权（ownership of knowledge）最终将归国家所有。在专利期限届满后，工业创新成果的所有权将成为公共领域的一部分，受大英帝国重商主义的规定约束。在美国独立战争之前，殖民地的知识产权政策服从于宗主国（英国）的需要，大多数殖民地并没有建立严密的专利制度来满足自己内部的需求，而殖民地专利的有效性最终是由伦敦当局决定。因为在殖民时期，大英帝国对个人知识产权的构想是在重商主义国家信息政策这个更大的背景之下产生的。在美国独立之后，大多数英国官员效仿谢菲尔德伯爵，极力贬低美国的工业潜力。他们认为，迁往美国的这些人最终会后悔决定移民，他们传回家乡的消息会打消众人的移民热情。当大规模移民北美的浪潮再次兴起，有些人安抚焦虑的重商主义者，说这批移民的专业水平相当低下。1783 年 8 月，爱尔兰纽里（Newry）地区的一名海关官员向政府报告称，刚刚前往美国的三艘船上的乘客都不是最熟练的工人，而是低等级的商人。他还补充道，这些移民传回家乡的消息“令人沮丧，很可能继续挫伤人们对移民的热情”[13]。

随着向前殖民地移民的势头逐渐升温，官员们开始担心，众多掌握技术的移民可能会使美国很快成为英国的工业竞争对手。于 1783 年开始为英国效命，后出任加拿大首席大法官的保守派人士威廉·史密斯（William Smith），在 1784 年出版了一本反移民宣传小册，并在册中重申了谢菲尔德伯爵的预测，认为英国制造业将继续统领美国市场。他警告英国政府不要与美国达成任何形式的谅解或协定，因为这可能会方便“那帮狡诈之徒打开国门，假借通商条约向我们的制造商开放港口，欺骗我们的工匠，从而使美国做成波旁王朝动用武力也未能对英国人做成之事”。他也提出警告，说每一个迁往美国的移民都是“英国的一大损失”。大英帝国要想保住其国际地位，就必须阻止移民外涌，同时“为她的每一位子民都谋份生计”。谢菲尔德伯爵及其盟友的呼吁在伦敦受到大量关注，于是，在 1788 年英国政府决定开始采取新的举措，要求驻美领事报告移民的情况，了解是否有人支付了他们的旅费，或是与他们签订了佣工契约？以及用了什么样的条件引诱他们移民？其中对移民的惩罚甚至比对机器走私还要严厉，这表明官方对技术扩散愈加关注。同时，根据新的要求和规定，工匠和制造商不得离开英国和爱尔兰前往大英帝国以外的地方，甚至不允许纺织工人移居到不列颠群岛以外的英属领地。非法移民将被剥夺国籍和财产，被捕者可能会以叛国罪论处[14]。

18 世纪 80 年代，美国人在英国四处寻找、招募工人。亚伯·布埃尔前往英国盗版了纺织生产的最新技术；此人来自康涅狄格州的基林沃斯地区，过去曾因盗用欧洲的水晶研磨抛光方法而被判处伪造罪（他认为此举对美国“非常有利”，能为美国“节省巨额费用”）。来自康涅狄格州首府哈特福德（Hartford）

的沃兹沃斯（Wadsworth）和科尔特商行——后来成为哈特福德第一家纺织厂的所有者之一——1784年招募了大约100名英国移民在康涅狄格州定居。因为这种种事迹，于是英国当局反过来又极力打击美国的工业间谍活动。美国招工代理人托马斯·迪格斯（Thomas Digges）曾经从都柏林（爱尔兰首都）向杰斐逊发信求助说，他因招募“机械人才”而惹了麻烦，招募来的其中两人因“试图携带工具上船而遭受当地法庭的严厉审讯”。接着，在同一封信中，他又请杰斐逊帮忙为富兰克林的老熟人亨利·怀尔德办理移民一事。不过，他告诉杰斐逊最好通过自己与怀尔德沟通，因为“如果这封信的内容被人知道的话，身为英国公民和商人，他（怀尔德）将成为众矢之的”。事实上，英国当局在18世纪80年代对外国人来英招工的行为加强了限制。招工代理人每诱使一人移民，就会被处以500英镑的罚款和12个月的监禁。1788年，托马斯·菲尔波特（Thomas Philpot）因诱使多人从爱尔兰移民到美国，被罚款500英镑和监禁一年[15]。

英国港口自然成了最后一道防线。当局要求船长在离港前必须向海关官员提交一份名单，详细说明船上乘客的职业。若发现船上有非法移民北美的乘客，船主须缴纳每人次100英镑的罚款。成功逮到人的案例虽少，但皇家海军至少有一次在正要驶离利物浦的美国船只“联合号”上抓获了一名非法移民。[16]19世纪早期出版的一本移民指南中提到，移民要想通过利物浦或其他英国港口的海关，必须提供以下证明：

> 吾等，以下签字人，系英国____郡下属行政区的教会委员和监督员，特此向英国海关官员及所有其他相关人士证明和声明：吾等认识上述郡____行政区的____多年；自吾等认识__________以来，他一直从事____贸易或工作。吾等也要特别证明和声明：________在过去和现在皆不是羊毛、铁、钢、黄铜或任何其他金属的制造商或工匠，亦不是钟表制造商、时钟制造商或任何其他制造商或工匠。吾等进一步证明：____年龄约：____岁，身高约：____英尺____英寸[17]。

英国竭力阻止机器和工匠外流的努力终究化为了泡影。美国毫不费力地窃取了它想要的知识和机器；工业间谍活动无孔不入，突破了公共和私人对知识产权的限制保护。如果个人自行承担秘密盗用英国技术的风险，那么技术盗版，严格说来也只是地方执法问题；但美国官方机构和代表的种种活动，却将18世

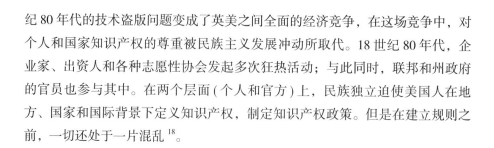

纪 80 年代的技术盗版问题变成了英美之间全面的经济竞争，在这场竞争中，对个人和国家知识产权的尊重被民族主义发展冲动所取代。18 世纪 80 年代，企业家、出资人和各种志愿性协会发起多次狂热活动；与此同时，联邦和州政府的官员也参与其中。在两个层面（个人和官方）上，民族独立迫使美国人在地方、国家和国际背景下定义知识产权，制定知识产权政策。但是在建立规则之前，一切还处于一片混乱[18]。

外交官之于技术传播

从独立战争中崛起的美国，尚不算是一个统一的政治实体，而是一个由相互竞争的各州组成的松散联盟。根据《邦联条例》建立的政治机制，规定由国家立法机关设立政府，财政采购权、立法和执法权力属于各州。各州之间因在国际主张、商业法规、国家关税和密西西比河航运问题上冲突不断，导致联邦无法统一发声。外交政策是中央政府可以根据《邦联条例》行使主动权和职权的唯一用武之地。也只有在欧洲，美国代表才有可能代表整个国家发言和行动。事实上，他们是 18 世纪 80 年代唯一表现出美国是以一个统一的实体而存在的一群人[19]。

美国工业化的话题早在美国取得独立前就已经在外交谈判中提及。在和平谈判期间，罗伯特·利文斯顿（Robert R. Livingston）指示约翰·杰伊提醒欧洲诸国，美国将持续从事农业，“但必须有市场接收我们的产品。如果这个市场（主要是指西印度群岛的奴隶殖民地）对我们关闭，致使我们无法出售我们一心培育的产品，那么，我们会……出于需要，开始只为自己生产产品”。约翰·亚当斯也发表了类似言论，他在 1783 年宣告，“美国人还需要很长一段时间才能开始为自己的市场制造产品”，因为“高昂的劳动力价格和更加合意、有利可图的务农机会”阻碍了工业化的发展[20]。对利文斯顿和亚当斯来说，发展美国制造业是最后的无奈之举。因为，只有在农业出口受到重商主义法规抑制时，美国才会走上工业化的道路。

美国 18 世纪 80 年代末，外交官托马斯·杰斐逊因直言不讳反对工业化而名噪一时。杰斐逊认为工业化与英国社会的诸多弊病之间有所联系；他在法国耗费 5 年时间力求改善法美贸易关系，以替代英国对美国的商业统治地位。在他驻法期间出版了自己唯一一本著作《弗吉尼亚笔记》（*Notes on the State of Virginia*），书中他以犀利的言辞抨击了制造业。他驳斥了“各州都应该努力发展制造业”的观点。在他的理想中，美国是一个农业社会：“永远不要幻想我们的人民坐在工作台上，也别妄想他们挥动纺纱杆。木匠、泥瓦匠和铁匠需要农业；但若要广泛发展制造业，那还是把我们的工厂留在欧洲吧。”[21]

此番言论出自革命时期的共和党人之口，描述了良性的农业政治经济体系，是在勇敢地抵抗着世上所有不公平而堕落的工商业秩序所带来的冲击。发展美国的制造业并复制英国的不平等和剥削，可能会破坏革命的基本目标——即维护共和式的简朴与平等；说服欧洲工匠移民来美发展工业，与共和党这样的态度并不兼容。在巴黎，杰斐逊对接近他的人也表达了类似观点。有个法国人声称发现了一种新的面粉保存方法，他为此向美国政府提出，他可以将此方法引进美国，但美国需要给予他一笔补贴。杰斐逊回答说：“每一个提高人类生存能力的发现，一定是皆大欢喜的。”然而，美国不会引诱他人披露他们的发现。它的政策是让国民自由，既不限制也不帮助他们生产。尽管如此，他还是建议这位发明家转投其他政府，因为他们可能“意识到有义务培养有用的发现，因此会给予你丰厚的报酬”。1785 年，杰斐逊给一心想要移民美国投身工业的亨利・怀尔德写信，在信中他提到“农业劳动力需求巨大”，导致“劳动力成本高涨，因而制造业不可能在美国取得成功”。任何“受独立驱使”而移民美国的工人，在到达美国之后，都有可能改变自己的老本行[22]。

虽然杰斐逊在欧洲家喻户晓，但他在《弗吉尼亚笔记》和给怀尔德的信中表达的观点，并不是美国人的主流观点。相反，美国各个阶层的代表，包括杰斐逊本人，都对发展美国工业怀有憧憬。当时在欧洲的另一位美国政要——约翰・亚当斯，也认识到了工业对美国发展的重要性。诚然，亚当斯和他同时代的人一样，都认为美国在很长一段时间里都还不会有足够的能力“制造出足够自己国内消费的商品”。不过，他也将技术发展视作当时开启美国新征程相当重要的一环。他在《为宪法辩护》（*Defense of the Constitutions*）一书中盛赞技术的贡献，称其改变了“社会状况和人类特征”。他在 1790 年写道：“竞争仿佛真的能够培养天才，而除了自我保护，竞争将永远是人类行动的伟大源泉。”[23]

像曾经的富兰克林一样，身处欧洲的美国代表也被工匠包围。这些工匠提出将未知技术带往美国，以换取一定的特权。其中一些人正是先前接近富兰克林的人。例如，亨利・怀尔德在给杰斐逊的信中写道，只要美国“在工匠问题上受制于他国，那贵国的制造业就岌岌可危”。他说，因为他了解共和国人民“真正的需要”，所以他将不惜一切穿越大西洋，给予帮助。怀尔德暗示杰斐逊，他将为美国的技术和制造业贡献所知所能，只求美国“提供一艘船只，免费帮我们运送几个人和笨重的物件”[24]。

怀尔德不是唯一一个这么干的。许多欧洲工匠和怀尔德的想法不谋而合，纷纷向美国官员和普通公民提出了类似的请求。由此可见，在激烈的工业技术竞争中出现了新的参与者——那些非法离开不列颠群岛，为其手艺寻求最高出价的工匠。一个叫约瑟夫·菲尔丁（Joseph Fielding）的人向杰斐逊传话说，他最初从英国移居到法国，本不想离开，但法国政治动荡，让他不禁想去别处看看。他自称是阿克赖特的受让人，后者懂得“各种纺织机的制造，熟谙制造业”。他有意在美国定居，但他问杰斐逊：“如果我建造一家像曼彻斯特制造厂一样的工厂，可以得到什么奖励呢？”[25]

还有工匠跳过欧洲的外交中间人，直接给大陆议会写信。爱尔兰的威廉·麦考密克（William McCormick）声称通晓曼彻斯特的棉纺织技术，他请求大陆议会资助他前往宾夕法尼亚州，并承诺在那里建造一家工厂。1785 年 10 月，博福特（Beaufort）伯爵给大陆议会写信称，欧美之间技术悬殊，美国必须寻找缩小差距的办法，如果国会赐予他一块带河流和瀑布的土地，他承诺引进最好的欧洲工匠，利用美国的水力资源，“在那里建造数家新的工艺和制造工厂”。大陆议会考量了他的提议，但最终拒绝付诸实践，主要是因为大陆议会既不打算赐予土地，也不打算授予博福特伯爵他想要求的政治自治权[26]。

大西洋两岸的美国官员拒绝了这些直白的请求。大陆议会秘书查尔斯·汤姆森曾在 1784 年如此表示：“美国的港口已对外开放，有好几个州愿意接纳科技人员或有能力者前去定居，但联邦政府似乎认为没有必要给予任何国家或个人任何特别的奖励。”杰斐逊告诉怀尔德，他的要求“不符合美国政府的政策，她是拒绝对任何形式的工作给予任何帮助的，……我还要补充的是，我既没有权力也没有手段来帮助任何人前往美国”[27]。政府的官员根据《邦联条例》一再表示，美国不会主动帮助任何人盗用和窃取欧洲技术。

但如此断然拒绝并没有彻底终结这个话题。个别的美国人还在招募工匠和诱导移民，而且这些私人资本家经常向美国官员寻求支持，如西拉斯·迪恩坚信，尽管英国的劳动力成本很高，但机器能使英国生产出更加便宜的产品，只要给予奖励，他愿意把蒸汽机引入美国。托马斯·迪格斯写信给当时的美国驻马德里代理大使威廉·卡迈克尔（William Carmichael），告诉对方他即将前往英格兰北部和苏格兰观摩英国的制造业，他在信中说道：“（看到）有人要移民美国，我会不遗余力地给予鼓励。”不用说，卡迈克尔在回信中当然没有敦促他停止这一行动[28]。

无论过去曾发表怎样的观点，杰斐逊和亚当斯本人实际上并不反对工业间谍活动。亚当斯出任美国驻英大使这一重要职位，并不妨碍他将为英国海军部编写的说明书（内容是关于如何将铸铁转化为可锻铸铁）转交给美国发表[29]。亚当斯还为英国移民约翰·诺伊斯（John Noyes）写了一封介绍信，要求马萨诸塞州的领导人帮助他在该州建立钢铁厂。诺伊斯将这封信件也纳入向最高法院提交的请愿书中，请求授予自己使用进口蒸汽机技术制铁的专利垄断权。尽管当时该州已建有水力钢铁厂，马萨诸塞州议会仍旧依言行事，授予了诺伊斯和他的合作伙伴保罗·里维尔（Paul Revere）专利。

杰斐逊表现得更加活跃。他全力支持美国获取阿克赖特的技术，设法收购移民法国的英国工匠制造的梳棉纺纱机；他从旁协助腾奇·考克斯，设法将安德鲁·米切尔和他的机器经由法国走私到美国；即使拒绝了怀尔德提出的补贴请求，杰斐逊还是小心翼翼地对待对方，不打算全然阻止他移民。事实上，他甚至紧接着提议将弗吉尼亚州建立成现代美国纺织业的理想之城[30]。

显然，杰斐逊没有看出渴望离开欧洲的英国工人悲惨的生活条件与新兴工业技术之间的联系。这位希望把工厂留在欧洲的美国人继续建议美国旅客考察“机械工艺”，以便在美国复制这些技术。1785年，不曾听说瓦特蒸汽机的杰斐逊写信告诉詹姆斯·麦迪逊，自己对“用蒸汽抽水的新方法”一无所知。但在1786年访问英国期间，杰斐逊的观念有了极大的转变，他热情赞颂了在伦敦附近看到的一间使用蒸汽机运作的工厂，大力推荐在美国应用鲍尔顿和瓦特的技术。这位著名的农业代言人承认，“伦敦的机械工艺达到了完美的极致”[31]。

整合政府资源

当驻欧的美国代表在为本国工业努力工作之时，各州和大陆议会也在努力界定知识产权在这个新生国家的意义和限制。《邦联条例》未曾提及知识产权和专利，中央政府的软弱阻碍了美国建构统一的信息政策。事实上，那些求助于大陆议会的技术发明家和进口商都不知道还能期待什么。詹姆斯·拉姆齐是马里兰州一位颇有人脉的优秀机械师，凭借着他与弗吉尼亚州几大望族的良好关系，赢得了波多马克公司（Potomac Company）总工程师一职。波多马克公司是弗吉尼亚州建立的一家专营运河修建的公司，旨在将波多马克河打造成美国西部的主要商业动脉。拉姆齐还参与开发喷气式汽船，并在乔治·华盛顿的财力支持下，向大陆议会申请了专利。大陆议会用西部三万英亩土地嘉奖了拉姆齐的聪明才智，没有授予其生产垄断权。这种奖励形式恰恰证实了大陆议会在《邦联条例》下没有权力保护各州的知识产权。换言之，由于缺乏授予垄断权的权力，大陆议会只能动用其唯一的资产——西部土地，以奖励发明家[32]。

18 世纪 80 年代，为了使作者能够享受到智力劳动带来的利益，出现了协同合作、共同筹划的做法。1783 年 1 月，康涅狄格州议会颁布了一项版权法，规定“应保障每位作者都能从其出售的作品中获得收益，这一保障可能会激励人们去学习”。在康涅狄格州奥利弗·沃尔科特（Oliver Wolcott）的敦促下，大陆议会不久后便将此事提上日程。1783 年 3 月，休·威廉姆森、拉尔夫·伊扎德（Ralph Izard）和詹姆斯·麦迪逊（James Madison）❶成立了一个委员会，受命负责此事。两个月后，该委员会提交了一份报告，称“没有什么比拥有自己的研究成果更加正当，而保护和保障版权将大力鼓舞天才，促进有用的发现和艺术的发展”。于是，大陆议会建议各州通过版权法，授予美国公民对其著作享有 14 年的所有权。该决议明确否认对外国作者的保护，因此大大助长了北美地区未经授权转载他人作品的不良之风，而受害者多为英国作者[33]。

此后不久，各州议会开始关注作者权利。有些议会不仅支持版权，还声明了支持其他形式的知识产权。例如，北卡罗来纳州断言“没有什么比拥有自己的研究成果更加正当，我们应通过奖励来鼓励人们探求有用的知识；而且……文学财产的保护必将极大地鼓励天才，促进有用的发现，以及艺术和商业的发展”[34]。州议会利用自然权利和功利主义的论述来为知识产权辩护，尽管这两种概念彼此有些不太贴合之处，却仍然是论辩的有力工具。一方面，州议会宣称思想成果是私人财产；另一方面，它又坚信授予个人思想和发现的专有权，从长远来看将造福整个社会。这两种论述成为美国支持知识产权的基础原则。

18 世纪 80 年代这场版权运动大获成功。到 1786 年，除特拉华州之外，所有的州都通过了法令，在原则上确立了保护作者知识产权的承诺。与其将版权运动的成功归功于议会对作者福祉的关注，不如归功于诺亚·韦伯斯特（Noah Webster）的积极奔走。诺亚·韦伯斯特是畅销书《英语语法原理》（*Grammatical Institute of the English Language*）的作者。由于唯恐盗版书会剥夺他的利润，韦伯斯特于是四处游说各州议会，或是运用普通法（common law），

---

❶ 此处及后面的内容里所指应为后来成为总统的小詹姆斯·麦迪逊 (James Madison,Jr.)，与前一页提到的詹姆斯·麦迪逊（James Madison）牧师为同名亲戚。——译者注

或是通过颁布专门的法律，来保护他对书籍的权利。他还得到了托马斯·潘恩、乔尔·巴洛（Joel Barlow）等人的支持，这些德高望重的革命家纷纷公开支持制定版权法。韦伯斯特将自己的行为与爱国主义联系起来，1783 年他出版了《美国拼写课本》（*American Spelling Book*）一书，自此确立了美式英语的合法性和独特性。此书旨在取代美国小学使用的英式拼写课本，书中包含“rattlesnake”（响尾蛇）这种美国文化独有的词汇，也有将英式英语中的“re”结尾改写为“er”结尾（如“theatre/theater”），或是去掉“labour”等词汇中的“u”这样的内容。在韦伯斯特努力不懈地付出，以及他的政治关系和爱国主义形象三者的作用下，他成功争得著作财产权。

这场版权运动也暴露了这个新建立的国家在《邦联条例》下制定统一的信息政策时所面临的障碍。国会为了支持作者权利所采取的行动，仅仅是通过一项不具约束力的决议来表明自己对此事的态度。国会所能做的只是提出建议，至于政策是否制定，要由各州自己决定。同样，颁发专利以奖励机械创新或将欧洲实用技术引入本国的权利，也只属于各州。在《邦联条例》下，中央政府的权力有限，这意味着寻求技术进步的行为大多发生在“州”的级别。

1775 年以前，殖民地的信息政策服从于英国重商主义。有鉴于殖民地的从属地位，当地的创新专利价值有限，用处不大。殖民地立法者偶尔会补贴制造业，鼓励发明或仿制英国机器。而在独立之后，各州就开始通过向技术发明者和引进人颁发专利来推广技术。过去的制造业补贴逐渐被专利的浪潮所取代，前者象征着殖民地依附于英国经济，而后者则着眼于建造一个自由的美国经济。宾夕法尼亚、纽约、马萨诸塞和康涅狄格等州率先向最新技术的引进人提供贷款，同时，马萨诸塞州还收购了纺织机模型，鼓励实业家仿制模型，并将仿制的机器投入使用[35]。

以工业化发展迅猛的费城为首，宾夕法尼亚州也朝着工业化迈进。该州在殖民时期从未授予过任何一项专利，但到了 18 世纪 80 年代，该州为工业技术的发现和引进所颁发的专利之多，已然居于众州之首。自从脱离大英帝国，宾夕法尼亚州议会就向新技术引进人颁发奖励和奖金。州议会经投票决定，向承诺在费城制造珍妮纺纱机的移民织工发放 15 英镑，向承诺为美国贡献技术的英国纺织工发放 40 英镑。1788 年，州议会奖励约瑟夫·黑格 100 美元，嘉奖他成功盗版英国的纺织机。宾夕法尼亚州议会还支持美国非法获取技术的行为，其中的一个例子是，它投票决定购买宾夕法尼亚州制造业促进协会（Pennsylvania Society for the Promotion of Manufactures）的 100 份股票，而该协会是一个明确致力于向美国走私技术的组织[36]。

其他州的政府高级官员和立法委员竞相公开支持从欧洲——“发现和创新精神”的发源地——引进受保护的工业技术。马萨诸塞州最高法院在1780年支持美国艺术学院（the American Academy of Arts）的建立，理由是该州有责任支持“天才和爱学习的人”，这些人会将知识传遍马萨诸塞州各个角落。该学院的第一任主席詹姆斯·鲍登（James Bowdoin）州长对技术的推广和传播的兴趣远比对科学理论的推广更深。一位主张工业自给自足的马萨诸塞州人这样倡议：“明智的政府都鼓励机械工、劳工和新移民移居到他的国家。这样做尤其符合像美国这种新建立的国家的利益。”他接着呼吁各州议会“废除所有限制外国人移民的法律，制定新法，免除所有可能来到此地定居的勤劳的劳工、佣员、工匠和机械师一定年限的各种税费。此外，对于每个将外国人带至本州的船主，建议按每引进一人，免除2吨载重量的吨位税，以资鼓励”。而在新英格兰地区和大西洋中部的各州不约而同地产生了诸如此类的观点，掀起了类似的倡议[37]。

像阿梅隆这样的移民工匠终于等到了州议会慷慨解囊。18世纪80年代中期，詹姆斯·伦纳德（James Leonard）和托马斯·萨默斯（Thomas Somers）这两名英国人在为建立纺织厂而寻求公共或私人资助。起初，他们的请求没有得到政府的响应。正当他们准备打道回府之际，遇见了马萨诸塞州著名的政治家乔治·卡伯特（George Cabot）。卡伯特一直关注该州依赖进口纺织品一事，他意识到在马萨诸塞州发展当地制造业极具价值。所以，他决定资助这家企业，并领导成立了一个投资集团，打算在贝弗利镇（Beverly）建立一家纺织厂。然而，萨默斯和伦纳德对这种私人投资仍不满意，他们想要寻求得到该州更多的支持。萨默斯自称是“最快的纺织大师”，掌握现代纺织技能。1787年2月，他向马萨诸塞州议会申请了财政援助，作为将纺织技术引入美国的奖励。他“为了采购梳棉机和纺纱机……冒险自费”去了英国，他认为马萨诸塞州理所应当补偿他的风险、投资和努力。最高法院的成员被说服了，决定在次月“鼓励上述制造商”，并授予萨默斯“20英镑的合法资金，用于上述目的”。休·奥尔（Hugh Orr），这位于18世纪80年代成为马萨诸塞州参议员的苏格兰移民，奉命监督这家企业。1789年1月，马萨诸塞州部分杰出人士，包括萨默斯、伦纳德、卡伯特兄弟和亨利·希金森（Henry Higginson）等，向州议会提交了一份新的请愿书，他们盛赞贝弗利工厂，并宣称该项目“在人口和农业方面均已达到有必要发展制造业的地步”。在他们看来，目前没有哪种制造业比棉花更加实用或有用，并且其大部分劳动是由机械完成的。请愿者认为，整个社会都将受益于马萨诸塞州建立起的当地纺织制造业，因此“绝对有必要发展制造业，所以州议会应该给予第一批冒险家一些特别的好处”。他们在请愿书中附上了详细的费用清单，包括购买英国机械的费用，搬到贝弗利所花费的220英镑，以及两名英国工匠及其家人的生活费。1789年2月，州议会顺应其请求，批准建立了“贝弗利棉花制造厂”，补贴其初期运营费用，并免除工头应纳的州人头税（poll tax）。州议会表示：“鼓励发展制造业，切实符合本州的真正利益，因为它将为民众带来最多的工作机会和最可观的报酬，因而，这些移民非但不会给本州带来灾难，反而会增加制造商的数量，而制造业的产能则提高了土地的价值。”[38]

有时候，立法者会另辟蹊径资助技术盗版。1788年，康涅狄格州通过了一项鼓励该州特定制造业的法律，免除了部分毛纺厂的州税（state taxes）。第二年，该州授予棉花厂、亚麻厂和毛纺厂免税的待遇。为了鼓励人们前往这些工厂工作，州议会免除了这些工厂所有员工两年的人头税。休·奥尔赞助了罗伯特和亚历山大·巴尔（Robert and Alexander Barr）两兄弟远渡重洋的旅费。这两位以理查德·阿克赖特的水力织布机模型为基础，制造出梳棉机、粗纱机和纺纱机。马萨诸塞州议会对这一项非法行为给予了支持，巴尔兄弟生产经营中使用的四台机器，有三台是由州议会赞助引进的。机器到达美国后，州议会就派了一支特别委员会前去检查，并建议向巴尔兄弟发放200美元贷款，“以便他们完成这三台机器和另一台绞绳机的组装，以及构建梳毛、套绳和纺织羊毛所需的其他机器”。第二年，巴尔兄弟被免除偿还贷款。州议会表现出前所未有的慷慨，在一次州内举办的抽奖活动中，奖给这家公司6张奖券，而且没有1张是空白券。康涅狄格州议会采取了类似的措施来支持技术盗版。1790年12月，该州议会赞助了一场彩票活动，并将筹得的奖金用于资助哈特福德毛纺厂的运营。这家公司的代理人丹尼尔·欣斯代尔（Daniel Hinsdale）解释道，“本次抽奖活动的目的是筹集1000英镑”，这笔钱将用来资助公司“购买更多有用的机器”，使公司能够建造“造福大众”的工厂。第二年，该议会又举办了一场彩票活动，筹集了大约3200英镑的奖金，供伦敦移民威廉·麦金托什（William McIntosh）在纽黑文建造一家毛纺厂[39]。

此类州级活动，大多打着爱国的旗号。西拉斯·迪恩曾在战时出任美国驻路易十六宫廷的大使，他因为在战时的行为备受国人指责，返回欧洲任职后力证他的爱国之心，并发来报告说“效忠国家最至高无上的方式当属引进新机器”。马萨诸塞州州长鲍登写道，之所以创办美国艺术学院是因为“优势的天平总是倾向那些凭借技能、工业和廉价劳动力制造和出口最多商品的人……这一优势……将使他们国家国富民强、繁荣昌盛”。《宾夕法尼亚公报》的编辑断言，“机器对这个国家意义重大，每个身居海内外的美国之友，都应对遇到的机器保持关注”[40]。

个人、组织和各州积极引进欧洲技术，改变了北美的经济格局。州政府通过授予垄断、给予奖励、豁免税款、发放现金礼物等方式吸引技术娴熟的工匠来此定居。然而，美国工业化的支持者们却因工业化进程缓慢、步调不一而感到沮丧。虽然各州纷纷建立了专利授予和管理制度，但制度的缺点显而易见。美国急需从欧洲进口机器、工艺和技能，但缺乏有效的联邦执法系统，极大削弱了各州所授专利的潜在效用和价值。发明者和引进人要想持续拥有机器的专有权，就不得不向各个州申请专利。詹姆斯·拉姆齐在向大陆议会成功申请了喷气式汽船的专利之后，又向各州申请了专利。与他争夺汽船技术专有权的约翰·菲奇也尝试了同样的策略，但未能如愿。菲奇与拉姆齐同年向大陆议会提出专利申请，但由于缺乏拉姆齐的政治手段，他的请求惨遭驳回。与拉姆齐一样，他意识到成功获得大陆议会授予的专利毫无意义，于是将目光转向了州议会，在那里展开了一场争夺汽船发明专有权利的真正较量。

引进这些禁止外流的技术的人也面临着相似的考验。西拉斯·迪恩惊叹于新蒸汽机对英国钢铁厂的影响，于是决定将瓦特蒸汽机引入美国，并申请获得该技术的专有权。他的商业伙伴雅各布·塞伯（Jacob Sebor）向迪恩保证，虽然他不是蒸汽机的原始发明者，但这并不妨碍他获得专利。塞伯写道：“在这里你会发现，任何可能对美国有用的新发明，你都能轻而易举地获得它的专利。”不过，为了确保获得发动机的专有权，迪恩绕过联邦政府，直接向各州提出专利申请。他在 7 个州申请并获得了瓦特蒸汽机的专利，包含弗吉尼亚州、北卡罗来纳州、马里兰州、康涅狄格州、纽约州、新泽西州和宾夕法尼亚州。为了确保在这些州的专利垄断权，他设法阻止“更大的资本家”跳上蒸汽机这趟顺风车，以免他们意识到这项发明在美国将会多么有用。迪恩希望，当他在各州取得专利之后，他能找到一位英国合伙人，这样他的企业在技术和财务方面就能高枕无忧了[41]。

即使各州耗费了大量精力，但缺少一个全国性的技术创新和引进奖励机制是个严重的问题。只要跨出了州界，生产垄断权便不可执行、不再适用。迪恩继续致力于将瓦特蒸汽机引进美国。但弗雷德里克·威廉·盖耶（Frederick William Geyer），一位来自波士顿的美国记者，对于在美国的工厂使用蒸汽机的前景表示怀疑，因为此种创新技术“在一个拥有固定且稳定政府的国家才有利可图”，显然这个年轻的国家目前在《邦联条例》之下尚未达到上述状态。“除非专利授权来自国会，而不是来自分散的州”，否则“专利是没有用的”[42]。各州授予的专利所呈现出来的随意性，以及相互竞争的专利申请人向相互竞争的政治机构申请多项专利，所需经历的冗繁流程，凸显出建立一个集中的专利制度的必要性。

政治分歧和缺乏有效的中央集权阻碍了工业的发展，削弱了其对潜在移民的吸引力。出席大陆议会的弗吉尼亚州代表威廉·格雷森（William Grayson）担心，只要现行制度还在，“我们就无法拥有大批海外移民，而缺少居民可能成为我们的灭顶之灾”[43]。1787年5月，当代表们正聚集在一起设计一个新的政府计划时，考克斯在费城出版社刊物《美国博物馆》中写道，“支持欧洲技术的引进”，已经证实是只成功了一部分，因为联邦“不可能由一部半成型的软弱联邦宪法来维系在一起”；软弱的联邦宪法将令一个中央政府“无法完全执行任何有益的政策”。他认为，“当前的状况，非但没有招来移民，还把提供情报和善于思考的人们拒之门外”。18世纪80年代下半叶，人们高呼着摒弃无用而松散的邦联，代之以强大的中央政府，有些人寄希望于新的国家政府（national government）来“诚挚邀请世界各地的移民，让帝国充满最有价值和最幸福的人类”[44]。

美国工业化发展的支持者希望，新宪法能为联邦政府指明一条康庄大道，缩小美国与欧洲之间的技术差距。他们呼应革命言论，将制造业的糟糕局面描绘为帝国的危机，并将发展美国工业比拟成是美国革命不可或缺的第二篇章。因为美国工业的落后恰恰满足了英国重商主义者的利益，他们借着美国依赖英国进口而获益颇丰。此外，英国甚至可以利用两国之间扭曲的贸易平衡，拒绝美国船只登陆帝国港口，对此美国毫无还手之力。“我们没什么东西是可以吸引英国的”，一位美国爱国者抱怨说，“而英国却有能力向美国倾销商品，所以我们必须要发展自己的制造业，令英国对我们来说不再是那么重要”。而这就要求政府积极引进未知的行业，还要吸引外国工匠，因为“高昂的劳动力价格对出口和制造业同样不利”。国家应“不遗余力地获得各行各业的能工巧匠，也应不遗余力地建造第一批工厂，提供机器以及一切必要或有用之物，以实现宏图伟业”[45]。

18世纪80年代中后期，立宪运动的势头越来越猛，这场运动得到了工业倡议者的鼎力支持。由于担心美国会毫无节制地进口英国商品，他们热切期待建立一个能够以统一、有效的方式促进创新和创造的中央政府。康涅狄格州的一位商人说道，在他的圈子里人们对汇聚了各州代表来到费城所开的这场大会❶，抱有很大的期望，他们希望这场会议可以建立起一个有能力鼓励制造业创新的政府[46]。这种乐观的态度并非毫无根据。毕竟，推动统一运动的智力支柱，詹姆斯·麦迪逊，是1783年敦促各州通过版权法的国会委员会成员。1785年，麦迪逊起草了一项弗吉尼亚法案，慷慨地授予作者对其作品长达21年的独家版权。在这样的背景下，即使是乔治·梅森（George Mason）这位未来的宪法反对者，也认为新的中央政府将致力于鼓励美国制造业。因此，工业家们期待，这场制宪会议确立适用于各种知识产权的统一原则[47]。

而制宪会议也不负众望。1787年8月18日，麦迪逊和来自南卡罗莱纳州的查尔斯·平克尼（Charles Pinckney）建议在宪法中纳入一项条款，对创作作品授予一定期限的专有权，以鼓励理论和实践领域的创造力。麦迪逊还补充道，要“通过奖金和规则加以鼓励，促进实用的知识和发现”。这一项议案被提交至十一人委员会（the Committee of Eleven）。至于委员会内部对这一个议题是如何讨论的，我们无从知晓。但在1787年9月5日，会议一致通过在美国宪法中列入一项条款，即第8条第1款，新政府应“推动科学和技术的进步，确保作者和发明者对各自的著作和发现享有专有权”。开国元勋们决定建立一种机制，使凭借新设备或者写作丰富美国社会的个体发明者和作者得到奖励。而发明者和作者也是美国宪法中唯一获得特殊利益的职业群体[48]。

为什么美国宪法特别指示新的中央政府促进实用艺术的进步？制宪者并未给出只言片语的解释。为什么不是银行政策或内部改进——要知道这两者都符合“必要和适当”的条款标准——而是坚持推动知识进步，甚至通过对发明者授予一定期限的专有权来明确这一点？宪法中的知识产权条款之所以最引人注目，是因为它是唯一承诺授予某类群体特殊利益的条款，这是美国宪法中的专利条款首次对产生于创新过程中的产权，给予法律上的肯定与确认[49]。

在宪法中纳入知识产权条款的因素可能有很多。美国宪法思想起源于英国的法律和实践，因为当时英国已确立稳固的知识产权原则。费城当地所处的情况迫使会议代表们密切关注这一问题。1787年，费城这座城市已然成为美国工业化发展的中心。当地的精英人士认为，技术缺陷极大削弱了当地发展制造业的能力，他们支持不择手段地改进美国的专有技术。一马当先的自然是腾奇·考克斯，他当时自诩为美国制造业的佼佼者，并对“欧洲发明的省力机器”

❶ 指1787年5月25日至9月17日在费城举行的美利坚合众国制宪会议。——译者注

充满信心，但他也承认这些发明“在美国未得到充分掌握和使用”。同年6月，他给富兰克林写信讲述了进口机器带来的好处，并称“外国移民”将推动美国工业化的发展。1787年8月9日，也就是在制宪会议代表们成立委员会奉命将知识产权条款纳入宪法的9天前，考克斯在宾夕法尼亚大学发表了讲话，公开呼吁大家“观摩其他国家的做法，掌握鼓励制造业的方法”。当意识到土地几乎是联邦政府唯一可以自由分配的资产时，考克斯提议用1000英亩未开垦的土地奖励技术创新和技术引进。“授予持有实用发明的联邦公民，或任何可能成为公民的外国人士这些奖励”。考克斯认为，“给予土地补偿……比授予金钱奖励，对州的意义更为重大”。另一位杰出的费城人本杰明·拉什建议，新宪法应设立一个经济学教授的职位，负责“解释农业及各种制造业发展的原理和实践，以便其更广泛地传播实用知识。国会应为他配备一名通讯员，由这名通讯员前往欧洲诸国，将看到的所有农业和制造业上的发现和进步，时不时地传达给他”。名人的此番言论为制宪会议奠定了审议这项议题的基础[50]。

制宪会议对知识产权条款的讨论并非泛泛而谈。约翰·菲奇和詹姆斯·拉姆齐之间为争夺汽船专利而谋求政府支持的拉锯战成为那个时代政治的一大特征，无论制宪会议在知识产权方面制定了怎样的规则，都必然会对这场竞争产生影响。几乎每位美国达官显贵都表明了自己在这场争斗中的立场。1787年8月22日，也就是在制宪会议首次提出知识产权议题3天后，代表们在审议间隙观看了菲奇在特拉华河上的汽船首秀。我们不知道菲奇和站在岸边的代表们之间发生了什么事，但菲奇显然一直在想方设法地赢得蒸汽动力船唯一发明者的称号，他很可能借此机会来推进此事。

知识产权条款得到了一致支持，表明大家在意识形态上普遍接受这一制度。没有人特别需要力促代表将此条款纳入宪法。知识产权条款在各州宪法中普遍存在，表明大多数美国领导人在18世纪80年代就认识到有必要在这个新生国家增进文学和工业创造力。为了在全国范围内统一专利授权的做法，制宪会议设立了一个机构，为作者和专利权持有人省去了逐州申请授权的麻烦。宪法一经推出，各州的专利制度便将宣告作废[51]。

但这一条款没有引起多大关注，因为彼时的焦点全在是否批准宪法的激烈斗争上。在《联邦党人》（*Federalist*）第43期中，麦迪逊写道，他认为在知识产权方面，“公共利益与个人主张是一致的。各州不能单独作出有效的规定”，因此它需要在国家层面采取行动。在宾夕法尼亚州召开的批准大会上，托马斯·麦基恩（Thomas McKean）发言支持宪法，认为这有利于维护经济团结。麦基恩认为在现有制度下，作者和发明者必须向十三个州申请专利，这不仅对个人不利，“一般情况下对科学也无益”[52]。

一些反联邦主义者抓住了此条款所要体现的自然权利和功利主义两者的相悖之处。他们抨击了宪法授予垄断的意图，认为授予垄断将限制公众获取信息和创新，有碍增进公共福利。马里兰州的塞缪尔·蔡斯（Samuel Chase）担心，给予个人限制性垄断权，将让国会拥有“破坏出版自由”的可能。在弗吉尼亚州，反联邦主义者乔治·梅森抨击了国会在宪法条款中给予自己权力授权垄断一事，认为这是对自由的侵犯。毕竟，垄断代表着特权，宪法对这些政策的明确支持恰好证实了反联邦主义者的怀疑：新政府将以牺牲多数人利益为代价为少数人服务。联邦党人反驳道，现代文明国家保护作者和发明者的权利，是因为此类保护政策有助于科技进步。北卡罗来纳州的詹姆斯·艾尔德尔（James Iredell）称，梅森本人是“一位非常有品位、有学识的绅士，他不希望我们的政府建立在野蛮的原则之上，将天才拒之门外”[53]。

对这一条款的强烈反对来自巴黎。杰斐逊对拟议宪法持保留意见，他最初反对专利方面的措辞。他驳斥了“没有垄断将不利于激发创造力”的言论，并向麦迪逊宣称，他反对“一切情况下的垄断”。麦迪逊回应说，专利和版权垄断是合理的，因为它属于保护少数人的权利范畴，可免受多数人暴虐。但他也承认，垄断是“人们最为深恶痛绝的事情之一”。他反问道：“为了鼓励文学作品和创意发明，难道不值得对它网开一面吗？”杰斐逊于是不再咄咄逼人，而是承认出于社会的进步，允许存在某些垄断。不过，他仍然坚持认为，应将知识产权限制在数年之内，并且仅限于个人“自己的文学创作，以及自己的技术发明。”[54]

宪法中并未明确提及允许专利进口一事。但可以肯定的是，它所提到的作者和发明者并不包括引进人。但是，这一措辞并没有对英国、殖民地和各州几百年来授予技术引进人专利的做法质疑，知识产权盗版是可以接受的。由于宪法并没有明确规定获得联邦专利的创新应具备怎样的资格，这就将定义的任务留给了第一届国会和政府的后继者们了。何谓“发明”？它必须是完全原创的吗？在另一个国家用过是否就不受美国保护了？共和党对垄断的敌意以及对盗版的反对，要如何与“年轻的共和国必须工业化，而且只能通过模仿禁止外流的技术”这一个全国共识共存？政策和原则的冲突，一触即发[55]。

1788 年 7 月 4 日，费城到处洋溢着节日的气氛。为庆祝通过宪法，费城举办了一场大型游行活动。宾夕法尼亚州实用技术促进协会位列游行队伍的第 39 队列，该队的口号是“愿联邦政府美国制造”，彩车上还有几名工人操作一台梳棉机和一台纺纱机——这两台机器都是约瑟夫·黑格走私来的。另一名技术走私者约翰·休森，正光荣地坐在彩车的中间，身边还坐着他的妻子和四个女儿，以及另一名来自伦敦的移民工匠威廉·朗（William Lang）。休森和朗两家人身着棉衣，他们的衣服是用盗版的设备和技术制造而成的。走私的机器和公然违反英国技术扩散限制的人占据了舞台核心，象征着人们期待新政府支持技术盗版。正如《宾夕法尼亚公报》所称："我们可以发明，我们也可以借用欧洲的发明。"[56]

注释

1. “Loan to John F. Amelung,” June 2, 1790, American State Papers: Finance, IX, 62; Annals of the Congress of the United States, 1789—1842, 42 vols. (Washington, D.C., 1834—56), I, 1686—1688. 多数移民都要求交通补贴。然而，国会一直拒绝他们的请求。Mechanical Metamorphosis: Technological Change in Revolutionary America (Westport, Conn., 1985), 174.

2. John F. Amelung, Remarks on Manufactures, Principally on the New Established Glass-House, near Frederick-Town ... (Boston, 1787), 10, 11. See also Arlene Palmer Schwind, “The Glass Makers of Early America,” in The Craftsman in Early America, ed. Ian M. G. Quimby (New York, 1984), 162–63.

3. Herman Heyman to Franklin, January 19, 1784, Franklin Papers, American Philosophical Society, Philadelphia; hereafter APS. 海曼声称这是他给富兰克林的第二封信。海曼在给另一位著名商人的信中提到了去北美的计划。Arnold Delius to Franklin, February 7, 1783, APS.

4. 亚当发表《关于制造业的评论》时，富兰克林还活着，他们可以很容易地反驳他的故事，但他们没有。

5. Amelung, Remarks on Manufactures, 10–12; Laws of the Maryland Assembly, May session, 1788, ch. VII; statement of J. F. M. Amelung, Chancery cases, MS 1767, Hall of Records, Annapolis, Land Office; petitions of J. F. Amelung, May 26 and June 29, 1790, Records of U.S. Senate, 1st Congress, 2d session, National Archives, Washington, D.C.; George Washington to Thomas Jefferson, February 13, 1789, John C. Fitzpatrick, ed., George Washington: Writings, 39 vols. (Washington, D.C., 1931–1944), XXX, 198–99; Annals, 1st Congress, 2d session, May 26, 1790, June 3, 1790, 1616, 1629–32, 1687.

6. John Baker Holroyd, first earl of Sheffeld, Observations on the Commerce of the American States with Europe and the West Indies; Including the several Articles of Import and Export; and on the Tendency of a Bill now depending in Parliament (London 1783), 65, 66. On the impact of Sheffeld’s report see Stanley Elkins and Eric McKitrick, The Age

of Federalism: The Early American Republic, 1788–1800 (New York, 1993), 70; Charles Ritcheson, Aftermath of Revolution: British Policy toward the United States 1783–1795 (New York, 1971), 6.

7. James Huges to Franklin, September 25, 1786, APS; J. F. D. Smyth, A Tour in the United States of America, 2 vols. (London, 1784), II, 448; Sheffeld, Observations on the Commerce of the American States, 67.

8. Rush to Jon C. Lettsom, November 15, 1783, L. H. Butterfield, ed., Letters of Benjamin Rush, 2. vols. (Princeton, N.J., 1951), I, 312.

9. William Bingham, A Letter from an American, now resident at London (Philadelphia, 1784), 13, 23.

10. Tench Coxe, A Brief Examination of Lord Sheffeld's Observations on the Commerce of the United States (Philadelphia, 1791), 39–42.

11. Robert Owen, The Life: Robert Owen (London, 1857), 31.

12. The episode and Arkwright's threat are recalled by Anthony F. C. Wallace and David J. Jeremy, "William Pollard and the Arkwright Patents," William and Mary Quarterly, 3d. ser., 34 (July 1977), 404.

13. As quoted by Maldwyn A. Jones, "Ulster Emigration, 1783–1815," in E. R. R. Green, ed., Essays in Scotch-Irish History (London, 1969), 51.

14. William Smith, A Caveat against Emigration to America (London, 1803), 15, 26, 31; Jones, "Ulster Emigration," 54.

15. Charles J. Hoadley, ed., Public Records of the Colony of Connecticut, 16 vols. to date (Hartford, 1894–) XII, 527; Robert H. Elias and Eugene D. Finch, eds., Letters of Thomas Attwood Digges (1742–1821) (Chapel Hill, N.C., 1982), 401n.; David John Jeremy, ed., Henry Wansey and His American Journal, 1794 (Philadelphia, 1970), 73 n. 58; Digges to Jefferson, May 12, 1788, Julian P. Boyd et al., eds., Papers of Thomas Jefferson, 30 vols. to date (Princeton, N.J., 1950–), XIII, 153, 154.

16. The information in this section on the British restrictions on the movement of machinery and migrants is drawn from David J. Jeremy, "Damming the Flood: British Government Efforts to Check the Outflow of Technicians and Machinery, 1780–1843," Business History Review 51 (Spring 1979), 1–34; John R. Harris, "Industrial Espionage in the Eighteenth Century," Industrial Archeology Review 7 (Spring 1985), 128–29; A. E. Musson, "The 'Manchester School' and Exportation of Machinery," Business History

14 (January 1972), 20–21; Jones, “Ulster Emigration,” 54; Carroll W. Pursell Jr., Early Stationary Steam Engines in America (Washington, D.C, 1969), 13; Emberson E. Proper, “Colonial Immigration Laws: A Study of the regulation of Immigration by the English Colonies in America,” Studies in History, Economics and Public Law 12 (January 1900), 201–2.

17. Robert Holditch, The Emigrant’s Guide to the United States of America (London, 1818), 40.

18. Darwin H. Stapleton, Accounts of European Science, Technology, and Medicine by American Travelers Abroad, 1735–1860, in the Collection of the American Philosophical Society (Philadelphia, 1985), 12; see also David J. Jeremy, Transatlantic Industrial Revolution: The Diffusion of Textile Technologies between Britain and America (Cambridge, Mass., 1981), 40.

19. 正如吉尔伯特·奇纳德很久以前所写的那样，“唯一经常把美国视为一个国家的人是美国的外交部长”。Thomas Jefferson: The Apostle of Americanism, 2d rev. ed. (Boston, 1939), 202. 我在《民族主义、新重商主义和外交：反思富兰克林使命》中，讨论了美国身份的国际起源。See also Peter and Nicholas Onuf, Federal Union, Modern World: The Law of Nations in an Age of Revolutions, 1776–1814 (Madison, Wis., 1993), which demonstrates that the model for Americanism was the eighteenth-century European international state system celebrated by Emmerich de Vattel. 彼得·奥努夫在 1998 年 4 月 20 日约翰·霍普金斯民族文化与现代世界建设研讨会上发表的一篇文章《美国革命与民族认同》中进一步阐述了跨国联邦对美国身份形成的重要性。宪法通常被认为是美国统一和身份认同的主体和灵魂。然而，正如迈克尔·卡门（Michael Kammen）所观察到的那样，“对宪法的崇拜”“并没有像学者们所认为的那样来得那么早，也没有那么普遍”。宪法运动的任务是“创造……国家权力”，而不是国家认同。

20. Robert R. Livingston to John Jay, September 12, 1782, in Henry P. Johnston, ed., The Correspondence and Public Papers of John Jay, 4 vols. (New York, 1890–93), II, 340–41; John Adams, Observations on the Commerce of the American States (Philadelphia, 1783), 38–39.

21. Jefferson, Notes on the State of Virginia, in Merrill D. Peterson, ed., The Portable Thomas Jefferson (New York, 1975), 217.

22. Jefferson to Jeudy de l’Hommande, August 9, 1787, Jefferson Papers, XII, 11;

Jefferson to Thomas Digges, June 19, 1788, ibid., XIII, 260. I have elaborated on this subject and on Jefferson's own conflicting sentiments in Doron S. BenAtar, The Origins of Jeffersonian Commercial Policy and Diplomacy (New York, 1993).

23. Adams to Franklin, August 17, 1780, Leonard W. Labaree et al., eds., The Papers of Benjamin Franklin, 36 vols. to date (New Haven, Conn., 1959–), XXXIII, 201–2; Adams, Defense of the Constitutions of the United States of America, 3 vols. (London, 1787), I, 2; "Discourse on Davila," in Charles Francis Adams, ed., The Works of John Adams, 10 vols. (Freeport, N.Y., 1977 [1850]), VI, 246, 279.

24. Henry Wyld to Jefferson, May 20, 1788, Jefferson Papers, XIII, 184.

25. Joseph Fielding to Jefferson, October 28, 1789, Jefferson Papers, XV, 528.

26. Proceedings of the Continental Congress, March 28, 1785, Worthington C. Ford et al., eds., Journals of the Continental Congress, 34 vols.,(Washington. D.C., 1904–37) (hereafter JCC), XXVIII, 221; February 7, 1786, ibid., XXX, 53. See also York, Mechanical Metamorphosis, 162.

27. Charles Thomson to Franklin, January 14, 1784, APS; Jefferson to Thomas Digges, June 19, 1788, Jefferson Papers, XIII, 261.

28. Silas Deane to Simeon Dean, May 20, 1785, in The Deane Papers: Correspondence between Silas Deane and His Brothers and Their Business and Political Associates, 1771–1795, in Collections of the Connecticut Historical Society, 36 vols., (Hartford, Conn., 1930), XXIII, 211; Thomas Digges to William Carmichael, April 3, 1783, Letters of Digges, 389–90; Samuel Rezneck, "The Rise of Industrial Consciousness in the United States," Journal of Economic and Business History 4 (August 1932), 793.

29. James Warren to Mathew Carey, April 19, 1787, American Museum 2 (September 1787), 261. 亚当斯指的是英国皇家海军采购代理亨利·科特的一项发明，他于 1784 年为一种布丁和滚动工艺申请了专利。

30. John Leander Bishop, A History of American Manufactures from 1608 to 1860, 3 vols. (Philadelphia, 1866), I, 498–99. William Bingham to Jefferson, April 16, 1789; Jefferson to Bingham, September 25, 1789.

31. Jefferson, "Hints on European Travel" (1788). Jefferson to Rev. James Madison, October 2, 1785; to Charles Thomson, April 22, 1786; to John Page, May 4, 1786, Jefferson Papers, XIII, 269; VIII, 574; IX, 400–401, 445. 杰斐逊认为他对技术的拥护和对大规模制造业的敌意之间没有矛盾。杰斐逊认为，美国独特的政治经济，主要是丰富

的土地保证了技术利于生产，而不会产生英国工业城镇那般的负面后果。此外，正如利奥·马克思所解释的那样，杰斐逊认为知识和进步总是有益的。Leo Marx, The Machine in the Garden: Technology and the Pastoral Ideal in America (New York, 1964), 150.

32. Proceedings of the Continental Congress, May 11, 1785, JCC, XXVIII, 349–50; Bruce W. Bugbee, Genesis of American Patent and Copyright Law (Washington, D.C., 1967), 95–99, 128; P. J. Federico, "Outline of the History of the United States Patent Office," Journal of the Patent Office Society 18 (July 1936), 47–50; York, Mechanical Metamorphosis, 192.

33. Connecticut, Act for Encouraging Literary Genius, Acts and Laws of the States of Connecticut, January 1783, 133; Oliver Wolcott to Oliver Wolcott Jr., January 29, 1783; Elias Boudinot to the States, May 6, 1783, Paul H. Smith, ed., Letters of Delegates to Congress, 1774–1789, 26 vols. (Washington, D.C., 1976–98), IXX, 646–47; XX, 227–28; Proceedings of the Continental Congress, March 10, March 26, May 2, 1783, JCC, XXIV, 180, 211, 326–27.

34. North Carolina, An Act of Securing Literary Property (November 19,1785), in Copyright Enactments of the United States, ed. Thorvald Solberg (Washington, D.C., 1906), 25.

35. E. Burke Inlow, The Patent Grant (Baltimore, 1950), 44; Jeremy, Transatlantic Industrial Revolution, 17; Brook Hindle, Emulation and Invention (New York, 1981), 17; Federico, "Outline," 45.

36. David J. Jeremy, "British Textile Technology Transmission to the United States: The Philadelphia Region Experience, 1770–1820," Business History Review 47 (Spring 1973), 32, 33; York, Mechanical Metamorphosis, 158; Inlow, Patent Grant, 43. See also the discussion of the Bond incident, above, pp. 78–80.

37. An Act to Incorporate and Establish a Society for Cultivation and Promotion of Arts and Sciences (Boston, 1780); James Bowdoin, A Philosophical Discourse Addressed to the American Academy of Arts and Science (Boston, 1780), 7; S. P. Griffths, "National Arithmetic, or 'Observations on the Finances of the Commonwealth of Massachusetts," American Museum 5 (June 1789), 547; Memoirs of the American Academy of Arts and Sciences, vol. I (Boston, 1785), iv.

38. William R. Bagnall, The Textile Industry of the United States (Cambridge, Mass.,

1893), 89–94; Joseph Stancliffe Davis, Essays in the History of American Corporations, 2 vols. (Cambridge, Mass., 1917), I, 271–72. 1789 年 10 月 30 日，华盛顿总统在访问新英格兰期间参观了贝弗利工厂，并在日记中写道，那里的制造工艺“看起来很完美”，产品“非常出色”。John C. Fitzpatrick, ed., The Diaries of George Washington, 4 vols. (New York, 1925), IV, 41.

39. Acts and Laws of the State of Connecticut in America (New London, 1788, 1789), 361, 375; Hoadley, Public Records of the State of Connecticut, VII, 241; petition of the Hartford Woolen Manufactory, October 16, 1790, ibid., 204–5; Bagnall, Textile Industry, 85–86; Jeremy, Transatlantic Industrial Revolution, 17; Jeremy, Henry Wansey, 73 n. 58.

40. Silas Deane to Simeon Deane, April 3, 1784, Deane Papers, XXIII, 198; Bowdoin, Philosophical Discourse, 20; Pennsylvania Gazette, April 30, 1788.

41. Silas Deane to Simeon Deane, April 3, 1784; Jacob Sebor to Silas Deane, November 10, 1784; Silas Deane to Simeon Deane, May 20, 1785, Deane Papers, XXIII, 197, 204–05, 211.

42. Frederick William Geyer to Silas Deane, May 1, 1787, Deane Papers, XXIII, 244. See also Bugbee, Genesis, 86–87; Federico, “Outline of the History of the United States Patent Office,” 46.

43. William Grayson to William Short, June 15, 1785, Edmund C. Burnett, ed., Letters of Members of the Continental Congress, VIII vols. (Washington, D.C., 1921—36), VIII, 141. 入籍和移民的权力属于各州。根据《邦联条例》，美国公民身份来自州公民身份。John P. Roche, “Immigration and Nationality: A Historical Overview of United States Policy,” in Uri Ra’anan, ed., Ethnic Resurgence in Modern Democratic States (New York, 1980), 36.

44. Tench Coxe, “An Enquiry into the Principles, on which a commercial system for the United States of America should be reordered,” American Museum 1 (May 1787), 443, 445; Joel Barlow, An Oration (Hartford, Conn., 1787), 20.

45. Dr. Kilham to Rufus King, October 1785, in Charles R. King, ed., The Life and Correspondence of Rufus King, 5 vols. (New York, 1894) II, 608; William Barton, The True Interests of the United States, and particularly of Pennsylvania Considered (Philadelphia, 1786), 28.

46. Frederick William Geyer to Silas Deane, May 1, 1787, Deane Papers, XXIII, 244.

47. James Madison, “Act Securing Copyright for Authors” (November 16, 1785),

William T. Hutchinson et al., eds., The Papers of James Madison, 17 vols. (Chicago, 1962—91), VIII, 418–19. 这些权利只适用于那些“成为任何一个美国公民”的人。该法案还规定，如果进口外国重印，“违反本协议的人，应没收所有印刷、重印或进口的所有副本，相当于所有印刷、重印或进口副本价值的 2 倍”。George Mason’s remarks, September 13, 1787, in Max Farrand, ed., The Records of the Federal Convention of 1787, 3 vols. (New Haven, Conn., 1911), II, 606.

48. Gillard Hunt and James Brown Scott, eds., The Debates in the Federal Convention of 1787 which Framed the Constitution of the United States of America (as reported by James Madison) (New York, 1920), 420, 573; Jonathan Elliot, ed., The Debates in the several State Conventions on the Adoption of the Federal Constitution, 5 vols., (Washington, D.C, 1987 [1836]), V, 510–12; Morgan Sherwood, “The Origins and Development of the American Patent System,” American Scientist 71 (September–October 1983), 501. For the debate over authorship see Karl Fenning, “The Origins of the Patent and Copyright Clause of the Constitution,” Journal of the Patent Office Society 11 (October 1929), 438–45. The most important legal analysis of the origins of the clause is Kenneth J. Burchfiel, “Revising the ‘Original’ Patent Clause: Pseudo-History in Constitutional Construction,” Harvard Journal of Law and Technology 2 (Spring 1989), 155–218.

49. Donald W. Banner, “An Unanticipated, Nonobvious, Enabling Portion of the Constitution: The Patent Provision—The Best Mode,” Journal of the Patent Office Society 69 (November 1987), 637.

50. Tench Coxe, A Memoir (Philadelphia, 1817), 1; Coxe to Franklin, June 22, 1787, APS; Coxe, “An Address,” American Museum 2 (September 1787), 24855; Benjamin Rush, “Address to the People of the United States,” ibid., 1 (January 1787), 10.

51. Inlow, Patent Grant, 44; York, Mechanical Metamorphosis, 194–95; Frank D. Prager, ” A History of Intellectual Property from 1454 to 1787,” Journal of the Patent Office Society 26 (November 1944), 739. 直到 19 世纪，纽约仍在继续颁发国家专利。将知识产权条款置于这种背景下符合唐纳德 · S. 卢茨的论点，即美国宪政的起源取决于美国人作为殖民者和联邦公民的经历。The Origins of American Constitutionalism (Baton Rouge, La., 1988).

52. Thomas McKean, speech at the Pennsylvania ratifying convention, November 28, 1787, in Merrill Jensen et al., eds., The Documentary History of the Ratification of the Constitution, 14 vols. to date(Madison, Wis., 1976–), II, 415.

53. Samuel Chase speech notes, Maryland ratifying convention, in Herbert J. Storing, ed., The Complete Anti-Federalist, 7 vols. (Chicago, 1981), V, 8889; James Iredell, Answers to Mr. Mason's objections to the new Constitution (Newbern, N.C., 1788), in Paul Leicester Ford, ed., Pamphlets on the Constitution of the United States (Brooklyn, N.Y, 1888), 357.

54. Jefferson to Madison, July 31, 1788; Madison to Jefferson, October 17, 1788; Jefferson to Madison, August 28, 1789, Jefferson Papers, XIII, 433; XIV, 21; XV, 368. See also Silvio Bedini, Thomas Jefferson: Statesman of Science (New York, 1990), 177–79; Doron Ben-Atar, "Private Friendship and Political Harmony," Reviews in American History 24 (March 1996), 11–12; York, Mechanical Metamorphosis, 200.

55. Karl B. Lutz, "Are the Courts Carrying Out Constitutional Public Policy on Patents," Journal of the Patent Office Society 34 (October 1952), 773; Arthur H. Seidel, "The Constitution and the Standard of Patentability," ibid., 48 (January 1966), 17–23.

56. Jeremy, Transatlantic Industrial Revolution, 17; Harrold E. Gillingham, "Calico and Linen Printing in Philadelphia," Pennsylvania Magazine of History and Biography 52 (January 1928), 104; Pennsylvania Gazette, April 30, 1788. 关于庆祝活动对美国民族主义形成的重要性，特别是 1788 年 7 月 4 日的游行。see David Waldstreicher, In the Midst of Perpetual Fetes: the Making of American Nationalism, 1776–1820 (Chapel Hill, N.C., 1997), esp. 104–6.

第六章　构建美国对知识产权的认知

托马斯·阿特伍德·迪格斯（Thomas Attwood Digges）在26岁那年，从英国殖民地扬帆起航，前往欧洲，满心向往着功成名就。1742年，迪格斯出生在马里兰州一个著名的天主教家庭，从小就笃定自己必有一番伟业，十几岁时曾因偷窃惹上麻烦；18世纪60年代末，他移民欧洲，在葡萄牙定居，从事国际贸易。与此同时，他开始写小说。1774年，迪格斯搬到伦敦；那时，他和葡萄牙政府发生法律纠纷，又爱上了一位英国女人，于是便搬了家。次年，他出版了自己的自传体小说——《阿方索历险记》（*Adventures of Alfonso*），这也是美国有史以来的第一部小说。

这位美国侨民的文学生涯在美国独立战争期间发生了政治性的转变。他与乔治·华盛顿关系匪浅——迪格斯的庄园正好坐落在波多马克河沿岸，与弗农山庄（Mount Vernon）隔河相望——自然而然地，他选择在英国投身革命，为北美殖民地的反抗军非法运送弹药。迪格斯投身美国革命一事备受争议。几乎所有在欧洲的美国代表都对他心存芥蒂，怀疑他是双重间谍。当人们发现，他挪用了营救美国囚犯和改善他们监狱生活的慈善基金后，更是对他唾弃不已。本杰明·富兰克林便是其中之一，他写道："这样的人就该下地狱，养虎为患根本不值得。"[1]但富兰克林的政治对手约翰·亚当斯，却对这个备受争议的马里兰州人信赖有加。迪格斯帮亚当斯在伦敦宣传他的革命理念，并向亚当斯报告英国人对战争的看法。他在外交上一时风光无限，这从英国首相诺斯勋爵（Lord North）选他为1782年和议时的传信人，便可窥知一二。

随着战争结束，迪格斯将目光投向了技术盗版。在美国独立后的10年里，他游历英国和爱尔兰各地，寻找愿意违反英国法律、带着先进机器移民美国的工匠。迪格斯冒着违反英国法律的风险这么做，是希望既能收获丰厚的利润，又能重拾爱国的名声。而他招募过最成功的工匠当数来自约克郡，并于1790年定居贝尔法斯特的机械工威廉·皮尔斯（William Pearce）。这位雄心勃勃的马里兰州人认为他新招的一流工匠是“阿基米德再世”，并声称皮尔斯“才是阿克赖特纺纱机的发明者，是阿克赖特夺走了皮尔斯的发明”。根据迪格斯的说法，皮尔斯也是阿克赖特工厂的创新力量，这家工厂专门用水、蒸汽或马力加工处理羊毛，并纺织、编织阔幅布（Broad Cloth）。皮尔斯曾向爱尔兰议会申请多项机械创新的奖励，但屡屡碰壁，于是他考虑并采纳了迪格斯的提议，同意移民美国。迪格斯自豪地向国务卿杰斐逊报告，“一个装有新发明的双投梭织机（double Loom）材料和说明书的箱子”即将运往美国，皮尔斯和他的两个得力助手将随后赶来，重新组装机器，让机器正常运作。迪格斯最后感叹道，“能将这样一位宝贵的工匠带到我们国家，真令我大喜过望”。不过，皮尔斯这一路并非一帆风顺。迪格斯报告说，“一艘英国快艇两次追上了他的船只，想要搜出他的双投梭织机。要不是他改名换姓，早就被遣送回英国了”[2]。

一次，迪格斯在浏览一份纽约的报纸时，偶然间读到了亚历山大·汉密尔顿（Alexander Hamilton）写的《关于制造业的报告》（*Report on Manufactures*）。在这份 1791 年 12 月 25 日提交国会的报告中，时任美国财政部部长的汉密尔顿全面分析了美国的工业现状，呼吁政府采取积极的技术盗版政策。迪格斯非常高兴这位华盛顿最亲密的官员所思所想与他心中的目标和方法不谋而合，并确信这是掠夺欧洲技术的绝佳时机。汉密尔顿在报告中写道，通过采取激励措施和发展就业机会，美国将不可估量地“推动人口、技术和工业的发展”[3]。

迪格斯对此深表赞同。他写信告诉汉密尔顿，在贝尔法斯特、利物浦和曼彻斯特等工业区，报纸绝对不会发表任何宣传美国制造业的报道，因为他们担心这会“诱导人们移民”。1792 年，他在都柏林印刷了 1000 份汉密尔顿的《关于制造业的报告》，在英国和爱尔兰本地的制造业促进协会大量派发。他相信这份报告将“鼓舞工匠迁往一个能很快找到工作并过上舒适生活的国度”。根据爱丁堡书商塞缪尔·彼得森（Samuel Peterson）对汉密尔顿报告的内容，在都柏林刊印的这份报告“均已派发而且售价便宜”。然而，这份《关于制造业的报告》鼓励“穷困潦倒的国人涌向美国”的举动，却激起了那些“良田千顷、家财万贯的显贵”强烈的抗议，他们想方设法阻止人们移民[4]。

由于偷窃成癖、不偿还债务，又从事工业间谍活动，迪格斯在 18 世纪 80 年代中期、1792 年和 1795 年（也许）多次在英国锒铛入狱[5]。许多美国批评者对他在英国的爱国行为不以为然，继续对他投以怀疑的眼光。但是，也有极为少数的美国人认为，迪格斯私下为美国制造业做出的努力，足以证明他的一颗爱国之心。面对迪格斯遭受的诸多批判，乔治·华盛顿总统回应说，自始至终他都相信，“托马斯·迪格斯先生在战争期间为美国所做的一切……不仅友好，甚至可以说是满怀热忱”。那些质疑他对共和党不忠的人应该看看“他冒着极大的风险就为了将工匠和实用机器运送到我们国家，究竟是付出了多少心血——尤其是在支持运输和排除阻碍这件事上”[6]。

迪格斯并不是美国安插在英国唯一的工业间谍。18 世纪 80 年代末至 90 年代初，至少还有 4 个间谍周游英国乡村，四处寻找、招募工匠，企图将工业技术运往“新大陆”。18 世纪 90 年代中期伦敦出版的一本反移民宣传小册宣称：“众多特工像猎鸟一样盘旋在泰晤士河岸边，迫切寻找着技艺工匠、机械工、农夫和劳动工人，引导他们前往美国。”宣传小册的作者接着警告有意移民的人，这些特工由美国制造商“高薪”聘请，“专门为了诱骗他们背井离乡”寻求“海市蜃楼般的幸福”，殊不知那是一个“荒无人烟的不毛之地，奢求锦衣玉食为时尚早”。这本宣传小册称，迪格斯是这些罪犯中最坏的一个，尽管他不是唯一从事“此种邪恶勾当”的人。并且，美国工业间谍已经开始接近英国绅士群体，打探“所有想要移民美国的人”的消息，并提出按找到一名技术工匠 2 基尼，一名普通工人 1 基尼的价格给予报酬。迪格斯是一个“老奸巨猾的恶棍”和“极其危险的人物”，任何想要移民的人都应该对这个“狡猾”的骗子敬而远之，不要“听信他的谎言”[7]，沦为他手中的猎物。

1793 年，迪格斯的哥哥去世，给他留下了一笔可观的财产，他的经济状况大有改善。但他并没有因此停止他的工业间谍活动。当他听说杰斐逊正在筹谋建造一家美国的铸币厂时，便主动提出寻求马修·鲍尔顿的帮忙，后者被称为“迄今为止最出色的铸币工，拥有欧洲最卓越的铸币设备”。他希望能借由这些活动重拾他在美国的声誉。然而，他为美国工业所遭受的考验和苦难，既没有恢复他在美国精英之中的声誉，也没有为他赢得同胞的感激。1799 年，迪格斯回到了他在马里兰的庄园，默默无闻地度过了人生最后 20 年[8]。

托马斯·迪格斯的工业间谍生涯，代表了 18 世纪 90 年代美国技术传播和技术盗版思想的关键转变。美国建国的最初 10 年里，联邦和各州都在不遗余力地追求英国技术。起初，促进实用艺术的宪法条款被解读为政府授权批准人们有效利用新的国家政府机制，盗版被欧洲禁止出口的技术。这在纺织业中尤为成功，美国东北部城市中心有许多小工厂如雨后春笋般冒出来，工厂的建造和经营都配备了最新的骡力纺织技术和阿克赖特的纺织技术。

与此同时，人们对技术盗版的适用范围有了新的认识。一个渴望在平等基础上加入国际社会且保有尊严的政府，不能张扬自己违反了其他国家的法律。在革命和邦联这种半无政府状态下建立的模式，不是国际社会中受人尊敬的国家应有之举。这点对于新生的华盛顿政府来说尤为重要——它的当务之急是在国内外确立其合法的地位。我们可以肯定，美国对于英国技术的秘密窃取不仅持续存在，而且还越发猖獗。毕竟 18 世纪时欧洲每个主要国家都参与了技术盗版和工业间谍活动，美国当然也未能独善其身。不过，此种盗版行径自有一套不成文的规矩：它秘而不宣地进行，官员们也会极力撇清与它的关系。

于是，这个新兴的共和国要起了两面派的手法。在短暂支持此类活动之后，美国政府正式宣布与技术盗版分道扬镳。表面上，美国国会颁布了一项《专利法》，该法建立在尊重全球原创性的原则之上，并成为美国知识产权的基石。台面下，联邦官员在公开否认与知识盗版有关的同时，却暗度陈仓。此外，移民不断涌入，使得美国也不再那么迫切地需要招募欧洲的技术工匠。而法国大革命爆发，更为美国农产品创造了巨大需求。美国经济迎来空前繁荣，在这种情况下，美国不再为了独立而急不可待地想要构建一个自给自足的工业经济。从某种意义上来说，联邦政府为技术盗版所采取的政策昭示着共和国时代的到来。

窃取技术的狂潮

美国建立起一个能有效运作的政府，加上乔治·华盛顿就任总统，激发了大众对民族主义者和工业倡导者的乐观心态。众所周知，华盛顿总统大力倡导经济发展，他本人就投资了众多技术和工业项目。华盛顿为“工业和经济热潮”已然改变这个国家而欢欣鼓舞，他向一名英国通讯记者指出，联邦政府的建立已经实现了预期目标。“在过去的 18 个月内，棉花、羊毛和铁的产量可能比美国以往任何时候都要多。”他向特拉华州国内制造业促进协会（the Delaware Society for Promoting Domestic Manufactures）承诺，“促进国内制造业”将是“一个充满活力的政府自然产生的第一批成果”[9]。

新总统的观点和施政纲领赢得了一众子民的拥护，社会上充满了对美国工业新时代的溢美之辞。一群来自巴尔的摩的商人和机械工主张“鼓励和保护美国制造业，以求尽早得到美国最高立法机构的关注”；他们认为美国拥有一切必要的自然资源，有望成为“一个制造业大国”，“（并且）只需有一个明智、有力的政府给予资助和支持”。一位来自哈特福德的作家称：“我们的人民勤劳而有智慧；他们在机械发明方面有着过人的才智，而且多才多艺，可以轻松自如地掌握国外引进的工艺。”另一名评论家解释道，殖民时期，美国的技术在不公正的指责下“苦苦挣扎”，但新政府将引导本土工业走上正道，向外国竞争对手证明我们不差，甚至更好。考克斯预计，在联邦政府成立以后，将有许多制造商“迁移到这个国家”。他说：“许多人已经来了，只要能尽快给予鼓励，我们成功在望。美国的制造业很快就会得到外国工人的支持。”[10]

发展美国制造业的巨大呼声，表现出美国完全无视欧洲国家——特别是英国的知识产权法律。《美国博物馆》杂志的一位评论家大赞国人对欧洲知识产权的广泛滥用，将这种行为视作一个文明的国际化社会的标志；一些宣扬移民美国的手册则在伦敦出版，内容详细阐述了工匠在新大陆获得的有利机会。与此同时，美国随处都在传播赞助外国工匠的承诺。费城的一本小宣传册里这样写道：“各种机械工和制造商在美国都能得到一定的奖励。”（美国）日耳曼敦国内制造业促进协会（Germantown Society for Promoting Domestic Manufactures）的章程上信誓旦旦地声明，它绝不会“利用其与政府的关系，对引进外国制造业施加不利影响；相反地，它将凭一己之力，促进从国外获取技术知识，因为这是各国真正利益之所在”。《费城月刊》（*Philadelphia Monthly Magazine*）一字不差地刊印了塞缪尔·阿什顿（Samuel Ashton）在英国获得的皮革制造方法专利说明书，丝毫不觉得这有任何“不妥”之处[11]。

乐观的心态并没有蒙蔽工业支持者的双眼，他们清楚地看到美国长期存在的技术缺陷。1790 年 1 月，应国会请求，时任美国财政部部长汉密尔顿撰写了《关于制造业的报告》一文。在撰写此文之前，他对此类专业问题知之甚少，于是向著名的工业家和当地的制造业促进协会（18 世纪 80 年代，此类协会在许多城市应运而生）求教。次年，大同小异的回复陆续传回纽约，这些回复不仅描述了与日俱增的工业活动，同时也阐述了美国制造业当前遇到的障碍。

美国制造业的成败取决于其能否克服本国的技术缺陷。来自各州的通讯记者向汉密尔顿报告了他们在吸引和留住外国工人时所遇到的困难。南卡罗莱纳州查尔斯顿（Charleston）的制造业将工业发展滞后归咎于缺乏业务熟练的劳动力。康涅狄格州的一位工业家抱怨道，帽子的价格在过去几个月里大幅下降，因为“不良商品流入市场，严重损害了美制帽品的信誉，必须及时彻底销毁”。马萨诸塞州筹建的玻璃制造厂一拖再拖，因为企业家“迟迟等不到雇用的工人，这些工人可能已经被挖走”。而马萨诸塞州的纺织厂（始终）“缺乏建厂的必要信息”，因为当地投资者“被各种冒牌专家误导”[12]。

尽管如此，美国欲消除技术差距的决心异常坚定。个人、志愿协会、州议会和联邦政府纷纷出手吸引移民及其机器来到新大陆。自英国早期殖民活动以来，美国便开始搜寻新产品和新技术，在独立以后，这些活动更是有增无减。到了18世纪90年代早期，此类活动范围之广、方式之特别，尤其引人注目。随着工业技术之争的明朗化，这些活动不再秘而不宣。正如一位匿名作家所言，“欧洲国家通过引入各种机器来减少制造业的劳动力数量，这给我们上了一课，让我们知道，这种做法对他们不利，却可以为我们所改进，然后用来发展自己”。他接着说：“在欧洲，新技术对制造厂经营者有利可图，但对欧洲国家不利；因为有那么多的贫困工人需要就业。”而美国劳动力短缺意味着新技术对工人和工业家双双有益。此外，由于美国的原材料既丰富又便宜，汲取现代机械知识有望“使我们即便是在欧洲的市场上，也能超越欧洲本地的竞争对手”。美国成功盗版英国技术，有目共睹，以至于欧洲大陆国家都不再寻求英国工匠，转而寻求美国的工业间谍。在血腥的大革命全盛时期，法国政府招募了两名美国工匠，付给他们6000里弗（livres），要求他们在法国仿照英国工厂建造布料厂[13]。

工业化要想成功，还取决于制造商盗版英国技术的能力，而这主要通过引诱英国的熟练工匠移民来实现。当一位来自欧洲，“精通机械的绅士”来到南卡罗来纳州以后，《环球庇护和哥伦比亚人杂志》（*Universal Asylum and Columbian Magazine*）的一位撰稿人在该杂志中写道：“制造业热潮已在南卡罗来纳州取得了显著成绩”。在新建的工厂里，“来自英国的工匠将衣服一件件地染色、熨烫、装饰，整理得井井有条”。一名英国工人到了纽黑文后，当地开始掌握纽扣生产技术，这位“绅士，拥有精湛的工艺，并传授我们制作纽扣的重要技术”。康涅狄格州诺维奇（Norwich）的纺织厂里，机器都是从英国进口而来。哈特福德毛纺厂经理以利沙·柯尔特（Elisha Colt）赞扬了他工厂里的英国工匠劳苦功高，在公司成立之初，他对工业生产所需的劳动分工一无所知，而且“急缺各种机器和工人来完成工作任务”。消息传到了在“英国的毛纺公司”工作过的工人耳里，于是他们蜂拥而来，自此之后，柯尔特大言不惭道：“公司、子公司，每处都和在英国时如出一辙。”[14]

18世纪90年代，历数美国制造业的各个细分产业，几乎都建立在进口技术的基础之上。借助从法国引进的火药技术，伊雷斯·E.杜邦（Irénée E. Du Pont）在宾夕法尼亚州的布兰迪维因（Brandywine）地区建造了一家工厂，并负责监督这家工厂的生产运营。这家工厂的检测设备和生产器械也是从法国进口来的。后来，杜邦前往法国与火药专卖局（Administration des Poudres）官员谈判，后者承诺将他们多余的技术工人派遣到美国。与他拥有相同经历的，还有布兰迪维因造纸厂的创始人约书亚·吉尔平（Joshua Gilpin），此人在18世纪90年代到访英格兰和苏格兰，并在一名爱丁堡“绅士”的帮助下，详细记录了英国工厂生产方法——这名爱丁堡“绅士”向他阐述了整个生产过程。一位欧洲旅行者称，“纵观美国制造业中的佼佼者，有很大一部分是欧洲工厂和车间里的熟练工人，还有一部分是那里的工头，他们技术娴熟、头脑清醒、省吃俭用，攒下了一些余钱，便一跃领先于一众美国人，鲜少有失败者”。这一位旅行者还说，“精通制造和机械工艺的能工巧匠……以及他们所带来的熟练工和普通工人，在这里必然会大获成功”[15]。美国工业技术的发展依靠大西洋两岸间的沟通交流。例如，18世纪90年代在美国尝试制造蒸汽机的人，要么是来自不列颠群岛的移民，要么是与英国移民合作的美国人。即使在美国定居，机械工们仍在继续寻求来自英国的指导，有一些人前往英国参观和学习新的技术，而另一些人则试图通过与亲朋好友通信来跟上创新的步伐。英国移民将美国与欧洲的技术发展联系起来，并教导美国工匠如何操作复杂的机器。在美国独立后的头20年里，他们俨然成为工业革命的使者。

美国人觊觎英国的纺织制造技术，美国毛纺工业的创始人就想方设法效仿英国技术。羊毛的机械化比棉花机械化要慢，纤维拉直成纱的工艺直到18世纪后期才在英国实现机械化。18世纪80年代末，哈特福德毛纺厂雇用了一批英国逃兵和前战俘，这些人具有英国毛纺行业的工作经验，但他们在英国技术取得突破的关键几年不在英国，因此并不知悉该行业的最新发展，特别是梳毛技术的改进。结果就是，虽然雇用了更多英国工人，但这家公司却陷入了经营困境。哈特福德毛纺厂的案例是当时许多工厂的缩影，它们在成功盗用外国技术之后面临倒闭；尽管哈特福德毛纺厂深受本市精英的欢迎，在成立时获得康涅狄格州的补贴，产品还受到乔治·华盛顿的称赞，但它还是在18世纪90年代中期关门大吉了，原因之一是缺少技术熟练的印染工人和收尾整理羊毛的工人[16]。

哈特福德毛纺厂的倒闭并没有打消人们引进英国羊毛纺织技术的念头。美国人依然坚定不移地希冀通过招募技术熟练的移民实现工业化。英国颁布了限制工匠移民的法律，一位自信的作家写道，这是因为“心怀嫉妒的英国人担心自己会失去羊毛市场”。然而，这些法律并没有什么作用。据一位英国旅行者称，来自英国埃塞克斯（Essex）的威廉·麦金托什就在纽黑文开了一家毛纺厂，还“高薪招录许多英国工人”。1793年，约克郡的约翰和亚瑟·斯科菲尔德（John and Arthur Schofield）则在马萨诸塞州的纽伯里波特（Newburyport）建了一家英式毛纺厂，兄弟俩雇用了会制造和操作机器的移民，不过他们的产品无法与物美价廉的进口英国产品相媲美，所以，1799 年斯科菲尔德兄弟卖掉了他们所持有的工厂股权，搬到了康涅狄格州。4 年后，一位英国投资者将这家工厂改造成了棉花厂[17]。

最受美国人追捧的技术当属棉花加工工艺，其中阿克赖特纺纱机尤其受欢迎，因为它极大功效地节省了劳动力。在阿克赖特纺纱机的协助下，一名工人一次就能纺织多根纱线，产出的纱线既坚固又匀称。这项技术最初由马力或水力提供动力，后来由鲍尔顿－瓦特蒸汽机提供动力，特别适合劳动力极度短缺的国家。许多来到美国的英国工匠都声称自己受过阿克赖特纺纱机的操作训练。3 名英国移民：乔治・帕金森（George Parkinson）、威廉・波拉德和威廉・皮尔斯，为阿克赖特技术的专有权明争暗斗。帕金森在 1791 年宣称，在掌握了方法，了解如何“改良英国达灵顿镇的肯德鲁和博特豪斯工厂系统与机械”后，他发明了亚麻和粗纤维植物纺织，以及羊毛精梳的方法，并因此获得了一项美国的专利。帕金森认为他是这项“全新发明”的原创人（originator），并称这项发明“对美国大有用处”。但他的美国合伙人腾奇・考克斯却坦言道，他和帕金森“不是发明者”，他认为“阿克赖特才是这台机器的发明者，而我们是引进人”。即便如此，他们还是获得了这项专利，因为在美国没有这种机器的“模型或图纸”[18]。与此同时，波拉德在 1791 年 12 月获得了一项专利，次年 6 月，他的工厂开始全面运营。皮尔斯则未能获得专利，但他在费城开了一家工厂与之竞争。他也并非孤立无援，乔治・华盛顿本人曾莅临工厂给予他支持。据《美国公报》（*Gazette of the United States*）报道，“美国总统和他的夫人，偕同国务卿、财政部部长及其夫人一起参观了皮尔斯先生的棉花厂。总统先生仔细视察了机器和其他设备，还参观了各条工序的操作流水线，并给予了高度的评价”[19]。

美国这 10 年的企业发展建立在进口技术的基础之上。英国人亨利・万西（Henry Wansey）于 1794 年到访美国，他对美国能够如此轻而易举地规避英国的移民和技术扩散限制，并猎取严加保护的工业机密而大为懊恼。他到纽约参观了一家工厂，在那里有 12 ～ 14 名来自曼彻斯特的工人运用了“阿克赖特和其他人发明的最新技术”。所有的机器“都是按照从英格兰和苏格兰带来的模型现场制造而成”。目之所及皆是工业间谍活动成功的证据[20]。这个新兴国家在高瞻远瞩的政府领导下，正以迅雷之势击败其在欧洲的竞争对手。

与官方赞助的技术盗版行为打交道

就任美国第一任总统前不久，华盛顿向当时仍在法国的托马斯·杰斐逊——他未来的国务卿——概述了他的执政目标。华盛顿给他的这位弗吉尼亚同僚写信称，促进美国制造业和内河航运的发展，是“国内政务的重中之重”。在信中他提到，最近他在弗农山庄与“一名多年来致力于将棉花制造业引入法国的英国绅士”畅谈，双方都认为美国发展制造业的潜力巨大，而引进高效的现代工业技术则有望实现这一目标。华盛顿告诉杰斐逊：“靠引进先进机器来减少劳动力，一定能对美国产生不可估量的改变与影响。”而他所发表的第一篇《国情咨文》（*State of the Union Address*）也同样态度鲜明，其中表示：“我不能不告诉各位，对于从国外引进来的崭新而有用的发明，也应当给予有效的鼓励。”[21]

自美国独立战争以来，华盛顿一直支持引进欧洲技术。18 世纪 80 年代，华盛顿决心将波多马克地区打造成美国主要商业动脉。他设法招募了一名法国工程师来到弗吉尼亚，利用现代技术挖建了数条运河，将波多马克河与弗吉尼亚的种植园连通。他资助詹姆斯·拉姆齐建造一艘汽船，参与波多马克运河的建造[22]。在公开谈话中，总统亦明确表达了对美国工业化的期望。

华盛顿表示，民众期待联邦政府将精力投入到工业发展之中。总统和各工业领袖的种种象征性行为，为这项发展趋势奠定了基调。1789 年秋天，华盛顿到访新英格兰各州，进行了一次非常高调的联邦国庆活动。该地区的人们欢天喜地地为他举行了欢迎仪式、游行活动和宴会。在活动现场，华盛顿特意穿上了哈特福德毛纺厂制造的衣服称：“我希望过不了多久，人们就不时兴穿其他衣服了。”[23] 哈特福德的创业新贵们自然乐不可支，“总统对这一实业所取得的成就非常满意”，因为这意味着“我们的制造业正摆脱英国的掌控，前景令人兴奋喜悦”[24]。最讽刺的是，在革命时期对英国社会大加批判的共和党人，于 18 世纪 90 年代转而关注起引进英国的技术。战前关于英国压迫的言论转变为通过发展本国制造业来摆脱对英国的依赖，从而实现政治独立的言论。工业领域的各个企业，无论是私人企业还是公共企业，都融入了维护国家利益的新概念之中。缩小两国技术差距这件事则被赋予了崇高的国家意义。

1789 年，纽约，在美国召开的第一届国会上，联邦党人和杰斐逊派的未来领导人之间产生了分歧，分歧的焦点集中在美国与英国的关系上。双方都意识到美国对来自英国的进口产品产生经济依赖，并对美国船只被排挤在英属西印度群岛之外感到震惊。麦迪逊和杰斐逊提议对抵达美国港口的英国船只上的货物征收更高的关税。他们认为，英国对工匠移居美国深感不安，因而对美国带来的经济胁迫格外敏感。麦迪逊解释说：“美国大宗原材料的出口，使得英国运输繁忙、税收丰盈、制造业兴旺、商人富足，而这些商人就立于美国和欧洲各大消费国之间。”这一贸易但凡中断，必将使英国的商人、中间商和制造商损失惨重，继而又将导致大规模失业、社会动荡和移民，最终“加快美国制造业的发展”[25]。

制造厂的创办人一心想要吸引外国移民。时任宾夕法尼亚州制造业和实用技术促进协会秘书考克斯向麦迪逊提出建言。他建议国会拿出百万英亩“西部最邻近、最完整、最有价值的土地，作为一种奖励基金，给予从国外引进机械发明、艺术或其他事物者，以及最先将外国发明和发现引进给我们的外国人，因为由这些事物带来的好处……对美国来说非常有用”。麦迪逊回复道，“划拨一块土地来奖励进口发明的想法别有新意，值得考虑”。尽管如此，该计划无法依据现行宪法予以制定，因为“国会似乎只有办法执行一种鼓励发明的模式，也就是授予一定期限的专有权。因此，除了给予资金支持外，国会无权另外奖励土地”。麦迪逊告诉考克斯，他在费城提议一项土地赠与条款，但已经被“明确拒绝”了[26]。

麦迪逊和杰斐逊对美国获取欧洲技术一事给予支持，并将之纳入到更远大的愿景——美国外交之中。在他们看来，进口英国产品，有损这个新兴国家的政治独立性，而有利于英国推行反美的商业法规。他们主张对英国发起一场公开的贸易战，提请国会对进口英国产品征收一系列报复性关税。实施这样的商业胁迫，主要是为了迫使英国取消在英属西印度群岛对美国施加的贸易限制，报复性关税将以一种迂回的方式造福技术匮乏的美国工业。他们认为，提高英国进口产品的购买成本，将降低美国对英国产品的购买需求，致使英国工业城镇减产、失业率上升。而失业的工人可能会移居新大陆，正好满足当地强烈的技术需求[27]。

这两人的政治对手，亚历山大·汉密尔顿，却对这个新兴国家是否具有迫使英国取消政策的能力深表怀疑，他担心美国会在这场角逐中败下阵来。他提议通过大规模发展美国制造业作为一种替代方案，来解放美国经济。1790 年 1 月，在总统的领导下，国会要求汉密尔顿起草《关于制造业的报告》，时任美国财政部部长汉密尔顿借此机会描绘了他对美国工业化的美好愿景。他任命考克斯为其助手，委托他起草这份报告。而任命美国最负盛名的技术盗版倡导者起草美国工业化蓝图，暗示了这份文件对未来政策的建议。

在走马上任之前，考克斯曾出版过一本宣传小册。在这本册子中，他认为新政府的当务之急是推动工业化。一个工业落后的国家，其"首要任务是自给供应一切必需品"。如果美国延续"进口产品的习惯，国家将继续寄人篱下、穷困窘迫"。考克斯建议联邦政府效仿欧洲对待技术盗版的做法，给予"制造工艺引进人特别的奖励"，这样走私者才会"将欧洲的制造秘密一一引入美国"。考克斯还建议，对于那些无力吸引技术移民的企业，政府应施以援手，购买进口的成品，供他们揣摩和仿制[28]。

在撰写《关于制造业的报告》的初稿时，考克斯详细阐述了他自18世纪80年代中期以来一直推崇的主题。美国制造业饱受劳工问题的困扰：劳动力稀缺，薪水成本过高，缺乏精通现代技术的熟练操作人员。他提出了三种解决方法。第一，美国应进口人力需求较少的现代机器，从而缓解紧张的用工局面，控制过高的工人报酬；第二，吸纳工酬较低的妇女儿童从事非技术工作；第三，美国政府应积极游说欧洲工匠移民。

诱导移民是这一项计划成功的关键。但一个制造业落后、资本匮乏的国家又如何能吸引技术工人呢？考克斯修改了他几个月前呈交麦迪逊的提案：将之前提议的百万英亩土地改为五十万英亩品质优良、位置优越的土地，授予"实用制造厂的最先创办者，以及未曾为美国拥有、公开或从事的实用工业、技术、机器和工业秘密的原始发明者或引进人"。他还提议在美国总统的指示下设立一个基金，向"不会带来直接或显著利益"的项目或想法的引进人支付奖金。此外，应该奖励将可直接投入市场使用且"具有极大价值的制造用机械以及工业秘密"带入美国的引进人，"授予这些引进人一定年限的专有特权，这种特权对引进人权利的保护，就好比专利对发明者权利的保护一样"。考克斯在总结这一草案时称："这些源于欧洲的伟大制造工具和节省劳动力的机器对美国的工业发展至关重要，有鉴于美国目前的制造业状况，政府应通过谨慎的政治和经济手段，努力获取这些机器。"[29]

汉密尔顿对考克斯的草案前前后后修改并补充了5次，最终于1791年12月向国会提交了文件[30]，修订后的报告呼应了考克斯的观点。汉密尔顿对美国依赖欧洲进口产品深表痛心，强调只有发展本土工业才能将国家经济从英国的控制中解放出来。他将美国制造业目前步履维艰的原因归咎于缺乏技术，认为欧美之间的差距将"随着机器使用的数量而相应"减少。他呼吁联邦政府建立一些"辅助机构"以协调盗版欧洲技术的活动。他提议在欧洲大力鼓吹美国工业化，以便诱导技术工人规避国家对工匠施加的移民限制。他赞成考克斯针对鼓励工业移民所提出的建议，例如向工匠提供差旅补贴，免除他们交易和家私用品的关税。他宣称："国库应当弥补私人资源的不足，因为一旦外国工匠意识到在这里确实可以得到任用和鼓励——将有不计其数的欧洲工人纷至沓来，而这将能够确保美国发展计划万无一失。"汉密尔顿总结道，美国的工业化将"在很大程度上利用外国的人力储备"[31]。

《关于制造业的报告》以及它的产物——1791 年底在新泽西州成立的"帕特森实用制造业创办协会"（The Society for Establishing Useful Manufactures，以下简称实用制造业创办协会），标志着联邦政府认可的技术盗版活动迎来了全盛时期。财政部长提议由联邦政府筹谋制定一项计划，旨在将竞争对手试图保护的工业秘密尽数收入囊中。他解释说，大多数制造业大国"禁止出口发明或改进的工具和机器，违者将受到严厉的惩罚"。美国政府应避开这些工业强国对工业技术国际传播所施加的阻挠和限制。为了与英国纺织业一较高下，美国必须组建一支技能更为娴熟的劳工大军，而业务熟练的工人是美国工业化的"重要组成部分"，但到目前为止"努力招来的国外技工的产能还未能达到预期"。他呼吁社会"从欧洲招揽熟练的工人，获取机器和工具，使人尽其才，物尽其用"[32]。

未等国会依照报告建议采取行动，汉密尔顿便自己招聘技术工人。1791 年，他会见了几个刚刚移民美国的工人，以确定他们是否有可能引进英国技术。他指派一名苏格兰织袜工回国，为美国的一家工厂招募工人。英国工匠听闻美国财政部长对他们的技术颇感兴趣，于是期待在抵达美国后能够得到他的帮忙。例如，罗杰·纽伯里（Roger Newberry）认为，汉密尔顿应该帮他在美国找份工作，因为他手握两种"设计精巧、效益巨大"的新型英国纺织机设计方案。1791 年 12 月，汉密尔顿向实用制造业创办协会的董事们报告了他与一位莫特先生（Mr. Mort）达成的协议，后者同意"先自费前往欧洲带回工人，但事后必须要得到补偿"。协会董事一致通过了这项协议，并承诺"由他们来履行协议"[33]。

然而，汉密尔顿、考克斯及其同道者们的想法逐渐与能够解决国家工业缺陷的方法脱节。他们根据旧大陆的经验，设想政府能够积极制定具体的经济发展计划，以造福大众。汉密尔顿致力于引进设备和工匠，因为他认为美国的经济增长必须遵循欧洲的路线。对他而言，美国要想成为一个经济大国，必须追随英国的脚步，在引进机械和技术的基础上建立大型集中的企业群，如"实用制造业创办协会”。汉密尔顿未曾料到的是，美国的制造业非但没有遵循英国的既有模式，反而以一种独特、分散且混乱的模式兀自发展。

美国的工业发展并没有遵循欧洲“由中央政府带头资助、监管和保护工业”的重商主义模式。早期考虑由联邦政府积极资助技术盗版的做法，如汉密尔顿的《关于制造业的报告》，未能考虑到市场资本主义崛起对美国工业化的形成和发展产生了剧烈的动态性影响。美国早期的做法，是建立在资本主义尚未出现时的认知之上——彼时人口流动受限，饥荒和流行病肆虐。在一个经济灾难时有发生、社会时刻准备应对突发状况的年代，由政府主导经济发展便显得合情合理，而且稳定的社会和经济等级制度也为应对周期性灾难做好了准备。然而，随着市场经济的到来，农业生产率取得了突破性的进展，18 世纪下半叶发生了消费革命（consumer revolutions），美国经济迎来了空前繁荣，人们不用再为明天的柴米油盐担惊受怕。18 世纪末的新兴资本主义，使得人们抛却过去精打细算的习惯，畅想未来经济将会长盛不衰[34]。可以肯定的是，新经济模式让人们付出了沉重的代价，但物质条件的改善使人们生活幸福，并开始乐观期望市场生产力的最新成果可以渗透到各行各业。“经济自然增长”的新理念逐渐占了上风。即使政府公然支持工业部门，但政府的监管也阻碍了经济的增长和繁荣，意气风发的资本主义开启了一个获取被禁止出口技术的崭新时代。

双管齐下的联邦信息政策

塞缪尔·斯莱特（Samuel Slater）15 岁那年，父亲帮他在杰德迪亚·斯特拉特（Jedediah Strutt）的工厂找了份学徒的差事。这家位于英格兰米尔福德的工厂可谓是走在英国纺织生产技术创新的前沿，斯特拉特是阿克赖特的赞助人和合作伙伴之一，他的工厂主要靠阿克赖特最新研发的水力纺纱机来生产制造，这种纺纱机能快速、连贯地将棉花转变成高质量的纱线。斯莱特学得很快，不久便被提拔成了一名监工。当他得知“美国各州政府都迫切地渴望发展制造业”后，便有了移民北美的念头。一次，他读到报道称“宾夕法尼亚州议会向一个未完全成功组装梳棉机的人慷慨赠与了 100 英镑的奖金”，顿时激动不已，决定冒险横渡大西洋，去碰碰运气。他知道英国政府颁布了禁止技术扩散的规定，禁止像他这样的工匠移民，于是便乔装成一个农场工人，周身只带了他的学徒文件作为唯一的身份证明。他既没有带图纸也没有带机器，相信仅凭记忆就能仿制出英国的纺织技术。来到美国后，他先在纽约的一个车间小试身手。与此同时，在罗德岛，企业家兼商人摩西·布朗（Moses Brown）正试图仿制英国的工业技术，但徒劳无获。斯莱特听说布朗正在为他早些时候购买的一台英国棉纺机寻找操作员，便联系了他，表示愿意为他效劳。布朗原本只想让斯莱特修理和操作机器，奈何斯莱特仗着自己不可或缺，提出要成为合伙人。布朗迫不得已，只好答应了斯莱特的要求。斯莱特便搬到罗德岛波塔基特市（Pawtucket），接手了这项工作[35]。

由于斯莱特光凭记忆组装布朗从英国走私的机器，他颇费了一番工夫才将波塔基特的这架机器打造成他记忆中的模样。1790 年末，这家工厂终于成功产出了纱线。斯莱特这才在这个家族企业里站稳了脚跟，成为合伙人，并将这个家族企业发展起来，直到该企业在罗德岛又建造了几家类似的工厂。斯莱特所打造的工厂成为美国现代家族纺织企业的典范。当阿克赖特因原创身份受到质疑而与人对簿公堂时，声誉大损，斯莱特却顶着美国工业创始人的称号安然无恙。到了 19 世纪 20 年代，斯莱特被誉为美国历史上最成功的技术盗版者。一位途经罗德岛的英国旅行者说："这里的棉花贸易是由一位英国绅士引进的，他是阿克赖特的学徒，如今功成名就，其他人纷纷效仿。纺织产业很有可能在这片地区发展壮大。"[36]

皮尔斯、帕金森和波拉德也颇受当地权贵的器重。波拉德和帕金森获得了进口技术的专利，而皮尔斯则得到了华盛顿的支持，后又受邀在汉密尔顿最寄予厚望的项目——实用制造业创办协会里担任要职。不过，这几位人脉显赫的工匠以后的日子却充满了失败和挫折，宾夕法尼亚州制造业和实用技术促进协会创办的工厂亦面临相同的命运：尽管宾夕法尼亚州议会对技术盗版提供了立法和财政方面的支持，但该地区生产的粗布并不能与来自英国物美价廉的进口产品相媲美。在 1790 年初的一场大火过后，工厂关门大吉，那些受美国权贵支持的工匠和受政府资助的大型企业深陷泥潭，而斯莱特却平步青云。斯莱特及数以千计的小型企业和家族企业——而非有政府支持的大型企业——才是促使共和国工业腾飞的关键[37]。

秘密进行的技术盗版活动并没有减少，招募工匠和走私机器的现象反而越发猖獗。不过，让许多人始料未及的是，联邦政府并没有直接参与其中。宪法只是指示了国会制定法律，通过对发明者授予一定期限的垄断权来促进科技进步。尽管美国与世界各地在界定原创性方面有何区别尚不明确，但是在 1789 年的国会第一次会议上，还是有很多人提交了寻求此类保护的请愿书。其中最知名的申请者是约翰·菲奇，他申请获得"改良蒸汽机"的独家专利（exclusive patent)。菲奇声称，对于他的发明是否“与英国的发明类似”，他“一无所知”。他请求国会遵循英国的做法，向技术引进人授予进口专利，并举例道，英国议会就托马斯·洛姆贝爵士（Thomas Lombe）从意大利引进一家丝绸厂的技术一事，授予洛姆贝爵士一项专利，又给予了爵士1.4万英镑的奖励。换言之，菲奇认为，无论他是真正的发明者抑或只是机器的仿造者，他都应该享有专利垄断权。他不是凭借原创性，而是出于他的汽船将给美国带来的“重要优势”而享有这一项特权[38]。

在美国首届国会上，有人提出一项法案，希望建立专利制度，但未获得通过。这项提案是想仿效英国为吸引欧洲卓越工匠而制定的专利制度：凡是将英国闻所未闻的技术创新引入者，均可获得生产垄断权。同样，在拟议的美国法案中，引进人可获得进口专利，并享有原始发明者的所有特权。总统迫不及待地想要推进此事，并在1790年1月发表的第一篇《年度咨文》(*annual message*）中提到了这个问题。华盛顿要求颁布法律鼓励国内的“技术天才”，并鼓励“从国外引进实用的新发明”[39]。在随后的国会会议上，众议院遵守这一请求，并提出一项法案，为盗版技术的引进人授予原始发明者享有的垄断特权。然而，参议院修改了该法案，只向发明了“未曾公开或使用”的机器之人授予专利垄断权，并删除了众议院提案中“在美国境内”这一项位置限定。因而，美国的第一部《专利法》就打破了欧洲授予进口专利的传统，在该法中，专利的授予对象仅限于原创发明者，并且该法制定了“在世界上任何地方率先使用都会使专利无效”的原则。这一项准则着实令人费解，因为这个新兴国家亟须进口技术来发展工业。更何况，华盛顿政府中最重要的两员大将：总统本人和亚历山大·汉密尔顿，都支持授予进口专利[40]。

美国于1790年依法在内阁成立了专利委员会。该委员会由国务卿、战争部长（secretaries of war）❶和司法部长组成，负责裁定每项申请的优劣。这一项要求使工作变得极为繁重，对国务卿而言更是如此，因为他要对整个项目负责。以科学家和发明家自居的杰斐逊，起初花费大量精力在对这些申请进行实用性层面的审查。从1790年到1793年，专利委员会大约授予了67项专利。然而，逐一审核每项申请的任务令委员会不堪重负。杰斐逊向北卡罗来纳州的国会议员休·威廉姆森——新专利法编制委员会主席抱怨，当前的制度“把他的时间

❶ “Secretary of War”战争部长，在1781年至1789年间根据《邦联章程》被任命为邦联议会成员。——译者注

浪费在最无用的事情上”。杰斐逊借他人之口在《国家公报》（*National Gazette*）上表达了他的不满。该报主编菲利普·弗雷诺（Phillip Freneau）是杰斐逊在18世纪90年代初党派斗争中的喉舌，弗雷诺在1792年7月11日和14日出版的报刊中，发表针对该法的评论文章，文章由杰斐逊的盟友约瑟夫·巴恩斯（Joseph Barnes）代笔[41]。

堆积如山的申请把第一部专利法变成了一场可怕的行政噩梦[42]。1793年，国会免除了内阁委员会成员逐一审核专利的职责，并指派一名国务院办事员专门负责此事。专利申请演变成了一项任何人都可以进行的权利登记行为。凡申请专利者，只需缴纳30美元的登记费，并确保先前未有类似专利登记过。获得专利与否完全取决于官僚机构是否及时完成必要的文书工作。修订后的专利制度保留了对新颖性和原创性的双重要求，它要求每个专利权持有人宣誓其确实是首位、原创发明者。而在这严格的文牍登记流程中发生的所有争议，将提交仲裁委员会和法院解决。在1800年的修订中，又对所有申请人的宣誓内容增加了要求，大意是要求他们的“发明、技术或发现……未曾在国内外公开或使用过”[43]。

上述行为可能让人误以为这个年轻的共和国拒绝技术盗版，并且是在建立新的知识产权行为准则，但事实并非如此。全球对原创性和新颖性的法定要求，并未妨碍美国在官方默许下开展广泛的技术盗版活动。1793年法案生效后的专利管理工作大多由威廉·桑顿（William Thornton）负责，而他并没有恪守国际新颖性的誓词。专利委员会办公室收到的大部分专利申请完全有可能是针对已在使用的设备所提出的。事实上，由于获得专利只涉及是否完成文书程序，1793年颁布的《美国专利法》甚至允许专利权持有人获得属于他人的专利。此外，该法明确禁止外国人在美国对已获欧洲专利的发明进行专利申请。这意味着，虽然美国公民不能以引进人身份申请专利，但欧洲发明家的知识产权在美国也无法得到保护。因此，只要进口技术不是限于某个引进人专有，美国专利制度就默许技术盗版的存在。可见，美国建国初期的知识产权制度是有利于运营商、国内开发商和企业家，但牺牲了投资者和发明者的利益。

进口专利的支持者试图游说国会按照英国模式修改法律。考克斯和麦迪逊争论的焦点是：宪法中有关促进科学和艺术的条款，并不适用于进口而来的发明。考克斯曾在报告中称，帕金森即将为他改良后的阿克赖特机器申请另一项专利，并宣称这台美国的仿制品比米尔恩兄弟在法国生产的机器还要优越。考克斯毫不怀疑“我国同胞靠自己的聪明才智获得这些东西的天赋和能力”，但他认为，“总结大量技能和知识，特别是欧洲所拥有的实用技术”来制定法律机制，对共和国而言更为明智。在1791年12月提交给国会的《关于制造业的报告》中，汉密尔顿请求国会修改《1790年专利法》，授予技术引进人与原创发明者相同的权利。他认为，美国必须采用“在其他国家业已取得成功”的相同方法[44]。

进口专利的支持者们再次尝试修改《1970年专利法》。1792年3月1日，国会议员威廉姆森在众议院提交了一项修订《1970年专利法》的意见，提议使用专利申请人支付的登记费进口国外实用发明[45]。然而，到了3月末，考克斯和汉密尔顿等人对美国技术做出的不懈努力化为了泡影，财政部长最引以为傲的杰作——实用制造业创办协会，反噬了他的计划。众所周知，汉密尔顿是协会的重要成员，参与协会的日常运营。据披露，该协会董事在1792年3月的一场金融危机中损耗了协会大部分资金，这一消息使得汉密尔顿的协会和修改专利法案的努力前功尽弃[46]。

尽管有总统和财政部长的鼎力支持，国会仍拒绝对进口发明授予专利权。而国会之所以采取这一立场，与维护作者和发明者权利（无论是否为本国公民）的原则性承诺并无关系。事实上，之所以会这样是因为政治家们开始怀疑，在国际知识产权问题上，官方是否有必要或是否合适采取旗帜鲜明的立场。最终，这个新生的国家将会采取双管齐下的策略：明面上，美国政府抵制技术盗版；私底下则大力奉行这个做法。

在接下来的几年里，美国的立场有了细微变化，这种变化始于1789年夏天。当时，英国人托马斯·豪厄尔（Thomas Howell）致信华盛顿道，1788年他曾尝试“转移一家工厂”到美国，但由于美国政治不稳定，只好作罢。新宪法生效后，他提出愿意“为弗吉尼亚州效劳，模仿目前英国施行的计划，引进毛纺厂”。豪厄尔提议他个人将投资1000英镑，“引进纺织机的发动机及该业务所需的其他各种设备”。之前在该州发展制造业皆因缺少熟练技工和普通劳工而屡屡受挫，豪厄尔建议求助于“那些愿意释放黑人奴隶的绅士们”，“年轻的黑人会被安排到工厂工作，七年学徒期满后给予他们自由”。他承诺带回足够的能工巧匠，悉心看管这些年轻人，全方位地栽培他们[47]。

豪厄尔的请愿与欧洲工匠和企业家的提议相似。起初，华盛顿也是支持这项提案的，毕竟，这和华盛顿在过去十年里公开和私下表达的观点不谋而合。他把这份提案转交给了弗吉尼亚州州长贝弗利·伦道夫（Beverly Randolph），并提到他在最近巡访新英格兰时，见识到了技术转移如何迅速提高工业生产，希望他的家乡也能效仿。同时，总统意识到这项提案可能违法，于是要求伦道夫隐去豪厄尔的名字，这样就可以避免他在英国遭受“悲惨命运”[48]。弗吉尼亚州议会专门成立了一个委员会来调查此事，最后建议补贴该企业1000英镑。联邦众议院甚至更为慷慨，批准拨款2500英镑，但被参议院否决。1790年11月，弗吉尼亚州议会改变了立场，要求伦道夫州长与联邦政府重新就这个问题展开谈判。

总统于是询问他的司法部长和国务卿如何对该项目施以援手。杰斐逊最初也是支持这个做法的，他写道：“在合同签订之前，总统干预似乎是必要的。”但他很快就改变了主意，建议华盛顿不要插手此事。司法部长埃德蒙·伦道夫（Edmund Randolph）则是从一开始就反对这个计划，他提醒华盛顿，豪厄尔的行为违反了英国的法律限制。鉴于国务卿和司法部长统统反对，总统只好就此罢手。他给伦道夫州长写信道：“我听说，工匠图谋机器移民将构成重罪，总统私下诱使另一国民违反法律，必然会使美国蒙羞。”[49]

总统的信件多少有点不真诚。毕竟，技术盗版这事违法，他可不是头一次听说。过去10年里，他一直张罗着将欧洲技术引入美国，丝毫未顾及法律层面上的问题。然而，华盛顿在1791年初的回应并不意味着总统不再支持技术盗版。恰恰相反，在写给弗吉尼亚州州长的同一封信中，华盛顿希望该州认真考虑豪厄尔的提议，并说自己“对这项做法的效用……叹为观止”，并承诺将“尽我所能，提供一切适当的帮助”[50]。华盛顿的目标和观点从未改变，变的是他的头衔。他不再是反抗殖民压迫的革命领袖，也不再是弗吉尼亚州领头的种植园主，而是为年轻共和国争取合法地位的国家领导人。要想为国际社会所接受，美国就必须明确地避免公然违反其他国家法律的行为。

英国对美国技术盗版强烈反对。于是，在那些越来越觉得英国是抵抗法国帝国主义的大英雄的人眼中，美国推广这种做法的行为，显得极为不妥。出使美国的英国代表不时向在伦敦的上级汇报美国盗用英国技术的情况，菲尼亚斯·邦德笔下来往公文的绝大部分内容都是关于这件事。乔治·贝克威斯少校（George Beckwith）在1790年还与汉密尔顿讨论英美结盟的可能性，可当他看到一台阿克赖特机器模型抵达美国时，他忧心忡忡地向英国报告，担心技术盗版会“严重损害英国利益”[51]。听闻汉密尔顿在《关于制造业的报告》中公开呼吁技术盗版，英国官员敦促帝国提高警惕，严加保护本国工业秘密。邦德建议坚决执行“反对引诱制造商和运送制造工具”的法律。英国首位驻美国大使乔治·哈蒙德（George Hammond）也提醒英国外交部，联邦政府打算全力支持该报告中拟议的计划，因为“汉密尔顿的声誉与这一项计划的结果息息相关”。他写信给外交大臣格伦维尔勋爵（Lord Grenville）说，英国现在必须严格执行技术出口禁令，“以阻止技术工人移民，防止制造业各环节、各部分中重要的机器被出口”[52]。

美国政要获悉英国开始重整旗鼓，阻止工业技术外流。来自爱丁堡的塞缪尔·彼得森写信给汉密尔顿道，“在英国，凡欲离开英国者，将处以 500 英镑罚款和 6 个月监禁”。他建议重金奖励偷运工匠的欧洲船主，因为“惩罚很重，没收又很容易，不熟悉法律的人根本不敢冒这个风险——除非聪明的欧洲船长和船主知道如何与乘客商量，成功逃离惩罚”。另有一人写信告诉美国财政部长，因为“英国法律严令禁止机械工移民”，他来美国未能携带任何技能证明。迪格斯则告诉国务卿，英国政府正在“制定法律，并尽一切可能的手段阻止工匠及其工具迁移海外。想必不用说你也知道”。他补充道：“逃离之事难如登天，对技术人士而言又极度危险。因此，（技术移民）越少人知道越好。”迪格斯还告诉华盛顿，“英格兰和这里都对开往美国的船严加监视，有丝毫怀疑就会勒令船只停下接受搜查”[53]。

英国当局重新集中精力阻止工匠移民美国。据伦敦一家报纸报道，有 200 名曼彻斯特工人被“引诱”移民到美国，在纽约地区建立了一家棉花厂，报纸呼吁“贯彻法律，阻止移民”。英国人也劝说身边的潜在移民，称移民美国将损失惨重。面对“移民美国的热潮”，托马斯·克里奥·里克曼（Thomas Clio Rickman）发表了数封信，这些信件来自一位打算移民美国并前往美国考察的绅士，他在美国多地住了一年，对这个国家及其气候和风俗习惯进行了深入考察，最后打消了移民的一切念头。里克曼希望“他人避免重蹈覆辙”[54]。然而，英国阻止移民的努力还是失败了，只要英国工匠相信大洋彼岸有更好的机会，他们就会一如既往地规避英国法律，义无反顾地迁往新大陆。

法国大革命后，欧洲爆发了大规模的敌对冲突，这加剧了英国的担忧。诸国对英国工业虎视眈眈，他们提出了各种激励措施来吸引优秀技术和工匠，越来越多的工匠企图冒险移民。一位作家警告说，未能严守工业秘密将给英国带来灭顶之灾。来自英格兰斯托克波特的威廉·拉德克利夫（William Radcliff）是一位杰出的工匠，他改良纺织技术的贡献可与阿克赖特对纺棉工艺的贡献比肩。1794 年，出于爱国的原因，他决定不对外出口棉纱和经纱，以免为虎添翼，帮助了外国竞争对手。而正是出于类似的担忧，英国的许多制造业协会通过了限制出口的决议。1795 年 4 月 8 日，英国枢密院颁布了一项法令，规定外国船只的船长在离港前必须提交一份写有乘客姓名、年龄、职业和国籍的名单。试图离开英国的工匠会被立刻逮捕。1797 年，枢密院甚至同意花大价钱将毛纺专家詹姆斯·道格拉斯（James Douglas）请回英国[55]。

1792—1815 年，法国大革命战争席卷欧洲，使美国没有必要再花大力气搞技术盗版。在战争爆发前不久，汉密尔顿向国会提交了《关于制造业的报告》，他推测，“欧洲的混乱状况”将导致“大批民众移民”。每个独立的国家都有权“以自己的方式追求自己的利益”。他承认，“幸灾乐祸是可耻的”，但“为因此而受苦的人们提供庇护实属合情合理”。汉密尔顿认为，18 世纪 90 年代早期是掠夺欧洲技术的绝佳时机，因为那里血腥的政治危机将导致“（我们）需要的工人”移民[56]。

美国工业化的拥护者确实准备在欧洲大陆身陷困境时挥出重拳。托马斯·马歇尔（Thomas Marshall）过去曾担心地表示，“除非上帝派圣徒当我们的工匠，派天使来制造机器”，否则，实用制造业创办协会岌岌可危。他认为，为免受此灾祸，美国必须利用欧洲危机这段时间，“尽可能多让一些制造商移民到这个国家”。在美国出版的《一千个珍贵秘密》（*One Thousand Valuable Secrets*）的第一版中，作者戴维斯（Davies）希望美国利用欧洲的战争状态，赶上旧大陆的科技水平。这本书旨在传播全国各地的最新创新，出版人宣称：“欧洲民众身处炮火之中，他们的当务之急是尽快消灭彼此。那就让羽翼未丰的（美国）快乐公民学习欧洲的最新发现，直到我们不再需要他们供应产品，或者不再因他们命途多舛而受牵连。”[57]

美国制造业的支持者们不认同汉密尔顿所说的“幸灾乐祸可耻”，他们堂而皇之庆祝。1794 年，在普罗维登斯（Providence）召开的罗德岛制造业协会（Rhode Island Manufactures Society）会议上，一众官员背诵了以下诗句：

任凭欧洲和大西洋东
科学技术占上风，
若不借哥伦布远航
谁能漂洋过海来西方？
如今终见群英来到
这里已成避风港
他们在战火中湮灭
我们在此地安然无恙。

第二年，该协会又唱响了类似的旋律：

当欧洲乌云密布
闻贤者如泣如诉
见匠人纷至沓来
寻此处安身庇护……
惟我们厚德载物
朝盛世昂首阔步
无暴君胆敢阻挠
全人类荣耀之路。

而1800年，普罗维登斯机械和制造协会(Providence Association of Mechanics and Manufactures)的一位发言人不无深意地反问道："你难道不想从战火纷飞的大洋彼岸吸引先进的技术吗？"[58]

1790年由汉密尔顿发起，1795年经《杰伊条约》(*Jay Treaty*)正式批准，英美恢复了邦交，美国工业化快速发展，两国之间的技术关系也随之改变。事实上，技术传播并非只是单向进行。欧洲机械工在新大陆待了一段时间，无疑也从当地工匠那里学到了知识。例如，法国人马克·伊桑巴德·布鲁内尔（Marc Isambard Brunel）逃离罗伯斯庇尔（Robespierre）的恐怖统治来到美国，18世纪90年代的大部分时间他都在美国。1798年，当他前往汉密尔顿家赴宴时，得知英国皇家海军需要更好的滑轮机械，便欣然去了英国。他与海军工程监察长塞缪尔·本瑟姆（Samuel Bentham）和天才机器制造商亨利·莫德雷（Henry Maudslay）合作，设计了一套制造滑轮的机器，甚至因此获得了一项英国专利。而已在美国获得专利的美国机械工认为，如果他们想在国外保护自己的发明，就必须在伦敦申请专利。1797年6月，阿莫斯·惠特莫尔（Amos Whittemore）为他的一台机器申请了专利。该机器实现了棉花或羊毛梳理全程自动化：它可以刺穿皮革手柄，切割并弯曲金属丝以形成齿，将金属丝插入刺穿的孔中，然后再次弯曲金属丝以将其固定在皮革上。为了从发明中获利，惠特莫尔于1799年前往伦敦申请了他的发明专利。这项发明在英国"很快就引起了广泛赞赏"[59]。

美国放弃吸引英国工匠和使用进口专利，背后有着慎重的经济考量。首先，奖励进口专利可能会有损当地创新。正如一位作家所说，"像孩童般仰仗父母的慷慨相助，抑制了美国发明天才的脚步”。其次，美国已吸引足够的工匠移民。1793 年夏天，美国得知英国加入欧洲战争引发了“大量英国人移居美国”，他们其中大多数是“制造商，是劳动者中最有价值的部分”。美国国务院针对在1812 年战争期间移居美国的部分英国人统计出的一份名单，也证实了法国大革命驱使大量英国工业移民涌入美国[60]。最后，由于英国工匠迁至新大陆，他们切断了自己知识的来源。英国的技术进步和创新仍在继续，但移民的知识很快成了“老黄历”。讽刺的是，这些移民恐怕还会减缓美国工业发展的步伐，因为他们在美国的地位，建立在他们移民前欧洲所具有的知识水平之上。也因为如此，欧洲技术凡有创新，都会削弱他们在新大陆的特权地位。

许多作家也提醒潜在移民注意美国的最新动态。托马斯·库珀（Thomas Cooper）警告说，那些“认为美国一定会需要他们，国会也愿意受理”他们的请求，为他们“支付旅费、赠与土地、提供高薪、赋予一定期限的独家特权”的人，应该意识到，根据美国新宪法，国会没有这样的权力，甚至州政府也在摒弃这种做法。例如，马萨诸塞州曾给予斯科菲尔德兄弟一块土地，帮助他们在纽伯里波特建立了一家毛纺厂。然而，到了 18 世纪 90 年代中期，马萨诸塞州法院认为没有必要利用公共资金来发展英式工业。于是，在 1795 年和 1797 年，综合法庭两次驳回了工人提出的免除财产税请求[61]。

在这个背景下，即便是人才引进政策的坚定支持者，也从鼓吹奖励被引进人才，转向了大力歌颂美国的自由和机会。1794 年，考克斯出版了《美利坚合众国一瞥》（*A View of the United States of America*）。在此书中，他盛赞了共和国的诸多优点，如宗教、政治宽容度、文化多样性等。他向潜在移民工承诺，他们将获得“稳定的工作，获得比欧洲各国都高的报酬”。他说“各行各业的能工巧匠……在这里肯定会获得成功”。然而，考克斯 1794 年的论调，实际上与几年前截然不同。18 世纪 80 年代至 90 年代初，他倡导国家补贴、授予进口专利和赠与土地，而在这 10 年中，他把在美欧洲工匠的成功归因于“技术纯熟、头脑清醒、省吃俭用”，以及在美国投资建厂，丝毫不提政府承诺奖励引进被禁止出口的工业技术的人一事[62]。

美国人开始越来越常公开谈论有效竞争和掌握现代技术的方法，而不再倡导技术盗版。“不依赖外国制造的生活必需品和舒适品”，成了美国的头等大事。一位爱国人士解释说，“我们向进口制造商支付的每一千美元，其中就有九百美元用来奖励外国工匠的高超技艺”。因此，“鼓励我国的机械和制造业，是每个美国公民不可推卸的责任”。杰斐逊派政治家乔治·洛根（George Logan）向纽约坦慕尼协会（the New York Tammany Society）请求："鼓励我国制造业和制造商的方法，是呼吁国人使用我们自己的产品，而不是颁布禁止进口外国纺织品的法律。"[63] 发展本地工业的呼声首次盖过了进口外国技术。

汉密尔顿仍坚持认为美国应该遵循英国的发展模式，而不断崛起的杰斐逊派放弃了起先对制造业的敌意，积极地发表美国不能遵循英国发展模式的看法。例如，实用制造业创办协会创办类似于英国的大型工厂，但却以失败告终，正是因为美国的经济状况与英国截然不同。英国工业家可以依靠充裕的资本、廉价的劳动力和市场，而美国工业家则没有这些优势。对美国独特的工业化发展道路树立起信心的典型代表，是一位来自日内瓦的新移民阿尔伯特·加勒廷（Albert Gallatin）。他在 18 世纪 90 年代下半叶迅速在杰斐逊派中平步青云，最早是以西宾夕法尼亚州民主共和党协会（the Democratic-Republican Society of western Pennsylvania）的主要领导人在全国声名鹊起，后受威士忌暴乱（Whiskey Rebellion）牵连而声名扫地。1794 年，加勒廷当选为宾夕法尼亚州的参议员，但因不符合宪法规定的 9 年美国公民身份而被联邦党多数派推翻。次年，加勒廷当选为众议院议员，并迅速蹿升为在经济问题上最有威望的共和党发言人。作为这十年来唯一一个拥有和管理工厂的国家领导人，加勒廷拥有处理新兴工业经济的第一手经验。

1796 年，加勒廷发表了一本批判汉密尔顿经济计划的书籍——《美国财政概要》（*A Sketch of the Finances of the United States*）。在这本书中，他对汉密尔顿经济计划的基础假设提出了质疑，并描绘了一幅与汉密尔顿相反的复杂愿景。汉密尔顿认为美国制造业将饱受资本短缺和技术落后的困扰，而加勒廷却不认同这种假设。加勒廷认为，美国的工业和出口增长速度，"相较于其人口增长速度，要优于其他任何国家"。虽然在美国，只有很少的工厂在大规模生产，但他相信，小规模和家庭制造业可以为国家提供"最基本的必需品"。加勒廷并不担心美国的技术落后会阻碍工业的发展。他坚持认为："在许多州，人口每增加一级，就会减少土地和农产品的相对数量，而这将有利于制造业的发展。"凭借着从事制造业的亲身经历，以及对饱受战争蹂躏的新世界新兴人口和经济现实的解读，加勒廷相信，美国对外国制造业的依赖正在减少，联邦政府没有必要对获取欧洲专业知识的做法进行干预[64]。

杰斐逊派大肆宣扬国家干预经济的做法等同于滥用权力，并将联邦党人推行政府资助的大型制造厂一事，与他们对个体企业家的依赖相互比较。18 世纪最后 5 年的经济繁荣激发了人们对美国经济的信心，但这一繁荣与工业化关系不大。欧洲战争使欧洲国家对美国农产品及能够运输货物的中立国航运产生巨大需求，美国作为最重要的中立经济体，是这一项需求的主要受益者。法国大革命带来的繁荣激发了人们对国家经济模式的极大信心。美国不再效仿欧洲工业化的发展模式，也决定不再通过“恶劣的欧洲管理制度”实现工业化，因为它“把人当作机器，令人窒息”[65]。美国工业一路崛起，将与英国一较高下，它不会效仿英国的经济战略，也不会重蹈英国的政治腐败和社会不公。

《美国专利法》对新颖性和独创性的要求出现在 18 世纪 90 年代，以此表明美国对国际技术盗版问题的官方立场。然而，美国并没有放弃从欧洲进口受保护的技术。尽管美国正义凛然地捍卫独创性和新颖性，技术盗版者——如波拉德和帕金森，在众所周知该机器为盗版而来，而非原创发明的情况下，仍然从美国政府那里获得了专利。专利委员会拒绝自行检查在美国申请的专利与欧洲已有的专利有何不同；专利权持有人则被要求向委员会提交一份请愿书，以书面形式阐述其设备的功能，以及其设备与已公开或已使用的设备有何不同。然而，专利委员会从来没有为这些专利申请通力制定统一的原创性或新颖性要求。在 1793 年修订《美国专利法》时，甚至将申请的合法性审查也弃之一旁。

联邦政府盗版技术的短暂行为旋即结束。这个国家没有必要投入精力招募熟练工匠，因为美国对欧洲移民已足够有吸引力。而且，美国也没有对盗版技术的移民施加法律限制，如塞缪尔·斯莱特，他盗版英国技术在新大陆创办工厂（但是没有申请专利）。法国大革命为美国带来的繁荣，激活了各行各业的经济。经济越落后，国家就越容易搭上技术发展的顺风车。而 18 世纪 90 年代美国经济腾飞，使联邦政府在赶超欧洲工业技术中，不再扮演后进的角色。

注释

1. Franklin to William Hodgson, April 1, 1781, Leonard W. Labaree et al., eds., The Papers of Benjamin Franklin, 36 vols. to date (New Haven, Conn., 1959–), XXXIV, 507–08.

2. Digges to Washington, July 1, 1791, and November 12, 1791, in Robert H. Elias and Eugene D. Finch, eds., Letters of Thomas Attwood Digges (1742–1821) (Chapel Hill, N.C., 1982), 428–34, 435. Digges to Jefferson, April 28, 1791, Julian Boyd et al., eds., Papers of Thomas Jefferson, 30 vols. to date (Princeton, N.J., 1950–), XX, 313–15.

3. Hamilton, Report On Manufactures, in Harold C. Syrett et al., eds., The Papers of Alexander Hamilton, 27 vols. (New York, 1961—87), X, 296–97.

4. Thomas Digges to Hamilton, April 6, 1792; Samuel Paterson to Hamilton, Feb. 16, 1793, Hamilton Papers, XI, 242, 244–45; XIV, 87. 帕特森重复了他两年前提出的一个建议，“对运送某些类型乘客的船只给予一些鼓励”。

5. W. Row, Look Before You Leap; seriously addressed to Artizans, Farmers, husbandmen and Others, Who are desirous of emigrating to America (London, 1795), XIi.

6. Washington to John Fitzgerald, April 27, 1794, in John C. Fitzpatrick, ed., The Writings of George Washington, XXXIII, 340–41.

7. Row, Look Before You Leap, v, XIii, XIi, vii, viii, 43. The extent of Digges's activities can be learned from his letters to Washington, July 1, 1791 and November 12, 1791; to Jefferson, April 28, 1791, March 10, 1793; to Hamilton, April 6, 1792; and to Thomas Pinckney, March 12, 1793, March 21, 1793, in Letters of Thomas Attwood Digges, 428–49, and Jefferson Papers, XX, 313–15; XXV, 347–48.

8. Thomas Digges to Jefferson, March 10, 1793, Jefferson Papers, XXV, 348. See also Kenneth R. Bowling, Pierre Charles L'Enfant: Vision, Honor and Male Friendship in the Early American Republic (Washington, D.C., forthcoming); Robert H. Elias and Eugene D. Finch, introduction to the Letters of Thomas Attwood Digges, XIi–lxxvii; Lynn Hudson Parsons, "The Mysterious Mr. Digges," William and Mary Quarterly, 3d ser., 22 (July

1965), 486–92; Carrol W. Pursell, Jr., "William Digges and William Pearce: An Example of The Transit of Technology, ibid., 21 (October 1964), 551–60; William Bell Clark, "In Defense of Thomas Digges," Pennsylvania Magazine of History and Biography 77 (October 1953), 381–438; David J. Jeremy, Transatlantic Industrial Revolution: The Diffusion of Textile Technologies between Britain and America (Cambridge, Mass., 1981), 78–82. 我感谢肯保林在出版之前与我分享了他的手稿。

9. Washington to Sir Edward Newenham, March 2, 1789, Writings of George Washington, XXX, 218; Washington to the Delaware Society for Promoting Domestic Manufactures, April 19–20, 1789 in W. W. Abbot, Dorothy Twohig et al., eds., The Papers of George Washington, Presidential Series, 8 vols. (Charlottesville, Va., 1987–), II, 78.

10. "To the President and Congress of the United States, the petition of the tradesmen, mechanics, and others, of the town of Baltimore," April 11, 1789, American State Papers: Finances, IX, 2; "Essay on Manufactures," American Museum 7 (January 1790), 24; "A Friend to American Manufactures," "Observations on American Porter and Cheese," ibid., 10 (July 1791), 8; Tench Coxe, Observations on the Agriculture, Manufactures and Commerce of the United States (New York, 1789), 25.

11. William Barton, "Remarks on the State of American Manufactures and Commerce," American Museum 6 (June 1790), 288; John Keil, Thoughts on Emigration (London, 1791), 25–27; "Information to Europeans who are disposed to migrate to the United States," American Museum 7 (May 1790), 237; Constitution of the Germantown Society for Promoting Domestic Manufactures (Philadelphia, 1790), 6; Philadelphia Monthly Magazine 1 (January 1794), 41–44. See also ibid. (March 1798), 166.

12. Memorandum submitted to Daniel Stevens by Charleston manufacturers, September 1, 1791; O. Burr & Co. to John Chester, September 12, 1791; Samuel Beck to Hamilton, September 3, 1791; George Cabot to Hamilton, September 6, 1791; all in Arthur H. Cole, ed., Industrial and Commercial Correspondence of Alexander Hamilton Anticipating His Report on Manufactures (Chicago, 1928), 90, 22, 61, 62. 社会上劣质的机器和未经培训的工人生产的粗布无法与物美价廉的英国进口产品相媲美。尽管宾夕法尼亚州立法机构提供了立法和财政支持，但该工厂在 1790 年初发生火灾后关闭了大门。William R. Bagnall, The Textile Industries of the United States, 2 vols. (Cambridge, Mass., 1893), I, 77–79, 84–86.

13. Unknown writer from Connecticut, American Museum 7 (January 1790), 24.

See also W. O. Henderson, Britain and Industrial Europe, 1750–1870: Studies in British Influence in the Industrial Revolution in Western Europe (Liverpool, 1954), 23.

14. “American Manufactures,” Universal Asylum and Columbian Magazine 6 (July 1790), 61; John Mix to John Chester, October 5, 1791; Elisha Colt to John Chester, August 20, 1791, Cole, Industrial and Commercial Correspondence of Alexander Hamilton, 51–52, 7–9; Bagnall, Textile Industries, 167. “技术可以是组织性的而不是机械性的，可以是程序性的而非化学性的。” Science and Technology in History: An Approach to Industrial Development (New Brunswick, N.J., 1991), 2.

15. W. Winterbotham, An Historical and Philosophical View of the American United States and the European Settlements in American and the West-Indies, 4 vols. (London, 1799), III, 309, 328. See also Darwin H. Stapleton, The Transfer of Early Industrial Technologies to America (Philadelphia, 1987), 103, 119; Sidney M. Edelstein, “Papermaker Joshua Gilpin Introduces the Chemical Approach to Papermaking in the United States,” The Paper Maker 28 (September 1961), 8.

16. Rowland T. Berthoff, British Immigrants in Industrial America (Cambridge, Mass., 1953), 137; David John Jeremy, ed., Henry Wansey and His American Journal, 1794 (Philadelphia, 1970), 68 n. 34.

17. “Pastor Americanus,” The Shepard’s Contemplation (Philadelphia, 1794), 5–6; Jeremy, Henry Wansey and His American Journal, 73–74, 62 n. 32. See also Jeremy, Transatlantic Industrial Revolution, 118–19; Stapleton, The Transfer of Early Industrial Technologies, 15.

18. Pennsylvania Gazette, March 24, 1791; George Parkinson to Benjamin Franklin, December 22, 1789, Franklin Papers, American Philosophical Society, Philadelphia; Coxe to George Clymer, January 17, 1790, Tench Coxe Papers, Historical Society of Pennsylvania, Philadelphia. See also Jacob E. Cooke, “Tench Coxe, Alexander Hamilton, and the Encouragement of American Manufactures,” William and Mary Quarterly, 3d ser., 32 (1975), 381. 1787 年，John Kendrew 和 Thomas Porthouse.1787 年，约翰·肯德鲁和托马斯·波特豪斯为棉花、亚麻和羊毛纺纱机申请了专利，这是阿克赖特发明的进一步发展，而不是复制品。事实证明，阿克赖特的机器只对棉花有用，因为它们不能处理亚麻、大麻或精梳羊毛的长纤维，尽管阿克赖特在 1769 年和 1775 年的专利中声称他的机器适用于所有这些功能。后人的发明加入了滚筒和阻尼带，差异非常显著，足以获得专利。然而，这些技术上的不同并不如当时人们的观念更重

要。正如我在整本书中所强调的，知识产权不仅是法律问题，更是文化问题。For a discussion and illustrations of the different innovations in textiles see Julia de L. Mann, “The Textile Industry: Machinery for Cotton, Flax, Wool, 1760–1850,” in Charles Singer et al., eds., A History of Technology, 5 vols. (Oxford, 1954–58), IV, 277–327.

19. Gazette of the United States, June 9, 1792; William Pollard to Thomas Jefferson, Henry Knox, and Edmund Randolph, June 26, 1792, Jefferson Papers, XXIV, 126.

20. Jeremy, Henry Wansey and His American Journal, 83, 127.

21. Washington to Jefferson, February 13, 1789, Jefferson Papers, XIV, 546; Washington to the United States Senate and House of Representatives, January 8, 1790, Washington Papers, Presidential Series, IV, 545.

22. Joseph Barnes, As John Fitch has procured a number of handbills (Philadelphia, 1789).

23. Washington to Lafayette, January 29, 1789, Writings of George Washington, XXX, 187.

24. Connecticut Courant, October 26, 1789.

25. James Madison to Jefferson, June 30, 1789; Madison in Congress, May 17, 1790, in William T. Hutchinson et al., eds., The Papers of James Madison, 17 vols. (Chicago, 1962–91), XII, 270; XIII, 218.

26. Coxe to Madison, March 21, 1790; Madison to Coxe, March 28, 1790, ibid., XIII, 113, 128.

27. 欧洲国家不应该认为移民是一种损失，因为移民到新大陆的公民会倾向于从祖国购买产品。Madison, Population and Emigration, National Gazette, November 19, 1791, in Madison Papers, XIV, 117–22.

28. Coxe, Observations on the Agriculture, 20, 34, 32.

29. Coxe’s draft of the Report on Manufactures, and undated paper “A,” Hamilton Papers, XXVI, 636, 638–39, 639, 646–47; X, 18–19.

30. 正如汉密尔顿最优秀的现代传记作家所说，“在 1791 年炎热的夏天，汉密尔顿坚守在办公桌上，一份又一份地起草”，修改了最初的考克斯计划，并采用了自由主义的哲学。Jacob Ernest Cooke, Alexander Hamilton, (New York, 1982), 99. 最终产品的差异如此之大，以至于库克和纳尔逊这两位《制造业报告》的权威得出结论，汉密尔顿添加了许多理论论据，但消除了考克斯的实际建议。他们认为，原因是计划如果全面实施，将大大减少对英国进口的需求，从而破坏汉密尔顿的财务计划：这将减少汉密尔顿用来资助公共债务的政府收入，汉密尔顿认为对国家政府的忠诚至关重要。库克和纳尔逊将该计划所谓的亲英缺点的责任推给了汉密尔顿。库克总结道，汉密尔顿认为国家继续依赖英国制造的进口产品没有错。纳尔逊甚至质疑汉密尔顿“对经济发展的承诺”。Jacob Ernest Cooke, Tench Coxe and the Early Republic (Chapel Hill, N.C., 1978), 183; John R. Nelson, Jr., Liberty and Property: Political Economy and Policymaking in the New Nation, 1789–1812 (Baltimore, 1987), 53, 52, 37. See also Marx, The Machine in the Garden, 167–68; Douglass Adair, Fame and the Founding Fathers (New York, 1974), 81. 纳尔逊认为《制造业报告》实际上是试图阻碍美国制造业的发展，这让像麦迪逊这样的同时代人感到惊讶，他们担心它计划为了发展制造业而牺牲整个国家的利益。James Madison to Henry Lee, January 21, 1792, Madison Papers, XIV, 193–94.

31. Report on Manufactures, Hamilton Papers , X, 271, 340, 82, 270–71. For further elaboration on the report and its place in Hamilton's political economy, see Doron Ben-Atar, "Alexander Hamilton's Alternative: Technology Piracy and the Reports on Manufactures," William and Mary Quarterly, 3d ser., 52 (July 1995), 389–414.

32. Report on Manufactures, Hamilton Papers, X, 308; Hamilton, "Prospectus of the Society for Establishing Useful Manufactures" (August, 1791), Hamilton Papers, IX, 146, 147.

33. Hamilton to Benjamin Walker, July 11, 1792; Roger Newberry to Hamilton, undated; Hamilton to the directors of the Society for Establishing Useful Manufactures, December 7, 1791, Hamilton Papers, XII, 26; XXVI, 828; X, 346,347. See also Hamilton to Benjamin Walker, July 11, 1792, Hamilton Papers, XII, 26. 汉密尔顿还与另一名向美国走私英国机械的人约翰·坎贝尔签约，前往苏格兰为建立有用的制造业协会采购人员和机械。Agreement with John Campbell and Receipt from John Campbell, November 9, 1792, Hamilton Papers, XIII, 3132. See also Joseph Stancliffe Davis, Essays in the History of American Corporations, 2 vols. (Cambridge, Mass., 1917), I, 398–99, 485; Anthony F. C. Wallace and David J. Jeremy, "William Pollard and the Arkwright Patents," William and Mary Quarterly, 3d ser., 34 (July 1977), 407, 413.

34. Joyce Appleby, Capitalism and a New Social Order: The Republican Vision of the 1790s (New York, 1984), 49. 类似的，米歇尔·福柯写道：“几千年来，生物对人类历史施加的压力一直非常大；流行病和饥荒是这种关系的两种戏剧性形式，这种关系总是以死亡的威胁为主导。但是通过一个循环的过程，18 世纪的经济和主要是农业的发展……在法国大革命之前，饥饿和瘟疫的大破坏时期已经结束；死亡不再如此直接地折磨生活。” The History of Sexuality: An Introduction, Robert Hurley trans., 3 vols. (New York, 1978), I, 142.

35. George S. White, Memoir of Samuel Slater, The Father of American Manufactures, Connected with a History of the Rise and Progress of the Cotton Manufacture in England and America with Remarks on the Moral Influence of Manufactures in the United States (Philadelphia, 1836), 37; Henry Howe, Memoirs of the Most Eminent American Mechanics: Also Lives of Distinguished European Mechanics (New York, 1841), 87.

36. John Melish, Travels through the United States of America (Belfast, 1818), 73. See also Jonathan Prude, The Coming of Industrial Order: Town and Factory Life in Rural Massachusetts, 1810–1860 (New York, 1983), 34–49; Barbara M. Tucker, Samuel Slater and the Origins of the American Textile Industry (Ithaca, N.Y., 1984), 50; Howe, Memoirs of the Most Eminent American Mechanics, 91; White, Memoir of Samuel Slater, 96–97; Herbert Heaton, “The Spread of the Industrial Revolution,” in Melvin Kranzberg and Caroll W. Pursell, Jr., eds., Technology in Western Civilization, 2 vols. (New York, 1967), 506; Thomas C. Cochran, Frontiers of Change: Early Industrialization in America (New York, 1981), 63; David J. Jeremy, “British and American Entrepreneurial Values in the Early Nineteenth Century: A Parting of the Ways?” in Robert A. Burchell, ed., The End of Anglo-America: Historical Essays in the Study of Cultural Divergence (Manchester, 1991), 34–42.

37. Bagnall, Textile Industries, I, 77–79, 84–86.

38. John Fitch, “Application of Steam to Navigation,” June 22, 1790, in American State Papers: Miscellaneous, XXXVII, 12–13.

39. Washington to Congress, January 8, 1790, American State Papers: Foreign Relations, I, 12.

40. Linda G. De Pauw et al., eds., Documentary History of the First Federal Congress of the United States of America, vol. I: Senate Legislative Journal (Baltimore, 1972), 271 n. 91; ibid., vol. VI: Legislative Histories (Baltimore, 1986) 1632–33. The best recent work on the origins of the first Patent Act is Edward C. Walterscheid, To Promote the Progress of Useful Arts: American Patent Law and Administration, 1787–1836 (Littleton, Colo., 1998), 81–143. 几乎没有公开辩论或反对众议院版本的记录，这可能导致了修订。费城五金制造商理查德·威尔斯曾请愿反对给予介绍人专利垄断权，另一人劝阻国会允许进

口专利。“Novelty in Historical Perspective (Part II),” Journal of the Patent and Trademark Office Society 77 (1993), 781–82. 然而，国会不太可能遵循一个不知名的工匠的观点，他们不是总统和财政部长。“Richard Wells Petition,” March 2, 1790, and Wells to Henry Wynkoop, March 3, 1790, Records of the U.S. House of Representatives, HR 1A-E1, National Archives, Washington, D.C.，一个没有特别政治影响力的个人的请愿书在国会中的分量不太可能超过像华盛顿这样强大和受欢迎的总统的具体建议。他现在认为，出于宪法考虑，国会议员拒绝了总统的指示，并在美国制定了严格的专利标准。See also Steven Lubar, “The Transformation of Antebellum Patent Law,” Technology and Culture 32 (1991), 935; Pamela O. Long, “Invention, Authorship, ‘Intellectual Property,’ and the Origins of Patents: Notes toward a Conceptual History,” Technology and Culture 32 (October 1991), 877.

41. Jefferson to Hugh Williamson, April 1, 1792, Jefferson Papers, XXIII, 363; editorial note, Jefferson Papers, XX, 733–34. Jefferson prepared an alternative draft as early as December 1791. “A Bill to Promote the Progress of the Useful Arts,” ibid., XXII, 359–61. See also Dumas Malone, Thomas Jefferson and the Rights of Man (Boston, 1951), 283; Floyd L. Vaughan, The United States Patent System: Legal and Economic Conflicts in American Patent History (Norman, Okla. 1956), 18–19; Silvio A. Bedini, Thomas Jefferson: Statesman of Science (New York, 1990), 177–79, 206–10.

42. 从 1790 年到 1814 年，颁发的专利数量每 5 年大约增加 1 倍。在这种情况下，国务卿根本不可能亲自检查每一份申请。John M. Murrin, “The Great Inversion or Court versus Country: A Comparison of the Revolution Settlements in England (1688–1721) and America (1776–1816),” in J. G. A. Pocock, ed., Three British Revolutions: 1641, 1688, 1776 (Princeton, N.J., 1980), 409.

43. Stephen D Law, Digest of American Cases Relating to Patents for Inventions and Copyright from 1789 to 1862, 5th rev. ed. (New York, 1877), 42; Daniel Preston, “The Administration and Reform of the U.S. Patent Office, 1790–1836,” Journal of the Early Republic 5 (Fall 1985), 332–34.

44. Coxe to Madison, March 21, 1790, Madison Papers, XIII, 112–13; Hamilton, Report on Manufactures, Hamilton Papers, X, 296. 考克斯承认自己的利益受到威胁。给予进口技术发明的特权将减少自己的利益。

45. Annals of the Congress of the United States, 1789–1842, 42 vols. (Washington, D.C., 1834–56), March 1, 1792, II, 432; P. J. Federico, “Outline of the History of the

United States Patent Office," 79; Bruce Bugbee, The Genesis of American Patent and Copyright Law (Washington, D.C., 1967), 150. 然而，当 1793 年初通过一项新的专利法时，它并没有包括这样的程序：如果“声明的东西最初不是由专利权人发现的”，则专利无效。Richard Peters, ed., The Public Statues at Large of the United States of America ... 1789–1873, 17 vols. (Boston, 1850–73), I, 318–23. For a discussion of the mounting criticism of the 1790 act that led to the 1793 reform see York, Mechanical Metamorphosis, 202. 杰斐逊的盟友约瑟夫·巴恩斯抨击了该提案重新引入仅对美国发明的保护。Treatise on the Justice Policy and Utility of Establishing an Effectual System for Promoting the Progress of Useful Arts, by Assuring Property in the Products of Genius (Philadelphia, 1792), 24–25.

46. Cooke, Alexander Hamilton, 104. See also Davis, Essays, I, 370–75, 41026; Forrest McDonald, Alexander Hamilton: A Biography (New York, 1979), 232; Stanley Elkins and Eric McKitrick, The Age of Federalism: The Early American Republic, 1788–1800 (New York, 1993), 262–63. 纳尔逊认为，《制造业报告》只是建立有用制造业协会的一首“赞歌”。它的创建只是为了“让投资者相信建立有用制造商协会的可行性”，一旦该公司的股票开始攀升，汉密尔顿就对美国工业化失去了兴趣。Liberty and Property, 48.

47. Thomas Howell to Washington, July 14, 1789, Washington Papers, Presidential Series, III, 192–94.

48. Washington to Beverly Randolph, November 22, 1789, Writings of George Washington, XXX, 462–63.

49. "Jefferson Opinion on Proposal for Manufacture of Woolen Textiles in Virginia," December 3, 1790, Jefferson Papers, XVIII, 121. Julian Boyd skillfully traces the evolution of Jefferson's view, concluding that "the Secretary of State was responsible for the closing of the door and on this ground of national dignity." Editorial note, ibid., 123–24.

50. Washington to Beverly Randolph, January 13, 1791, Writings of George Washington,, XXXI, 193–94.

51. Quoted in Jefferson Papers, XVII, 387. The correspondence is Beckwith to Lord Dorchester, July 27, 1790; to Grenville, August 10, 1790; and to Dorchester a year later.

52. Phineas Bond to Lord Grenville, September 10, 1791, in J. Franklin Jameson, ed., "Letters of Phineas Bond, British Consul at Philadelphia ... , 1790–1794," American Historical Association Annual Report for 1897 (Washington, D.C., 1898), 487; George

Hammond to Lord Grenville, October 3, 1792, as cited by Herbert Heaton, “The Industrial Immigrant in the United States, 17831812,” Proceedings of the American Philosophical Society 95 (October 1951), 523; Hammond to Lord Grenville, December 6, 1791, in Bernard Mayo, ed., “Instructions to the British Ministers to the United States, 1791–1812,” Annual Report of the American Historical Association for the Year 1936, 3 vols. (Washington, D.C., 1936), III, 81. 达尔文·H. 斯台普顿（Darwin H.Stapleton）指出，尽管英国努力隐藏他们的技术，但美国人“总能获得他们想要的信息。偶尔的难题往往会被或多或少蓄意的工业间谍活动所克服”。Accounts of European Science, Technology, and Medicine by American Travelers Abroad, 1735–1860, in the Collection of the American Philosophical Society (Philadelphia, 1985), 12.

53. Paterson to Hamilton, February 10, 1791; Thomas Marshall to Hamilton, July 19, 1791, Cole, Industrial and Commercial Correspondence of Alexander Hamilton, 111, 185; Digges to Jefferson, April 28, 1791, Jefferson Papers, XX, 314; Digges to Washington, November 12, 1791, Letters of Thomas Attwood Digges, 435.

54. 引自 1794 年 3 月 3 日《哥伦比亚公报》(New York)；在一系列的信件中，坦率地考虑了移民到美国，这是一位居住在纽约的绅士写给他在英国的朋友 (London, 1798), iii–iv.

55. H. I. Dutton, The Patent System and Inventive Activity during the Industrial Revolution, 1750–1852 (Manchester, 1984), 21 n. 27; David J. Jeremy, “Damming the Flood: British Government Efforts to Check the Outflow of Technicians and Machinery, 1780–1843,” 3–4, 6, 15; Jeremy, Transatlantic Industrial Revolution, 40–41. 禁令只在那些与英国工业直接竞争的行业实施。贸易委员会允许甚至鼓励出口有助于原材料加工的机器，这些机器最终将进入英国制造业。

56. Hamilton, Report on Manufactures, Hamilton Papers, X, 296, 60, 29697; “Prospectus of the Society for Establishing Useful Manufactures” (August 1791), ibid., IX, 147.

57. Thomas Marshall to Hamilton, September–October 1791, Hamilton Papers, IX, 251, 252; Davis, Essays, I, 490; Benjamin Davies and Thomas Stephens, One Thousand Valuable Secrets in Elegant and Useful Arts (Philadelphia, 1795), iv.

58. 在周年纪念选举官员大会上演唱的赞美诗（1794 年 4 月 14 日）；1795 年 4 月 13 日星期一在普罗维登斯机械和制造协会办公室周年纪念选举中演唱的赞美诗（普罗维登斯，罗德岛，1795 年）；Tristan Burges, The Spirit of Independence: an

Oration Delivered before the Providence Association of Mechanics and Manufacturers at the Annual Election (April 14, 1800), (Providence, R.I., 1800), 22.

59. Howe, Memoirs of the Most Eminent American Mechanics, 151–52; Caroline C. Cooper, "The Portsmouth System of Manufactures," Technology and Culture 25 (April 1984), 192–206; Carroll W. Pursell, Jr., Early Stationary Steam Engines in America (Washington, D.C., 1969), 33. 惠特莫尔对英国人感到失望，很快就回到了美国。

60. Z. Y., "马萨诸塞州联邦棉花和羊毛制卡厂概况" Massachusetts Magazine (May 1791), III, 268; James Currie to Hamilton, July 1793, Hamilton Papers, XV, 153.; Heaton,, "The Industrial Immigrant," 527.

61. Thomas Cooper, Some Information Respecting America (London 1794), 235–36; Davis, Essays, I, 277; Berthoff, British Immigrants in Industrial America, 37; Jeremy, Transatlantic Industrial Revolution, 78.

62. Tench Coxe, A View of the United States of America (London, 1795), 95, 99, 43.

63. Constitution of the Lancaster County Society for promoting Agriculture, Manufactures and the Arts (Lancaster, Pa., 1800), 16; "Facts, showing the progress of Family Manufactures in the United States," Universal Asylum and Columbian Magazine 7 (November 1791), 328–32; Burges, The Spirit of Independence, 17; George Logan, Address delivered before the Tammany Society (New York, 1798). 1792 年，洛根在美国博物馆挑战了考克斯对工业化的看法，10 年后，他公开表示支持积极的工业化政策。See Brian Greenberg, "Tench Coxe, George Logan and Political Economies of Early America," essay presented at the Library Company of Philadelphia Inaugural Conference on The Past and Future of Early American Economic History: Needs and Opportunities, April 2001.

64. Albert Gallatin, A Sketch of the Finances of the United States (New York, 1796), 25, 154, 26.

65. Constitution of the Lancaster County Society for promoting Agriculture, Manufactures and the Arts, 17.

第七章　水晶宫之路

1804年，在宾夕法尼亚州制造业和实用技术促进协会成立17年后，该协会邀请杰出的创始人腾奇·考克斯编写一份关于美国，尤其是宾夕法尼亚州制造业概况的报告。自18世纪80年代中期，直至考克斯在汉密尔顿手下担任财政部副部长的整个任期，考克斯看起来都前途无量；而此时，这位美国制造业杰出拥护者的公职生涯却走进了死胡同。在18世纪90年代激烈的党派斗争中，考克斯离开了联邦党，转投共和党。在1800年的选举中，他为杰斐逊发起竞选，并向工业家保证，若是这位《弗吉尼亚笔记》的作者当选，不会损害他们的利益。考克斯以为，新总统会充满感激并将授予他高级职务以回报他在竞选期间的贡献。杰斐逊最开始并未理会考克斯，经过一番游说之后，才勉强给了他一个较低的官职，而考克斯拒绝了这一官职。在政治生涯结束后，考克斯以一种颇具哲学意味的方式，在这份报告中对协会的成就以及美国制造业的过去和未来进行了反思。

他写道，协会在早期致力于从英国进口"省力机器"，因为"我们当时缺乏这些广为人知并在欧洲得到极大改进的宝贵机器和许多省力的工业秘密、装置和工艺"。在协会于1787年成立之前，美国制造商遭受了15年经济混乱和政治不确定性的打击，在大多数工业技术方面远远落后于欧洲。因此，协会决定通过进口现代机械和鼓励欧洲技术工移民，来提高美国技术水平，这一项措施非常成功。考克斯写道："在过去10年里，我们收集了大量机械信息并购买了许多机器"，也吸引了大量技术工，"来自各行各业的外国工匠、商人和制造商已经抵达美国"并准备在美国从事技术工作，这弥补了很多技术不足。虽然美国取得了很多成就，但考克斯警告，美国依赖欧洲专业技术的时代还没有结束。在工业技术相关方面，美国仍然远远落后于英国。然而国家的当务之急不再是大肆购买欧洲机器。技术盗版的任务将转向个体和企业，国家和各州政府则必须找到培育和发展新兴工业的途径[1]。

杰斐逊派的技术政策

在19世纪前30年间，掌控美国政治的杰斐逊派并不赞同汉密尔顿对中央集权和经济发展的观点，也不认可美国的技术劣势是国家级难题。自信乐观的态度取代了联邦派以焦虑心态为主的中央计划。正如一位弗吉尼亚州共和党人所言："欧洲很快就会尊重我们的天分、我们的勤奋和我们的爱国情操，不再认为，我们只会从他们那里索取上帝赋予我们、伸手可及并有意为我们所用的天赐礼物。"[2]汉密尔顿在1791年的《关于制造业的报告》中用了大幅篇章来构思策略以弥补技术不足，但共和党最著名的经济学家，曾在杰斐逊和麦迪逊手下担任财政部部长的阿尔伯特·加勒廷，在1810年向国会提交了一份截然不同的《关于制造业的报告》。加勒廷没有提及技术差距，他认为阻碍美国制造业发展的主要障碍来自"欧洲排名第一的制造业大国的资本优势，拥有这种优势的国家能够为商家提供长期信贷，商家以小额利润销售商品，经得起偶尔亏损"。加勒廷建议联邦政府扮演英国金融公司的角色，"流通证券，收取低额利息，并提供平价贷款给制造商"[3]。尽管加勒廷对有效引导私人资本来推动工业化的新兴美国证券市场视而不见，但该报告仍旧传达了共和党对美国制造业不需要寻求旧欧洲大陆技术援助的信心。加勒廷对汉密尔顿派经济学的基石——联邦支出、国家银行和证券市场的敌意，注定使他自己所提出的建议夭折。他对美国工业竞争力的乐观态度，使他忽视了一个重要事实：美国工业受到技术缺陷和劳动力持续短缺的困扰，而且美国的制造成本使美国产品处于比较严重的经济劣势。工业支持者们转而积极倡导保护性关税，把帮助美国新兴制造业的负担，转嫁到消费者身上。但是，杰斐逊政府对他们提出制定保护性关税法律的提议置之不理。

19世纪初期，有关工业发展的言论继续保持独立战争时期的爱国主义论调。纽约技术与行业协会（association of mechanics and merchants of New York City）称："只要我们还是一个仅由农民和商人组成的国家，我们就要向欧洲人俯首称臣。我们的财富就会被欧洲人挥霍。"美国的发明家和工程师则将技术发展与美国共和制能否成功联系起来。例如，罗伯特·富尔顿（Robert Fulton）向财政部部长加勒廷建议，联邦政府应该支持他提出的运河修建计划。一方面，这项计划将团结共和国的社会和经济，向大家灌注对共和制度的信心；另一方面，人们对工业化可能对道德价值与社会带来的影响所产生的矛盾心理，仍然持续存在。国家领导人虽然不再大力主张将美国的工厂置办在欧洲的想法，但他们仍然坚持以农业政治经济为共和国的基石。反工业化成为新兴秩序中社会和宗教批评家宣扬的主要言论。这种言论对独立战争时期的共和论调，以及反汉密尔顿计划的斗争两者来说，均十分重要。然而，对于政治和社会主流来说，美国的制造业体系及美国的专业技术，将成为工业效率和创新的主要原型[4]。

共同的语言、文化，以及机械创新的领先地位，意味着英国仍然是进口技术的主要来源。技术传播的速度和方式取决于两国邦交的关系。从1805年到1815年，英美关系逐渐恶化成公开战争，18世纪80年代和18世纪90年代初的革命言论和对抗策略重新燃起。1805年，就在杰斐逊政府允许《杰伊条约》作废时，欧洲战争出现转折，间接地将美国利益卷入了冲突。为了打破军事僵局，法国和英国各自改变了战略，从期待速战速决取得决定性军事胜利，转为采取围困敌军饿死敌人的政策。拿破仑（Napoleon）分别于1806年和1807年，颁布了《米兰敕令》（*Milan decrees*）和《柏林敕令》（*Berlin decrees*），禁止英国船只进入欧洲大陆；作为回应，英国议会决定封锁整个欧洲大陆。这两项措施都允许扣押和没收中立国船只，而美国船只很快成为这些政策的主要受害方。对此，杰斐逊政府的反应是逐步采取更为严格的抑商措施，这使得美国经济雪上加霜，最终导致了1808年最严厉的禁运，加剧了公众的恐慌。

欧洲战争和杰斐逊派实施的对策使美国的对外贸易急剧减少。对大多数美国人来说，贸易战意味着经济灾难；但是，制造商借此获得了一定的喘息机会，不必与更便宜、更知名的进口商品竞争。麦迪逊总统写信给派驻在英国的公使威廉·平克尼（William Pinckney），让他警告英国，美国制造业近年来取得了巨大进步，英国对中立贸易的攻击将有助于美国“制造业长足发展”。若以专利授权量来衡量发明活动的话，美国发明活动在19世纪的前10年增长了7倍以上——从1800年的35项专利授权增长到1810年的246项。外国观察员指出，“交战国阻碍中立国航运和贸易的枷锁”有助于美国工业的发展。进口工业品的价格迅速上升，国内成品取而代之。原材料（主要是棉花）出口急剧下降，迫使种植者在东北部寻找替代市场，而制造商受这个意外转折的刺激，开始寻找新的工人和新技术，以充分利用这片刻的好运气。他们迅速建立了新工厂，主要目标是实现国家的自给自足。本杰明·拉什的学生詹姆斯·米斯（James Mease）写道，20年来，英国一直主导着纺织业，“如果我们的棉花在运往国外市场的路上受到交战国的阻碍，我们更应当多多生产棉花制品，以便与外国羊毛制品竞争”[5]。

英美两国政治和经济形势导致大量工业移民从英国移入美国。在菲尼亚斯·邦德的倡议下，英国议会在1803年通过了一项法案，限制了英国船只每吨可搭载的乘客数量。就如卡斯尔雷勋爵（Lord Castlereagh）向约翰·昆西·亚当斯（John Quincy Adams）解释的那样，这项措施主要是为了阻止技术移民流入美国。然而，这种措施大多无效，因为仍有大量的人员和设备继续流动。从1810年到1812年，欧洲战争以及美国对英贸易的限制，给英国的工业和工人带来了困难，许多工匠都选择移民美国。1812年6月美国国会对英国宣战后不久，国务院命令所有敌国侨民向地方长官登记。《奈尔斯周报》（*Niles Weekly Register*）的发行人兼编辑希西嘉·奈尔斯（Hezekiah Niles）报道说，战争期间居住在美国的非公民敌国侨民（noncitizen enemy aliens）数量众多，几乎占了东北部沿海城镇人口的1/3。历史学家调查了由国务院收集的部分记录，内容是关于1812年战争期间居住在美国的敌国侨民，这份记录证实了奈尔斯的观点。此外，他们发现，许多居住在美国的侨民都是工匠，这些工匠声称自己从克朗普顿（Crompton）、阿克赖特和哈格里夫斯那里学到了技术，并承诺与美国学徒分享他们的技术。1814年7月，当英国军队入侵美国时，一项皇家公告要求所有英国国民回国，否则将被指控叛国罪（由于英国不承认美国归化入籍，这项法令威胁到许多美国人）。总的来说，约有7500名英国公民回到不列颠群岛，其中近40%是工人。然而，英国当局遏制战时移民美国的措施是无效的，打算移民美国的英国工匠会想方设法克服法律障碍，实现移民[6]。

战争前的关系恶化激发了工业技术之战中的爱国精神。那些年，因为反英立场而获得鹰派声誉的亨利·克莱（Henry Clay）认为，政府应该援助国内制造业，使国内制造业可以制造出比“同样优质”的英国货“更耐用”的产品来满足国内需求。发言人反复强调，工业依赖性会导致美国在政治上屈从。1795年从英国移民到美国的托马斯·库珀解释道，为“国外制造所买的单”，使得美国长期处于殖民状态。“我们间接受到英国商人和英国代理人的影响，使我们自认为不是一个独立的国家。”只有建立一个能够代替英国进口的强大工业基地，美国才能立足于安全之上，并实现独立[7]。美国与英国的抗争超出了中立权利和国家荣誉这样的抽象讨论，在这场抗争中，美国承诺要完成独立战争时期的未竟事业，也就是经济独立。

在这种情绪高涨的背景下，要求制定一部明确针对技术盗版的专利法的呼声瞬间高涨。18世纪90年代，专利法对世界范围内新颖性和原创性的原则性承诺，比不上大家对进口专利的兴趣。1810 年，托马斯·费森登（Thomas Fessenden）呼吁国会通过一项新的专利法，鼓励技术盗版，向尚未公开的机械的引进人授予与发明者相同的特权。1811 年，马萨诸塞州实用发明促进协会（Massachusetts Association for the Encouragement of Useful Inventions）请求国会，要求向公众提供最新的欧洲工艺、科学和技术方面的专著[8]。而在交战背景下，国会考虑将技术之战纳入战时议程。1812 年 1 月 22 日，参议院开始讨论修订 1793 年的法案，以促进科学和实用技术。新法案提议，“首次向美国进口、携入或引进国外上述任何发明或发现的人员，应同样被视为该发明或发现的发明者或发现人，并有权获得该发明或发现的专利，该专利的授予方式、期限、条件、约束和限制与对发明者之授予方式、期限、条件、约束和限制相同”。众议院效仿参议院的做法，成立了委员会来研究这一举措，并积极汇报。这件事从 1812 年 3 月一直沉寂到 6 月 12 日，在国会对英国宣战前不到一周的时间内，亚当·塞伯特（Adam Seybert）议员提交了一份关于专利委员会办公室状况的报告，其中指出，在即将面临的冲突中，“要以制造业为主要力量”，并呼吁美国“尽最大努力进口外国的‘省力机器’。在这方面，英国是值得模仿的榜样”，因为英国“尽其所能邀请其敌国的技术工匠移民英国”[9]。这些提议都没有成为法律。

亟待解决的问题既不是改革专利法，也不是重新考虑产业政策。在讨论这些举措时，国会正在批准美国对英国作战的法律，所以某种程度上讲，这些举措是战时措施。英国羞辱了美国的主权，对美国海员施加压力，在公海扣押美国船只，并没收船货。国会处于战争情绪中，因而鼓励技术盗版的举措，甚至提议要大肆宣扬、夸耀美国对英国法律的侵害，并通过消耗敌人的工业实力来削弱敌人。

专利委员会办公室和法院

在 1812 年英美战争背景下，美国再次谋划技术盗版是一种反常现象。即使一些美国外交官利用职务之便来引进被禁技术，美国官方对进口专利的政策也没有改变。例如，罗伯特·利文斯顿（Robert Livingston）和大卫·汉弗莱斯（David Humphreys）设法规避西班牙对羊毛精细的美利奴羊（merino sheep）所设置的出口禁令，将其运到了新大陆[10]。但是，杰斐逊时代开始，在大多数情况下，官员还是很少从欧洲走私被禁的工业技术的。联邦国家在这方面的空白使威廉·桑顿（首位专利监管人，1802—1828年期间几乎独自管理专利委员会办公室）制定了美国的专利政策。桑顿认为自己是专利权持有人权利的守护者。为了确保竞争对手无法根据专利授予所需提交的详细描述，重新构建受保护的发明，桑顿不顾国会和行政长官的法令，拒绝公众查阅专利细节。桑顿任命自己为所有专利相关事项的法官、陪审团和执行人。实际上，他是唯一一个可以因为质疑专利的国际原创性而拒绝专利申请的人，但他既无意愿，也没有手段监查国际原创性。他在1811年解释说，“目前没有拒绝专利的自由裁量权”。事实上，桑顿甚至没有坚持要求专利权人进行必要的宣誓，以证明他们的申请确实新颖而原创。因此，即使《专利法》明确禁止进口专利，联邦政府也没有采取什么措施来执行这一项规定[11]。

早期美国共和党人认为，专利仍然与反共和主义的垄断思想有关。19世纪初，美国的陪审团会倾向于站在本土仿制人一边，而不会支持远在他国的专利权持有人，因为创新成果在整个社会的传播有利于公共利益。一方面，在那个时代背景下，民族主义意识不断增强，国家发展的利益，将侵犯外国人的知识产权正当化；另一方面，在战后民族主义兴起的同时，市场资本主义成为北方经济和社会的重要特征，资本主义的萌芽逐渐淡化了共和党对专利垄断的敌意。当美国人指望通过法律促进经济增长时，专利、创新被视为一种明智的发展政策。就像彼得·布朗（Peter A. Browne）律师在1826年所说的，专利是“过去半个世纪里，在制造业和实用技术方面所发生的伟大进步”，而且“这些进步对人类产生了积极影响”[12]。当然，我们不可否认，有关专利功用性的看法并非毫无争议。地方陪审团可能仍然会将当地利益置于他国诉讼人的知识产权之上；然而，司法部门却对专利侵权诉讼的态度更加积极，并且会开始保护知识产权。大家越来越多地使用衡平法（equity）而不是陪审团（juries）来解决专利纠纷，这使得专利的决定权掌握在鼓励工业发展和支持专利垄断的法官手中[13]。

由于国会或专利委员会办公室都没有明确的指示，进口专利的问题就留给了法院，而联邦和各州法官一直拒绝授予技术引进人和发明者一样的权利。以最高法院法官布什罗德·华盛顿（Bushrod Washington）为例，他在19世纪前20年里于宾夕法尼亚巡回法院（Pennsylvania Circuit）的多次裁决中制定了一个准则：凡是从欧洲引进的发明，不得授予专利。即使联邦法律有明确规定，却仍未能阻止各州向新技术的引进人授予进口专利——特别是当一个州想发展某个特定工业时。正如最高法院法官约瑟夫·斯多里（Joseph Story）所写，虽然联邦政府不能将专利人的权利授予给新技术的引进人，但各州“可以向一项技术或发明的拥有者或引进人授予专有权利，而这些拥有者或引进人并未主张自己是发明者，仅仅只是从国外引进这项技术或发明”。不过，即使各州可以授予这种专利，1824 年最高法院在吉本斯诉奥登案（Gibbons v. Ogden）中却裁定州政府支持的专利垄断不能在州界以外执行。在此案之后，这种专利就变得毫无用处。该判决取消了各州授予州内制造商面向国内和国际市场生产商品的特权。

各州法院也拒绝支持进口专利。19 世纪美国最重要的美国法律专著《美国法释义》（*Commentaries on American Law*，1821 年）一书的作者，来自纽约的詹姆斯·肯特（James Kent）大法官，在 1812 年利文斯顿诉范·英根案（Livingston v. Van Ingen）中写道：国会裁定，不得向将新技术引进美国的人授予专有权利。1824 年，纽约巡回法院（the Circuit Court of New York）在莫里斯诉亨廷顿案（Morris v. Huntington）中解释道，这一项限制不仅适用于移民，美国公民也不能因外国发明获得专利。次年，在马萨诸塞州，斯托里法官裁定，尽管英国法律鼓励进口专利，但它们在美国是被严厉禁止的[14]。因此，截至进入 19 世纪后的前二十几年，美国法院反对技术盗版的立场一直很坚定。

解除障碍

法律条文本身，以及联邦法官和各州法官对法律条文的意图所惯有的坚持，对于限制人和机器跨越大西洋并没有起到什么作用。随着 1812 年的战争结束后，几十年里英美外交关系有所改善，情况更是如此。签署《根特和平协定》（*Ghent peace accord*）后，英美双方间的谅解也并不代表两国迎来了友好与和睦相处的时期。许多美国人预计会再度爆发战争。工业倡导者认为，支持美国工业，慎重且必要，“战争或零星突发事件使美国工业至关重要”[15]。美国政治家们继续将英国视为美国主要的政治和经济竞争对手，英国报刊则继续支持反美路线。然而，英国新方针的制定者卡斯尔雷勋爵对神圣同盟（Holy Alliance）在欧洲日益壮大也感到担忧，于是他选择忽视与北美的商业和领土竞争。英国政府容忍了美国人严重的挑衅行为［如安德鲁·杰克逊（Andrew Jackson）部队在当时的西班牙属佛罗里达州（Spanish Florida）处决英国公民］，他不想因美国人盗版英国技术这一问题使两国关系恶化。

英国重商主义者在国内继续阻止工业技术的传播，然而旨在阻止工匠移民和机械出口的法律和法规仍然是一纸空文。所以，就算英国当局偶尔能成功阻止一些工匠移民，也无济于事。在 1812 年英美战争期间，英国政府加强对技工移民和机械出口禁令的执行。1814 年 7 月 23 日，英国政府颁布了一项皇家公告，限令英国公民 4 个月内返回英国，否则将面临叛国罪的指控。例如，1815 年，就有 5 名玻璃工匠在利物浦港一艘开往美国的船上被逮捕。虽然英国政府偶尔能成功逮捕一名前往美国的移民，但这并不能掩盖该政策总体来说无效的事实。不过，19 世纪上半叶拥趸国际自由贸易、希望打入受保护市场的英国工业家，在国内的宣传仅限于原材料和农产品的进口，对自由贸易的呼吁并没有延伸到技术领域。英国的自由贸易者反对取消对机械出口的禁令，担心在英国机器制造的短期繁荣之后，英国将失去经济优势，因为从长远来看，外国人将学会自己制造机器，在自己的国家生产并发展本国工业，进而取代英国进口[16]。

人们又开始全面讨论人才外流对不列颠群岛的影响。1816 年，也就是维也纳会议（the Congress of Vienna）召开一年后，一位英国诗人在"劳动力如此稀缺之时"对技术工匠移民表示惋惜。虽然有些技术工匠去了欧洲，甚至去了宿敌法国，但大多数移民还是去了美国。一些英国作家赞同 18 世纪的限制主义观点，写书警告英国同胞离开家乡的危害。例如，理查德・帕金森（Richard Parkinson）之所以公开讲述了他在美国的旅行经验，是"为了防止许多家庭因愚蠢的移民行为而毁灭"。他发现"在英国生活过得不好的人并不会因为去到美国而生活有所改善；而对女性来说，情况则要糟糕十倍"。帕金森建议加强对工匠移民的法律管控，要求即将离开的移民向海关官员出示地方行政区牧师出具的职业证明，以确保技术工人不离开本国[17]。

但更多时候，英国政府无法限制技术工匠移民。因此，1811 年 3 月，当利物浦港的海关官员逮捕了与麦康纳（McConnel）和肯尼迪（Kennedy）一起乘坐联合号去往美国的纺纱工人丹尼斯・马尼恩（Dennis Manion）时，海关官员能做的只有拖延他离开国境的速度。而马尼恩却在审判日期前，弃保潜逃，并在次年 6 月成功潜逃到美国。1814—1824 年间，枢密院禁止所有工匠移民，但禁令的执行又是另一回事。工匠可以谎报职业，避免被扣留，他们也确实这么干了，新大陆丰厚的报酬以及较高的地位诱惑，是技术工匠违反禁令的动机。亲朋好友的来信和移民手册也在传递这样的讯息："无论是谁，无论从事什么职业，无论是手工劳动还是机械劳动，都可以通过扎实劳动和认真工作养活自己和家人；劳动报酬丰厚，平均报酬至少是英国的 2 倍，法国的 4 倍；美国人口相对稀少，各类工作劳动力需求量大，地广价低，税收轻，公共开支和债务小。"这一招的确有效，19 世纪前 20 年，从机器制造工到纺纱工，身怀被禁技能、冒险跨越大西洋的移民人数明显上升[18]。

在美国内战爆发前，有250万到300万移民从不列颠群岛来到美国，这一现象改变了英国公众讨论移民问题的焦点。务实的观察家们既不认为这件事无足轻重，也不敢笃定是否有可能阻止百万人口移民。移民们描述着美国的“制造业崛起”以及许多民众“归化入籍”的成功故事，这些民众在自己的职业中“崭露头角”，并“赢得美国公众的关注”。其中一些人对“英国多余人口”的移民表示赞同，但同时却也提醒技术工人，在美国是找不到像在英国一样舒适的生活的，而且他们在抵达美国后才意识到他们犯了错，这是个糟糕的交易。还有人指出，移民既没有造成英国城镇工业劳动力短缺，也没有造成出口的急剧下滑，而且移民可以解决工业城镇中普遍存在的失业问题。最后一点是，许多移民缺乏技能或关系，无法在英国找到好的工作[19]。在这种情况下，反移民法能起到什么作用？英国旅行指南作家罗伯特·霍尔迪奇（Robert Holditch）说：“对于所有熟悉美国国情的人而言，禁止制造商或技术工人移民美国的法律完全无用，这一点显而易见，以至于人们无法想象为什么这种法律还会继续存在。更令人惊讶的是，执行这种法律的国家竟然是一个深受人口过剩困扰的国家，这个国家已经出台政策来应对人口增长，在这个国家，大家抱怨那些没有能力移居国外的阶层是一种负担，而且每天都在给国家增添困难……在美国中东部的各州，有数百家工厂，每家工厂都有大量来自英国的管理人员和机器制造工，劳动力冗余，相当多的人转向了农业生产。制造业在美国是否会成功，或者成功到什么程度，唯有时间可以证明；但是，通过限制性法律来阻止制造商或技术工人从英国移民出境，以此阻碍美国制造业的发展，现在是绝对不可能的了。”

由于既没有人手也没有技术手段来阻止这一个热潮，英国政府只得承认它们所采取的措施是一场徒劳，并于1824年取消了针对工匠移民的所有限制[20]。

走私技术与美国内战前的工业繁荣

1812年英美战争及其直接后果促使杰斐逊派的立法者重新考虑其工业政策。1815年，在被排除在美国市场之外近8年后，英国制造商企图将大量低价商品输入美国市场，以此重新夺取对美国市场的控制。约翰·亚当斯称，在签署《根特和平协定》后，英国商人和制造商“向我们倾销他们所有的商品和工业品——不仅不赚钱，而且在一段时间内还亏钱，他们目的明确，就是要消灭我们所有的制造商，摧毁我们所有的制造业”。[21] 对此，美国国会对羊毛、棉花、铁、皮革、帽子、纸张和糖征收关税。关税问题一直是地区冲突的一个根源，国会在美国内战前曾多次修改关税税率，而尽管关税政策引发了各种政治争议，但它让美国制造商免受欧洲竞争的影响，并推动了技术发展。支持提高关税者将英国的技术优势，视作美国联邦政府必须保护美国新兴工业的一个原因。取代考克斯成为美国制造业主要发言人的马修·凯里认为，“英国制造业在政府的保护下可以不断升级机器和技术，而美国制造业不堪一击似乎也在意料之中，毕竟美国制造业没有政府的支持”[22]。

一些美国人认为英美关系正常化是加大招募英国工匠的绝佳机会。塞缪尔·奥格登（Samuel Ogden）在一篇关于1812年英美战争后美国纺织业前景的文章中提醒美国同胞们，和平使国家可以“采取一切可行的手段推动劳作，通过改良劳动方式降低劳动力价格，避免资源浪费”。奥格登写道，在英国，“大多由经验丰富的从业人员管理企业，他们的能力胜过普通人”。相反，在美国，“我们的企业管理者……对所从事的工作一无所知”。奥格登建议美国工业家“效仿”英国制造的技术创新和专业标准[23]；约翰·昆西·亚当斯议员在1832年5月提交给国会的报告中也表达了相同观点，该报告公开主张效仿英国模式。亚当斯写道，英国的政策是奖励英属岛屿上少数当地人的发明创造，同时学习其他文明国家的发明，并将其应用于机械技术的实践，这种政策使英国现代制造业居于世界领先地位。英国支持机械开发及改良并将其“应用到制造业中”，这使得英国得以位居世界霸权地位，亚当斯请求美国必须效仿英国，否则将会被甩在后头[24]。

英美结束敌对关系后，旨在促进美国制造业发展的协会纷纷复兴。19世纪初，协会采取的策略，与18世纪80年代在美国城市兴起的协会所主张的策略相似。纽约三叶草协会（Shamrock Society）于1816年出版了一本宣传册，册中分析了从旧大陆移民到新大陆的好处，让欧洲人了解到，美国工匠比欧洲工匠生活过得更好，因为美国的工资更高。在公开挑战英国限制移民问题时，协会表示：“我们欢迎你们来到这片自由之土，我们支持你们的决定，赞赏你们坚决维护自己移民国外的权利，这是各国人民都认同并且可以行使的权利。”宾夕法尼亚州美国制造业促进协会（the Pennsylvania Society for the Encouragement of American Manufactures）派遣了一名代理人前往欧洲，授命其考察欧洲的技术改良情况，特别是收集所有铁路相关的信息，“以帮助我国同胞能够享受当前最重要的机械改良”。罗德岛国内工业促进协会（the Rhode Island Society for the Encouragement of Domestic Industry）的发言人也曾说，英国发明家和工业家的成就足以弥补英国政治家的腐败和愚蠢错误。“阿克赖特的发明弥补了诺斯勋爵的错误；（具有韦奇伍德式天分和品位的）瓦特的改良式蒸汽机支撑起了皮特的政治英雄主义，使其成为经受得住风暴的飞行员。”美国共和国的利益要求美国人克服对前殖民者的厌恶并效仿英国的工业化模式[25]。

19 世纪初最著名的工业间谍活动为美国备受关注的工厂建设马萨诸塞州洛威尔（Lowell）的纺织厂奠定了基础。1811 年，来自波士顿的商人弗朗西斯·卡伯特·洛威尔（Francis Cabot Lowell）因身体原因在英国待了几年，他参观了格拉斯哥（Glasgow）的各个工厂，次年 2 月他又参观了曼彻斯特的工厂。东道主英国通常会很保护自己的工业秘密和专利，但是没有人将这个身处他国、富裕却又羸弱的美国人视为竞争对手。然而，洛威尔记忆力超强，且接受过数学训练，他仔细观察工厂和机械，每天晚上在旅馆里把他看到的东西画下来。当他回到美国后，他联系了当地的机械专家保罗·穆迪（Paul Moody），他们一起复刻出他在曼彻斯特看到的机器。但是，穆迪和洛威尔并不满足于单纯的仿制，他们想在英国技术的基础上进行改进。经过多次调整后，他们成功研制出新型纺棉机，并开发了一款动力织布机，使纺织生产的所有工序（梳理、纺纱、编织和整理）在同一个工厂内完成。世界上第一家一体化棉纺厂在马萨诸塞州沃尔瑟姆（Waltham）正式开业，并一举取得成功。

到了 19 世纪 20 年代中期，英国报刊开始承认，美国正在赶超英国的技术创新。美国人撒迦利亚·艾伦（Zachariah Allen）在 1825 年访问英国时，惊讶地发现美国的纺织技术比英国的更先进。当然，艾伦的判断可能受到其爱国情怀的影响，而没有对英美两国的纺织业状况进行实际比较。尽管如此，他并不是唯一一个意识到美国已经追上英国纺织技术的人。1825—1850 年，到新英格兰旅行的英国人也表达了同样的观点[26]。

一体化工厂的建成，标志着美国纺织业发展进入新阶段。1814 年之前，在新英格兰纺织业中占主导地位的小型家庭式作坊，由斯莱特引进美国。1805—1815 年，当美国选择不与英国工业竞争时，这些家庭作坊蓬勃发展，但当英美贸易恢复后，许多作坊都倒闭了。然而，沃尔瑟姆工厂却可以有效抵制英国进口，它的成功标志着美国开始从家庭式作坊转变为企业主导式工厂。诚然，这种转变既不是突如其来的运气，也不是彻底颠覆性质的变革。许多作坊（主要在新英格兰南部）直至 19 世纪 40 年代都一直沿用斯莱特模式，而他们的市场份额就逐步被新英格兰北部更高效、更先进的大型一体化工厂吞噬。但是洛威尔和穆迪创办的这种企业需要较多的资金投入，洛威尔富裕且有人脉，他几乎不费吹灰之力就组织投资者成立了“波士顿商会”（Boston Associates）。不过，这样的操作超出了小公司的财务能力，这些小公司很快被大公司取代。与此同时，波士顿商会规模变得更大。1823 年，该公司在梅里马克河和康科德河（Merrimack and Concord rivers）的交界处创建了一座成熟的城镇，并以 1817 年去世的洛威尔的名字命名[27]。

其他州和行业都在模仿洛威尔技术引进的方法。正如一位法国旅行者在 1814 年指出的，美国制造业中所使用的机器几乎都是“从英国借来的”。美国需要大量拥有操作和组装机械经验的技术移民。一名英国律师称，“欧洲穷困潦倒、濒临绝望的技工不断移居美国，使得美国的独创成果和发明不断增长”。他表示，“欧洲在科学技术方面的新发现，通常在首次于本国问世后几个月内就能传到美国，并很快能与美国产品融为一体”。美国人前往欧洲（主要是英国）是去学习“机械发明的最新进展”[28]，而且，19 世纪上半叶，美国的工业化在很大程度上是建立在技术进口的基础之上。在纺织业领域，有些人遵照洛威尔的做法，设法进入工厂；而另一些人则规避英国对机械出口的限制，将机器部件拆分成单独零件运到美国。截至 1850 年，宾夕法尼亚州日耳曼敦纺织业的织工和技术工人之中，有超过 3/4 是来自不列颠群岛的移民。19 世纪上半叶，因为当地很少有经验丰富的管理人才，美国棉纺厂的管理者大多是英国移民。19 世纪的前 20 年，美国的玻璃制造商在大肆招募欧洲工人，积累人才，到 19 世纪 20 年代，美国玻璃制造商已然领先于世界。1825—1850 年，本土工业开始兴盛，在此之前新英格兰和大西洋中部各州的造纸厂主要依靠源源不断的欧洲技术移民。在苏格兰接受过教育和培训的钢铁工人亨利·伯登（Henry Burden）于 1819 年移民美国，并于 1825 年在马萨诸塞州斯普林菲尔德（Springfield）创建了一家钢铁切分轧制厂，为了学习最新技术，伯登曾两次回到英国。到了 19 世纪后期，美国在进口技术的基础上建立起钢铁工业。在上述所有案例中，欧洲技术都在推动美国工业起步，使美国成为一流的工业国家[29]。

这些例子表明，美国专利中全球独创性和新颖性的法定要求，并没有阻碍美国广泛使用受其他国家专利法和知识产权法保护的创新。事实上，一旦一项技术传入新大陆，技术的引进人很快就会将主张其为自己所有，并利用法院来阻止其他人的侵权行为。波士顿商会申请了 9 项专利，还获得了另外 2 项专利的权利。公司聘请了美国最著名的律师丹尼尔·韦伯斯特（Daniel Webster），以专利侵权为由起诉竞争对手。对盗版创新成果主张所有权是非常容易的。根据 1793 年的法案，获得专利只需要提交必要的文件并支付 30 美元的注册费。人手严重不足的专利委员会办公室无法逐一审查其在 1793—1836 年授予的近万项专利是否有价值[30]。批评家指责，大多数在专利委员会办公室注册的美国发明充其量只是与公开且投入使用的现有设备略有不同。对存在原创性争议的发明授予专利，这种专利授权机制不仅违背了立法精神，而且实际上还使得波士顿商会这类引进欧洲技术的大企业，主张对进口创新成果的专有权利，利用法院确立自己的权利范围并恐吓竞争对手[31]。

19 世纪初，美国人吸纳欧洲技术，标志着共和国史上文化和经济的转变。从 18 世纪 80 年代到 19 世纪 50 年代的 70 年间，美国从一个工业弱国摇身一变成为全球崛起最快的工业强国，地位举足轻重。以农业主义者自居的托马斯·杰斐逊在 1816 年承认，"经验告诉我，制造业对我们的独立自主和安居乐业都很重要"。1828 年，来自康涅狄格州的前公理会牧师恰巴德·洛德·斯金纳（Ichabad Lord Skinner）发表了一篇文章，罗列了美国重要的创新成果，目的是"将他人的成果摆在才思敏捷的技术专家面前……激发国家创新的活力"。1829 年，斯托里法官表示，"我们这个时代最突出的特点是对实用科学的高度重视"。追求工业化利益和荣誉的社会风气，取代了共和党派将工业化与贫穷和腐败捆绑起来的宣传引导。乔治亚·怀特（George White）在 19 世纪 30 年代决定撰写塞缪尔·斯莱特的传记，以说服美国同胞——制造业有望将美国从旧世界中解脱出来，实现国家独立。怀特明确否定了杰斐逊在《弗吉尼亚笔记》中的著名言论，他表示，"认为最好在欧洲创办工厂的思潮已经一去不复返"[32]。

市场变革和随之而来的政治快速民主化进程，彻底改变了梅森－迪克森线（Mason-Dixon line）❶以北居民的生活习惯和文化期望。在目睹了社会和政治文化彻底转型后，许多美国人将自己的经济和政治权利与支持工业和市场经济紧密联系起来。北方对进步的狂热崇拜把民主、繁荣和机械改进联系在一起。技术带来了繁荣，将普通民众从对贫困的屈服中解放出来，并允许他们要求政治、社会和经济的平等。亚历西斯·德·托克维尔（Alexis de Tocqueville）认为，美国民主"引导人们自由选择工作，人们开始厌恶农业，自觉从事贸易和工业"[33]。

美国人继续学习欧洲的创新技术，却不支付任何报酬。1814 年，一本专为美国工匠印制的手册出版了，这本手册表明了这样一个事实："当普遍传播这些工业领域的欧洲知识，于公于私都至关重要且非常有益时，时机就成熟了。"亚

❶ 美国南北分界线。——译者注

伯拉罕·里斯（Abraham Rees）的多卷本书籍《百科全书》（*Cyclopedia*）于18世纪80年代首次在伦敦出版，于1810—1842年在费城重印，书中详细描述了英国的工业技术。各大出版社和杂志大篇幅报道了欧洲的科技进展，19世纪20年代中期开始发行的《富兰克林研究所》（*The journal of the Franklin Institute*）期刊刊登了最新注册的英国专利清单[34]。美国出版商翻印了英国的图书和杂志，在北美和英国销售，却没有给英国作者或出版商任何的报酬[35]。

甚至像托马斯·杰斐逊这样的美国民族主义者也相信欧洲的智力优势。在规划和实施建设弗吉尼亚大学的计划时，杰斐逊拒绝雇用美国的知识精英，派遣弗朗西斯·吉尔默（Francis Gilmer）去欧洲寻找和游说专家来夏洛茨维尔（Charlottesville）任教[36]。美国科学家们也承认欧洲人在研究和教学方面的优越性。1814年发表的一本专利著作列举了大量从纺织机械到蒸汽机的欧洲发明，“对于这张清单上近乎所有的知识及知识的应用和这张清单中可能还可以增加的无数类似发明来说，我们国家仍居于下风，仍需要学习”。在公共和私人机构的慷慨相助以及来自领导人的举荐下，1825—1850年，大量美国科学家前往欧洲。出国考察的经历加之与欧洲科学家建立的关系，为众多美国学者和科学家打通了职业生涯，他们与欧洲人建立起友谊和工作关系，形成了一个超越国界的科学圈子[37]。

开拓进取

技术转移从来不是随意和单方面的事情。自早期工业革命以来，总有些在欧洲具有重要影响力的创新成果对美国毫无作用。例如，英国的纽科曼蒸汽机（The Newcomen engine），广泛用于煤矿区抽水作业，可以将水从深层煤矿中抽出，尽管这项技术在18世纪50年代被引进到美国新泽西州，于18世纪70年代开始被用于改善纽约市的水资源供应，但这一项技术始终未在美国广泛使用，因为它不能针对美国特有的地质条件提供有效且经济的解决方案。另外，从殖民时期开始，美国人就在尝试发明原创机器，也会根据当地情况改造欧洲的发明创新，而且从富兰克林炉（Franklin's stove）到蒸汽船，美国的发明往往能融入欧洲经济。鲁弗斯·金（Rufus King）在担任驻英公使时，抗议英国引诱美国捕鲸人为英国渔业工作的做法。美国发明来用于制造钉子和梳理羊毛和棉花的机器——惠特莫尔梳理机，在19世纪前10年被一位来美的游客撞见并引进到法国。到1825年，超过100台惠特莫尔梳理机在曼彻斯特投入使用。雅各布·珀金斯（Jacob Perkins）因发明高压蒸汽机和锅炉、热水加热系统和蒸汽压缩制冷系统，而荣获英国皇家学会颁发的五枚奖章。一些美国发明家对国界问题毫不在意。就比如，罗伯特·富尔顿将他发明的鱼雷率先提供给法国以对抗英国，然后又提供给英国以对抗法国，最后提供给美国对抗英法两国。诚然，在19世纪以前，美国在很大程度上是一个技术进口国。然而，19世纪上半叶的技术发展，加之英美敌对关系的结束，技术圈自发创造了一个新的交流圈，在这个圈子里，越来越多的来自不同国家的技工定期交流生产方法，形成了一个国际技工互助会，他们不受国界和国际争端的影响，不懈地自由交流技术知识，推动技术进步[38]。

美国工业化不可能完全照搬英国，美国特点太明显，其原材料丰富、劳动力和资本短缺，美国消费者又有独特的口味和需求，因此美国不适合完全复制英国。19世纪上半叶，与英国机器相比，美国机器更多使用的是木材，较少用到铁和铜，因为木材在美国很便宜，而铁和铜则不然。木制机械的寿命较短，这意味着美国改进技术并投入生产的需求要比英国更急迫，美国也会有选择地引进英国的组织结构和技术创新。此外，奥利弗·埃文斯、伊莱·惠特尼和雅各布·珀金斯等当地技工越来越常率先研发出真正适合美国的机械。19世纪前25年美国最重要以及最具创新性的技术成果——伊利运河（the Erie Canal）是由美国工程师负责完成的。自此，美国技术落后的自卑感迅速消失[39]。

19世纪上半叶出现了建立在知识相互依存这个基础上的大西洋技术交流圈。1832年，约翰·昆西·亚当斯告诉众议院，“各国不仅要充分利用子民的创新，而且要采纳和改进邻国的创新”[40]。至19世纪中叶，通信和运输的改善加快了新旧大陆之间创新成果的传播。讽刺的是，专利注册的出现既是将知识限制在一定区域的方式，也是传播知识的方式。英国杰出工程师可以同时在英国和法国注册专利，而美国专利法不允许在美国向外国公民授予专利。英国在1824年取消了旅行限制，次年又彻底修订了禁止机械出口的法律。英国议会用许可制度（licensing system）取代了完全禁止，根据该制度，除纺纱机和织布机外，几乎所有的创新都可以获得出口许可证。但事实证明，许可制度同样无效。因为19世纪上半叶的经济成就源于将创新用于生产，而不是许可或转让专利。最终，在1843年，英国取消了对工业机械出口的所有限制[41]。

欧洲人不能忽视美国制造业日益强大的竞争力正在占据越来越多的消费市场份额。在过去几个世纪里，旅行者们对新大陆的荒野和农业生活有详细的记载，而现在报道美国北部各州惊人的工业转型则成为主流。托克维尔写道，连他自己每一天都震惊于美国的工业生产力。他说："美国人在工业方面取得的巨大进步，得益于我们大家一起投身工业。"就连写了《美国纪行》（*American Notes*）对美国进行批判的查尔斯·狄更斯（Charles Dickens）也对美国工业颇为赞赏。狄更斯拜访了洛威尔，发现洛威尔是一个"繁华之地"。他考察了羊毛、棉花和地毯工厂，发现它们干净、有序、高效。狄更斯总结道，比较洛威尔与英国工业城镇，就好比"善与恶，生动的光与暗沉的阴影"[42]。

欧洲人花了很长时间才肯承认，美国这个前殖民地已经成为他们的平等竞争对手。一位英国评论家曾在19世纪30年代预言："美国可能需要一个世纪的时间才能在制造业方面与英国匹敌，或者能接近英国。"[43]20年后，一些人仍拒绝承认英美之间工业和技术实力对比已经发生改变。至19世纪50年代，一些英国工程师坚持辩称，美国机器远不如英国机器精密耐用。撇开英国人的自满不谈，美国内战前，东北部地区其实已成为机械创新的中心。造就美国东北部独特现象的原因，究竟是经济需要，或是区域环境构成，还是建立在自由和实践基础上的文化，当代历史学家们争论不休。美国人在欧洲创新的基础上，以变革的方式实现机械化工业运作。正如丹尼尔·博斯廷（Daniel Boorstin）所言，科技兴起并成为"美国文明的主旋律"[44]。

1851年，在伦敦水晶宫（Crystal Palace）举行的万国工业博览会（Great Exhibition）上，欧洲本有机会在新大陆面前展现优越感，然而抱憾惜败。当时，美国参展商是唯一一个没有政府财政支持的参展商。相比之下，欧洲各国的首脑们则出资赞助本国参展商展示最新的机械创新和家用电器，以彰显自己的技术和知识优势，如英国阿尔伯特亲王承担了英国参展的全部费用。美国的展位装饰也很朴素，甚至大家还在为谁支付美国展品的装卸费用争吵不休，这些细节给人们留下美国与欧洲各国不在同一级别的印象。美国银行家乔治·皮博迪（George Peabody）出手相救，他为展品装卸和展位装饰出资1.5万美元。然而，即使有了皮博迪的慷慨解囊，美国的展览在美学上还是差强人意，展台墙壁光秃秃的。

本以为是暴露美国技术落后的一场展览，但事实上展会显示了美国在机械领域的独创性，一雪前耻，标志着技术领先地位已经转向美国。美国的犁和收割机，虽然最开始被大家嗤之以鼻，但其性能和精确性无与伦比。英国开锁匠无法打开美国人霍布斯的锁，而霍布斯却能轻而易举打开英国人的锁。美国的步枪和加农枪因为可以互换零部件，成为世界上最佳的小型武器。从纺织机械到人造义肢技术，莫尔斯电报机（The Morse telegraph）、海登（Hayden）的棉花并条机（cotton-drawing frame）、泽西火车头（Jersey locomotives）、固特异（Goodyear）橡胶材料等许多物品都赢得了高度赞扬。在15000家参展商中，有534家美国参展商，他们获得的奖项比大多数欧洲大陆国家获得的奖项都多。在所有参展商中，英国参展商占了2/3以上，就数量而言，也只有英国获得的奖项比美国多，但美国人的成就使英国人相形见绌[45]。

在英美签署《根特和平协定》后几年里，战前的工业间谍和招募、引诱技工及走私机械现象仍然存在，英国政府也逐渐认识到自己无力阻止技术外流。在19世纪20年代，因英国机床制造业受这些法规限制，向政府施加压力，要求政府允许出口技术先进的机器。最终消除技术传播壁垒的举措取得了重大进展。20年后，英国议会废除了法律禁令。与此同时，美国工匠和发明家也开发并改进了工业技术，使其符合美国国情。到1851年水晶宫万国工业展览会开幕时，欧洲观察员发现，美国人在技术创新方面引领世界。

19世纪上半叶关于专利和知识产权的争论，由自由贸易者和具有国际视野的政治家团结一致，与创新者、贸易保护主义者、工业倡导者展开较量。主张思想和创新自由交流的人占了上风。英国未能阻止技术盗版，又取消了对工匠移民和机械出口的限制，证实了反技术传播政策是不可行的。

1869年，国际主义者在荷兰成功废除了专利法。然而，荷兰的行为是一种反常现象，19世纪下半叶，大多数西方国家不会采取荷兰的做法，他们要加大力度保护和监管知识产权。在国境之内，有构架的官方机构保护作者、发明家和专利人权益；但是，这些强悍的国家机构对保护其境外的知识产权却无能为力。工业国家明白加强沟通可以使技术转移更加迅速准确，也强调要解决知识和技术的国界问题，国际合作具有必要性，但是各国政府仍无法达成一致的国际信息政策。如果没有国际合作，跨越国界的专利就无法生效，各国试图执行自己的规则，同时又包庇自己对他国知识产权的侵犯。尽管美国在19世纪80年代签署了有关保护工业产权的国际协定，确定在某一国家注册的专利于所有国家都有效，但不允许原始发明者对进口的专利和改进提出质疑[46]。

从美国独立战争到水晶宫万国工业博览会，美国的技术逐渐赶上并超越了来自欧洲的对手。19世纪上半叶，美国东北沿海地区的工业化促使人均收入实现了2/3的大幅增长，美国的经济增长速度和生产力超过了欧洲各国[47]。当代历史学家针对这一巨大发展从社会、政治和文化等多方面做出了诸多解释，有些人颂扬这是美国企业精神美德的终极体现；另一些人则认为，19世纪上半叶惊人的经济增长离不开奴隶的血汗。而人们经常忽略的一点是，技术走私实现了更高效、更能用来盈利的工业化，数以万计的工匠跨越大西洋，将自己的技术、方法和工具带到美国。美国的工业家、科学家和知识分子周游欧洲考察并不断加强科学交流，紧跟机械发展的步伐。联邦和各州当局郑重承诺尊重他人的知识产权，但事实上却准许大规模地走私受保护的知识。美国的投资人和技工对进口技术进行改造，使之适宜美国环境特质。美国技术处于萌芽状态，又缺乏致力于用已知技术维持生计的工匠行会，使新大陆的创新者拒绝全盘采用进口机械和工艺，并选择对机械和工艺进行改造和修补。因此，技术转移不仅让美国在 19 世纪上半叶实现了快速的经济增长，而且也为“美国制造体系”的实践和创新赢得了声誉。

水晶宫最终成为美国技术“崭露头角的契机”。在 70 年的时间里，美国从一个只有少数家庭式作坊（这些作坊与中世纪欧洲作坊相似）的农业国家，转变成为世界先进工业技术的引领者。英国媒体称，美国机器及“美国制造体系”成为全世界效仿的典范。与现代发展中国家一样，美国在早期为了赶上竞争对手的技术，违反了知识产权法。美国要想融入国际社会，必须远离这种流氓行为。在这个过程中，美国尝到了风水轮流转的滋味。这个新兴国家曾经一度必须依靠技术盗版，而今已成为世界主要的技术出口国。然而，奠定其领导地位的盗版行为已经从国家记忆中抹去。因进口和盗版技术对全世界所负的亏欠，并未让美国成为自由交换机械技术的倡导者。随着技术跨越大西洋向东传播，美国从世界崛起，成为将知识产权扩展到国际领域的最大倡导者。

注释

1. Tench Coxe, A Report on the State of Manufactures in the United States... (Philadelphia, 1804), 20, 21, 23, 26.

2. George W. Custis, An Address to the People of the United States on the Importance of Encouraging Agriculture and Domestic Manufactures (Alexandria, Va., 1808).

3. Albert Gallatin, Report on American Manufactures (April 17, 1810), American State Papers: Finance, II, 430.

4. Petition to Congress by the Subscribers, Mechanics and Manufacturers of New York City (February 2, 1801), American State Papers: Finance, IX, 694; Robert Fulton to Albert Gallatin, December 8, 1807, American State Papers: Miscellaneous, I, 917–21.

5. Madison to William Pinckney, October 23, 1809, in Robert A. Rutland, et al., eds., The Papers of James Madison, Presidential Series, 4 vols. to date (Charlottesville, Va., 1984–), II, 28–29. Madison repeated this claim to his domestic audience in his annual message to Congress of November 29, 1809, ibid., 94; http://www.myoutbox.net/poinvtrs.htm; Chevalier Felix de Beaujour, Sketch of the United States of America, trans. William Walton (London, 1814), 89–90; James Mease, "To the Cultivators, The Capitalists, and Manufacturers of the United States," Archives of Useful Knowledge 1 (January 1811), 230. See also Anthony F. C. Wallace, Rockdale: The Growth of an American Village in the Early Industrial Revolution (New York, 1972), 74.

6. "On Foreigners," Niles Weekly Register, May 22, 1813; Herbert Heaton, "The Industrial Immigrant in the United States, 1783–1812," Proceedings of the American Philosophical Society 95 (October 1951), 520–526; Heaton, "The Spread of the Industrial Revolution," in Melvin Kranzberg and Carol W. Pursell Jr., eds., Technology in Western Civilization, 2 vols. (New York, 1967), I, 506–07; David J. Jeremy, "Damming the Flood: British Government Efforts to Check the Outflow of Technicians and Machinery, 1780–1843," 4–5, 12–13 即使在 1809—1813 年，在英美关系最紧张的时候，仅纺织业就有 806 名技术工人成功地非法越境。David J. Jeremy, Transatlantic Industrial Revolution:

The Diffusion of Textile Technologies between Britain and America (Cambridge, Mass., 1981), 149. Thomas M. Doerflinger reports a similar pattern in his study of iron manufacturing in New Jersey, "Rural Capitalism in Iron Country: Staffng a Forest Factory, 1808–1815," William and Mary Quarterly, 3d ser., 59 (January 2002), 7. 英美两国的情况并不罕见。18 世纪的工匠在战时经常移民到敌国。Peter Mathias, "Skills and the Diffusion of Innovation from Britain in the Eighteenth Century," Transactions of the Royal Historical Society (1975), 104.

7. Thomas Cooper, "Prospectus," Emporium of Arts and Sciences n.s., 1 (June 1813), 8; Henry Clay, "Speech on Domestic Manufactures" (March 26, 1810), in James F. Hopkins et al., eds., The Papers of Henry Clay, 11 vols. to date (LeXIngton, Ky., 1959–), I, 462.

8. Thomas Fessenden, An Essay on the Law of Patents for New Inventions (Boston, 1810), 213–14; Annals of the Congress of the United States, 1789–1842, 42 vols. (Washington, D.C., 1834–56), February 1811, XXII, 967, 969. 同一份请愿书要求联邦政府支持侵犯欧洲人知识产权的行为，该请愿书在国内倡导知识保护主义。它抱怨"许多有价值的美国发明因此被盗版、送往欧洲，并在那里作为欧洲发明获得专利和出版，对真正的发明者造成了明显的伤害，损害了美国的荣誉和利益"。

9. A Bill to Promote the Progress of Sciences and Useful Arts (Washington, D.C., 1812), (9–10), Annals, January 22, 1812, XXIII, 104; Annals, February 4, 1812, XXIII, 1018, 1021; National Intelligencer, February 6, 1812; Annals, March 9, 1812, XXIII, 1161; "Inquiry into the State of the Patent Office—Proposition to Establish a 'Home Department,'" June 12, 1812, American State Papers: Miscellaneous, II, 188–89.

10. 美利奴羊将使美国羊毛业成为世界领先者 . For a fascinating account of the venture see Steven Stoll, Larding the Lean Earth: Soil and Society in the Early Republic and the Origins of Conservation (New York, 2003).

11. William Thornton, "Patents" (March 5, 1811), Journal of the Patent Office Society 6 (November 1923), 98. 旧的专利制度无法处理大量的法律挑战和申请。1836 年，国会颁布了一项新的专利法，规定审查人员判断寻求保护的机器是否真正具有独创性，是否值得联邦政府批准的垄断。See also Edward C. Walterscheid's insightful discussion of administration of the 1793 Patent Act in To Promote the Progress of Useful Arts: American Patent Law and Administration, 1787–1836 (Littleton, Colo., 1998), 243–304.

12. Peter A. Browne, "Mechanical Jurisprudence—No. 7," The Franklin Journal and

American Mechanic Magazine 2 (July 1826), 21.

13. 我对19世纪法律及其与市场经济关系的讨论来自史蒂文·卢巴，"The Transformation of Antebellum Patent Law," Technology and Culture 32 (October 1991), 932–59; J. Willard Hurst, Law and the Conditions of Freedom in the Nineteenth-Century United States (Madison, Wis., 1956); Leonard W. Levy, The Law and the Commonwealth and Chief Justice Shaw (New York, 1957); Morton J. Horowitz, The Transformation of American Law, 1780–1860 (Cambridge, Mass., 1977); Peter Karsten, Head versus Heart: Judge-Made Law in Nineteenth-Century America (Chapel Hill, N.C., 1997); Charles Sellers, The Market Revolution: Jacksonian America, 1815–1860 (New York, 1991); Robert H. Weibe, The Opening of American Society: From the Adoption of the Constitution to the Eve of Disunion (New York, 1984).

14. Joseph Story, Commentaries on the Constitution of the United States, 3 vols. (Boston, 1832), III, 49, 50. 首席大法官约翰·马歇尔没有就此发表意见，但他持有与斯托里观点一致的理念。Frances Howell Rudko, John Marshall and International Law: Statesman and Chief Justice (New York, 1991). For a fuller discussion of the legal reasoning see Walterscheid, To Promote the Progress of Useful Arts, 378–97.

15. Address of the Connecticut Society for Encouragement of American Manufactures (Middletown, Conn., 1817), 13.

16. Raleigh Star, December 22, 1815; A. E. Musson, "The 'Manchester School' and Exportation of Machinery," Business History 16 (January 1972), 19.

17. Emigration; or, England and Paris (London, 1816), iii–iv; Richard Parkinson, A Tour in America ... , 2 vols. (London, 1805), I, dedication; II, 585, 572. 一些英国机械师来自第三国。例如，蒂莫西·克拉克斯顿（Timothy Claxton）作为一个英国机械师小组的一员前往圣彼得堡，为俄罗斯军队建造一个天然气照明系统。由于对工作条件和工资不满意，他讨价还价，解除了合同。1823年，他没有返回英国，而是乘船前往美国，在那里他很快发现自己的技能有大用场。George Washington Light, Life of Timothy Claxton (Boston, 1839), 38, 41, 55.

18. Robert Holditch, The Emigrant's Guide to the United States of America (London, 1818), 21. See also Jeremy, "Damming the Flood," 6–33; Jeremy, "British Textile Technology Transmission to the United States: The Philadelphia Region Experience, 1770–1820," Business History Review 47 (Spring 1973), 27–37; Jeremy, Transatlantic Industrial Revolution, 138. "这些法律被证明是不可能有效地被适用。" "Transfers between

Culturally Related Nations: The Movement of Textile and Railroad Technologies between Britain and the United States, 1780–1840," in Jeremy, ed., International Technology Transfer: Europe, Japan, and the USA 1700–1914 (Brookfield, Vt., 1991), 33. 这些限制措施也未能阻止类似的移民到法国。正如约翰·哈里斯所写，"无论法律立场如何，18世纪都有大量英国工人前往法国"。ibid., 22.

19. "An Englishwoman," Views of Society and Manners in America ... (London, 1821), 389, 40; S. H. Collins, Emigrant's Guide to and Description of the United States of America (London, 1830), 17, 75; Charlotte Erickson, Invisible Immigrants: The Adaptation of English and Scottish Immigrants in NineteenthCentury America (Ithaca, N.Y., 1972), 230.

20. Holditch, The Emigrant's Guide, 41. See also Thomas Young, A Course of Lectures on Natural Philosophy and the Mechanical Arts, 2 vols. (London, 1807), I, 2; Lucy Brown, The Board of Trade and the Free Trade Movement (Oxford, 1958), 161–65; Jeremy, "Damming the Flood," 14–21.

21. John Adams to Wiliam E. Richmond, December 14, 1819, in Charles Francis Adams ed., The Works of John Adams, Second President of the United States, 10 vols. (Boston, 1850–56), X, 384.

22. Mathew Carey, National Interests & Domestic Manufactures (Boston, 1819), 84.

23. Samuel Ogden, Thoughts, What Probable Effect the Peace with Great Britain Will Have on the Cotton Manufactures (Providence, R.I., 1815), 8, 910, 15, 12. "当美国在19世纪开始工业化时，她走的是英国早期开辟的道路。事实上，这一时期引入美国的许多技术都是从那个国家借来的，只不过经过不同程度的修改。" Technology and American Economic Growth (New York, 1972), 59.

24. Report from the Committee on Manufactures, May 23, 1832, 22d Cong., 1st sess., H. Doc. 481, 9, 16.

25. Shamrock Society of New York, Hints to Emigrants from Europe ... (New York, 1816), 8, 3; Pamphlet of the Pennsylvania Society for the Encouragement of American Manufactures (March 22, 1825), Pamphlet Collection of the American Philosophical Society, Philadelphia; William Hunter, Annual Address Delivered Before the Rhode Island Society for the Encouragement of Domestic Industry (October 20, 1824), (Providence, R.I., 1826), 40–41. See also Thomas C. Cochran, Frontiers of Change: Early Industrialization in America (New York, 1981), 76. 正如他们在18世纪一样，制造业承诺改变穷人的

命运。例如，总部设在纽约的制造业鼓励协会庆祝了“美国人在机械发明方面的才能”，并承诺工业化将为穷人提供就业和收入。Address to the People of the United States by the American Society for the Encouragement of Manufactures (New York, 1817).

26. Zachariah Allen, The Science of Mechanics, as Applied to the Present Improvements in the Useful Arts in Europe, and the United States of America (Providence, R.I., 1829); H. J. Habakkuk, American and British Technology in the Nineteenth Century: The Search for Labour-Saving Inventions (Cambridge, 1962), 4. 尽管美国纺织业取得了种种进步，但英国纺织工人的招聘一直持续到 19 世纪下半叶。See Daniel Creamer, “Recruiting Contract Laborers for the Amoskeag Mills,” Journal of Economic History 1 (May 1941), 42–56.

27. Robert F. Dalzell, Enterprising Elite: The Boston Associates and the World They Made (Cambridge, Mass., 1987); Thomas Dublin, Women at Work: The Transformation of Work and Community in Lowell Massachusetts 1826–1860 (New York, 1975); Jonathan Prude, The Coming of Industrial Order: Town and Factory Life in Rural Massachusetts, 1810–1860 (New York, 1983).

28. Beaujour, Sketch of the United States of America, 97; John Bristed, America and Her Resources ... (London, 1818), 58; Allen, The Science of Mechanics, iv.

29. Darwin H. Stapleton, The Transfer of Early Industrial Technologies to America (Philadelphia, 1987), 20, 23, 70; David J. Jeremy, “Immigrant Textile Machine Makers along the Brandywine, 1810–1820,” Textile History 13 (1982), 225–48; Jeremy, Transatlantic Industrial Revolution, 38–39, 43; Wallace, Rockdale, 117–18; Philip Scranton, Proprietary Capitalism: The Textile Manufacture at Philadelphia, 1800–1885 (New York, 1983), 87, 237, 239; Arlene Palmer Schwind, “The Glassmakers of Early America,” in Ian M. G. Quimby, ed., The Craftsman in Early America (New York, 1984), 165–66; Judith A. McGaw, Most Wonderful Machine: Mechanization and Social Change in Berkshire Paper Making 1801–1885 (Princeton, N.J., 1987), 35–36, 74; Sidney M. Edelstein, “Papermaker Joshua Gilpin Introduces the Chemical Approach to Papermaking in the United States,” The Paper Maker 28 (September 1961), 3–12; Geoffrey Tweedale, Sheffeld Steel and America: A Century of Commercial and Technological Interdependence 18301930 (New York, 1987). “1840 年之前，美国几乎每一个新行业都融合了英国的技术。” American Industry and the European Immigrant (New York, 1957), 4–5. Thomas C. Cochran，历史学家高估了进口技术对 19 世纪上半叶美国工业发展的重要性，“高度专业化的英国

机械师比美国机械师更擅长完成特定任务”。Frontiers of Change, 73.

30. Carl E. Prince and Seth Taylor, “Daniel Webster, the Boston Associates, and the U.S. Government’s Role in the Industrialization Process, 1815–1830,” Journal of the Early Republic 2 (Fall 1982), 291. 专利注册费并不代表专利注册的全部费用。还有提取费用、复制费用、法律费用和其他支出根据 1793 年的法案，获得专利的平均成本“大约需要 100 美元，大约是获得类似英国专利的成本的 5 倍”。To Promote the Progress of Useful Arts, 248–49. For a study of the internal workings of the Patent Office see Daniel Preston, “The Administration and Reform of the U.S. Patent Office, 1790–1836,” Journal of the Early Republic 5 (Fall 1985), 331–53.

31. Ogden, Thoughts, 38–39. 通过“与商人、律师、专利官员等……不仅决定了一项发明被采用的速度或广泛范围，而且有时还会产生重塑发明的惊人效果”。“A Patent Transformation: Woodworking Mechanization in Philadelphia, 1830–1856,” in Judith A. McGaw, ed., Early American Technology: Making and Doing Things from the Colonial Era to 1850 (Chapel Hill, N.C., 1994), 279. 并非所有人都赞同他对专利制度的看法。当然，也有许多人为这一制度辩护。例如，威廉·亚历山大·杜尔（William Alexander Duer）反问：“作为一名律师，在‘对你的职业进行了五年二十年的最不受欢迎的申请’之后，你是否认真地认为，如果一个人真诚地获得了一项发明的专利，他认为这项发明是原创的，但后来似乎已经为人所知了一个世纪，他可以作为专利权人行使或捍卫自己的权利，即使他可能能够证明自己对之前的发现完全一无所知，并证明自己对发明人的主张是正确的？” William Alexander Duer, A Reply to Mr. Golden’s Vindication of the Steam-Boat Monopoly (Albany, N.Y., 1819), 29.

32. Jefferson to Benjamin Austin, January 9, 1816, in Paul Leicester Ford, ed. The Works of Thomas Jefferson, 12 vols. (New York, 1904–5), XI, 504–5; I. L. Skinner, The American Journal of Improvements in the Useful Arts, and Mirror of the Patent Office in the United States 1 (January 1828), 11; Joseph Story, “1829 年 11 月，在波士顿力学学会年度讲座开幕式上发表的演讲 ,” The American Library of Useful Knowledge 1 (1831), 7, 16; George S. White, Memoir of Samuel Slater, The Father of American Manufactures, Connected with a History of the Rise and Progress of the Cotton Manufacture in England and America with Remarks on the Moral Influence of Manufactures in the United States (Philadelphia, 1836), 14.

33. AleXIs de Tocqueville, Democracy in America, trans. George Lawrence, ed. J. P. Mayer, 2 vols. (New York, 1969) II, 552. See also Hugo A. Meier, “Technology and

Democracy, 1800–1860," Mississippi Valley Historical Review 43 (March 1957), 618–40; John F. Kasson, Civilizing the Machine: Technology and Republican Values in America (New York, 1977); Eugene S. Ferguson, "The Critical Period of American Technology, 1788–1853" (Hagley Museum paper, Wilmington, Del., 1965) ; Eugene S. Ferguson, "The American-ness of American Technology," Technology and Culture 20 (January 1979), 3–24. For a concise and balanced account of the northern cult of progress see James. M. McPherson, Battle Cry of Freedom: The Civil War Era (New York, 1988), 6–21.

34. James Cutbush, The American Artist's Manual, 2 vols. (Philadelphia, 1814), I, iii; Abraham Rees, The Cyclopedia; or, Universal Dictionary of Arts, Sciences, and Literature, 47 vols. (Philadelphia, 1810–42). Peter Browne, a prominent Philadelphia lawyer, published an essay entitled "Mechanical Jurisprudence—No. 7,"《富兰克林杂志》第二卷关于美国和英国专利法的文章（见上文注释 12），以便读者可以找到规避技术知识传播限制的方法。然而，《富兰克林杂志》并不是唯一一本致力于这一主题的杂志。 See also John Redman Coxe, "Prospectus," The Emporium of Arts and Sciences (Philadelphia), 1st ser., 1 (May 1812), v–viii. 希望从欧洲进口的知识并不局限于工业领域，美国农业的支持者也有这些观点。

35. 美国国会于 1831 年通过了《版权法》，避免了国际文学盗版的问题。愤怒的英国作家，一再试图制止作品盗版。1836 年，他们向国会请愿，要求美国承认国际版权法。他们的请愿书是由亨利·克莱这样的人物提交给参议院的，并得到了美国作家的支持。有一段时间，国会似乎会采取行动，但随后经济在 1837 年崩溃，这个问题失去了紧迫性。英格兰试图通过禁止所有重印书籍入境来最大限度地减少作者的损失，但这一禁令无法执行。19 世纪 50 年代，英国人转而游说国会，提交给国会的请愿书激增，说服了一些人，如国务卿丹尼尔·韦伯斯特、爱德华·埃弗雷特和威廉·马西。尽管美国在 1890 年之前都允许国际盗版，但一些英国作家从美国出版商那里赚的钱比他们从原出版商支付的版税中赚的钱更多。James J. Barnes, Authors, Publishers, and Politicians: The Quest for an Anglo-American Copyright Agreement (Columbus, Ohio, 1974).

36. Jefferson considered Francis Walker Gilmer, the son of his close friend Dr. George Gilmer, the best-educated man in Virginia. 吉尔默去了欧洲，带着五位鲜为人知的欧洲学者回来了。杰斐逊认为他们很有名，因此很满意。杰斐逊和吉尔默关于招募欧洲知识分子的交流 see Richard Beale Davis, ed., Correspondence of Thomas Jefferson and Francis Walker Gilmer, 1814–1826 (Columbia, S.C., 1946), 81–109. For secondary

discussion of this controversial stand see Merrill D. Peterson, Thomas Jefferson and the New Nation (New York, 1970), 977; Dumas Malone, Jefferson and His Time, 6 vols. (Boston, 1948–81), VI, 397–402.

37. Thomas Cooper, "On Patents," The Emporium of Arts and Sciences, n.s., 2 (May 1813), 3. On the emergence of an international community of scientists see Bruce Sinclair, "海外美国人：19 世纪初的科学与文化民族主义," in Nathan Reingold, ed., The Sciences in the American Context: New Perspectives (Washington, D.C., 1979), 41; John C. Greene, "American Science Comes of Age, 1780–1820," Journal of American History 55 (June 1968), 22–41.

38. Brooke Hindle, Emulation and Invention (New York, 1981), 10; Rufus King to Nicholas Vansittart Esq., January 3, 1803, in Charles R, King, The Life and Correspondence of Rufus King, 6 vols. (New York, 1894–1900), IV, 204–5; Beaujour, Sketch of the United States of America, 94; Ferguson, "美国技术的美国性," 18; Eugene S. Ferguson, "技术即知识 ," in Edwin T, Layton, Jr., ed., Technology and Social Change in America (New York, 1973), 17; Wallace, Rockdale, 218.

39. "我们拿着球，在自己的草坪上跑，玩着不同的游戏。" "美国工业革命及其幸存者," in Randolph Shipley Klein, ed., Science and Society in Early America: Essays in Honor of Whitfield J. Bell (Philadelphia, 1986), 272. The best work on these issues is Habakkuk, American and British Technology, chap. 4. See also Carol Sheriff, The Artificial River: The Erie Canal and the Paradox of Progress (New York, 1996), 35.

40. "Report from the Committee on Manufactures," 16.

41.Mathias, "Skills and the Diffusion of Innovation," 101; Jeremy, "Damming the Flood," 28–33; Habakkuk, American and British Technology, 97. British courts' responsiveness to challenges of licensing monopolies reduced their economic value.

42. Tocqueville, Democracy in America, II, 554; Charles Dickens, American Notes for General Circulation, ed. John S. Whitley and Arnold Goldman (New York, 1972 [1842]), 114, 118. 同样，乔治·沃利斯在 19 世纪 50 年代初访问了东北部，他惊讶地发现"与我预期的相比，很少有英国人……在美国的工业行业工作"。Nathan Rosenberg, ed., The American System of Manufactures (Edinburgh, 1969), 207.

43.Collins, Emigrant's Guide, 17.

44.Daniel J. Boorstin, The Republic of Technology: Reflections on Our Future Community (New York, 1978), 60. For an example of this association of machines with

American culture and civilization see Edward Everett, An Address delivered before the Massachusetts Charitable Mechanic Association (September 20, 1837) (Boston, 1837). 美国的发明思维倾向于将自己应用于实践中，而不是理论上的改进。一些历史学家认为美国的劳动力短缺将机械创新朝着节省劳动力的方向发展。Habakkuk, American and British Technology, 118; Ferguson, "The American-ness of American Technology," 7; Arnold Pacey, Technology in World Civilization: A Thousand-Year History (Oxford, 1990), 113. 我觉得这个解释并不令人满意。在许多情况下，必要性并没有产生重大的创新。关注非个人的力量，忽视了人类创造创新的力量。以美国为例，推陈出新的文化倾向和实验精神是发明诞生的必要条件。See also Cochran, Frontiers of Change, 76.

45. 技术历史学家讲述了一个熟悉的故事，即在政府对武器需求的推动下，促进可互换零件的发展带来了机床的更新，从缝纫机到汽车，逐渐改变了使用金属零件的行业。The best work on this process is David A. Hounshell, From the American System to Mass Production, 1800–1932: The Development of Manufacturing Technology in the United States (Baltimore, 1984). 在水晶宫之后的几年内，英国政府在决定为英国军队采用美国步枪生产方法，承认了美国制造业的优越性。D. C. Coleman and Christine MacLeod, "Attitudes to New Technology: British Businessmen, 1800–1850," Economic History Review, 2d ser., 39 (November 1986), 591.

46. "Convention for the Protection of Industrial Property," in Charles I. Bevans, ed., Treaties and Other International Agreements of the United States of America, 1776–1849, 13 vols. (Washington, D.C., 1968–76), I, 86.

47. Paul A. David, "New Lights on a Statistical Dark Age: Real Product Growth before 1840," American Economic Review 47 (May 1967), 294–306; Stuart Weems Bruchey, The Roots of American Economic Growth, 1607–1861 (London, 1965), 87–94; Thomas C. Cochran, "The Business Revolution," American Historical Review 79 (December 1974), 1449–67.